U0511536

经济学名著译丛

Asian Drama

An Inquiry into the Poverty of Nations

亚洲的戏剧

南亚国家贫困问题研究

〔瑞典〕冈纳·缪尔达尔 著
〔美〕塞思·金 缩写
方福前 译

Asian Drama

An Inquiry into the Poverty of Nations

创于1897 商务印书馆 The Commercial Press

Gunnar Myrdal

ASIAN DRAMA

An Inquiry into the Poverty of Nations

An abridgement by Seth S.King

本书根据 Vintage Books 1972 年版译出

序　言

读者如果不看本书的副标题和内容,可能认为这是一本有关戏剧方面的著作。实际上,这是一本由诺贝尔经济学奖获得者撰写的专门研究亚洲国家贫困与发展问题的学术名著。

本书作者及其主要著作

本书作者冈纳·缪尔达尔(Gunnar Myrdal,1898～1987 年)是瑞典著名经济学家,瑞典学派(又称北欧学派或斯德哥尔摩学派)的领袖人物之一,也是新制度经济学(neo-institutional economics)的代表人物,发展经济学的主要先驱。他因在货币理论和经济波动理论方面的贡献以及对经济、社会和制度等方面之间的相互关系的深入研究而获得 1974 年的诺贝尔经济学奖。

缪尔达尔于 1898 年 12 月 6 日出生于瑞典中部的达拉纳(Dalarna)省的古斯塔夫(Gustaf)教区,祖籍芬兰。其父亲是铁路建筑公司职员,母亲是家庭主妇。

缪尔达尔的童年和少年是在家乡农村度过的。1918 年,他进入斯德哥尔摩大学学习法律,1923 年毕业后以律师为职业。在任律师期间,他同时在斯德哥尔摩大学研读经济学,师从瑞典学派的奠基人之一的古斯塔夫·卡塞尔(Gustav Cassel,1866～1945年),1927年获法学和经济学博士学位。此后,他在斯德哥尔摩大学讲授政治经济学,1931～1932年在日内瓦国际研究院任副教授,1933～1939年任斯德哥尔摩大学卡塞尔政治经济学讲座教授。

缪尔达尔最初在经济学方面的兴趣是微观经济学,尤其是厂商行为和厂商计划。他的博士论文研究的是价格形成以及对利润和资本价值变化的影响,他把不确定性和预期纳入厂商的决策分析。1929年10月爆发的世界性经济大危机使缪尔达尔在经济学方面的研究重点由微观经济学转向宏观经济学,尤其是经济波动问题和制度经济学。这种研究重点的转移是在美国完成的。大危机爆发的这一年,他受洛克菲勒基金会的资助赴美国作访问研究。

1934年,缪尔达尔回到瑞典。此后,他一方面倾心于政治经济学和制度经济学研究,另一方面积极活跃于政坛。他在经济学研究方面硕果累累,著作等身;在政界也春风得意,数度身居要职。他是瑞典社会民主党领袖,1934年当选为瑞典议会参议员(任期为1935～1939年)。

1938年,受卡内基公司邀请和资助,缪尔达尔再度来到美国,专门就美国黑人问题进行了长达4年的大规模调查研究。这项研究的最终成果于1942年完成,1944年由纽约的哈珀出版公司出版,这就是《美国的两难处境:黑人问题和现代民主》。

第二次世界大战爆发后,缪尔达尔出任瑞典银行董事长。1942年,他第二次当选为瑞典议会参议员(任期为1943～1947

年)。1943～1945年,他出任瑞典政府战后计划委员会主席。1945～1947年,他接替瑞典学派的另一位主要代表人物——俄林(Bertil Ohlin)出任瑞典政府商务部长。

1947年年初,缪尔达尔离开瑞典,出任设在日内瓦的联合国欧洲经济委员会秘书长。他担任此职长达10年。

1953年,由于要与联合国新成立的亚洲经济委员会秘书处和拉丁美洲经济委员会秘书处进行合作,缪尔达尔有机会访问了南亚诸国,由此引发他对亚洲和其他欠发达国家发展问题的兴趣。为了专心于南亚国家贫困和发展问题研究,缪尔达尔于1957年辞去了在联合国担任的职务,全身心地投入对南亚、中国西部和前苏联西南部(今天的塔吉克斯坦、吉尔吉斯斯坦、哈萨克斯坦、乌兹别克斯坦、土库曼斯坦等国)的发展问题研究,其重点是研究印度等亚洲诸国。在二十世纪基金会(纽约)的资助下,这项研究工作持续了整整10年。这项研究的最终成果就是《亚洲的戏剧:南亚国家贫困问题研究》。

1961年,缪尔达尔返回瑞典,受母校斯德哥尔摩大学之聘担任国际经济学教授;同时,为斯德哥尔摩大学筹建国际经济研究所,并出任所长。

缪尔达尔一生获得30多个荣誉学位,并于1945年当选为瑞典皇家科学院院士。1974年,他和奥地利学者哈耶克(Friedrich von Hayek)分享了该年度的诺贝尔经济学奖。

1924年10月8日,缪尔达尔与阿尔娃·蕾默(Alva Reimer)结为夫妇。蕾默也是一位政治活动家。1970年,缪尔达尔夫妇荣获西德和平奖章。1982年,蕾默获诺贝尔和平奖。夫妇同获诺贝尔奖，这在诺贝尔奖颁奖历史上是罕见的。

除了上面提到的两本著作外，缪尔达尔的主要著作还有：《经济理论发展中的政治因素》(1930 年瑞典文版，1953 年英文版)；《瑞典的生活费用：1830～1930 年》(1933 年英文版)；《货币均衡论》(1933 年瑞典文版，1939 年英文版)；《财政政策的经济效果》(1934 年瑞典文版)；《人口：民主问题》(1940 年英文版)；《关于政府间组织的现实与假象》(1955 年英文版)；《发展与欠发展：论国内与国际不平等的机制》(1956 年英文版)；《国际经济学：问题与前景》(1956 年英文版)；《经济理论与欠发达地区》(1957 年英文版)；《社会理论中的价值：方法论论文集》(1958 年英文版)；《超越福利国家》(1960 年英文版)；《挑战丰裕》(1963 年英文版)；《社会研究中的客观性》《1969 年英文版》；《世界贫困的挑战：世界反贫困计划纲要》(1970 年英文版)；《欠发达国家中的软弱国家》(1970 年英文版)和《反潮流：经济学批评文集》(1972 年英文版)。

本书主要内容

《亚洲的戏剧》一书完成于 1966 年年初，1968 年由设在美国纽约的二十世纪基金会出版。

当时这本书共 3 卷，长达 2 300 页，是一部名副其实的长篇巨著。为了将缪尔达尔的这个研究成果以一种简短、可读的形式提供给读者，尤其是提供给本书所论及的亚洲国家和其他发展中国家，二十世纪基金会董事局决定在 3 卷本的基础上再出版一部 1

卷本的缩写本。经过塞思·金(Seth S. King)的缩写和缪尔达尔的审定,1卷本的《亚洲的戏剧》于1971年用英文出版。本书就是根据这个缩写本翻译的。

本书主要研究南亚国家贫困的原因和如何脱贫、如何发展的问题。缪尔达尔在本书所说的"南亚"或"南亚地区"主要包括印度、巴基斯坦、锡兰(1978年改称斯里兰卡)、缅甸、马来亚(1963年和新加坡、沙捞越、沙巴合并组成马来西亚,1965年新加坡宣布退出)、泰国、印度尼西亚和菲律宾,还包括越南、柬埔寨和老挝。因此,本书所说的"南亚"比我们地理书上所说的南亚包含的国家要多得多。根据地理学上的划分,南亚诸国一般只包括印度、巴基斯坦、孟加拉国、斯里兰卡和马尔代夫这5个国家。本书涉及的11个亚洲国家分布在南亚和东南亚,所以,本书比较恰当的副标题应当是"南亚和东南亚国家贫困问题研究"。

本书共5篇27章,其内容涉及发展经济学的方方面面:资源、人口与经济发展;经济结构与国民收入;农业、手工业和小型工业与经济发展;工业化问题;不平等问题;教育、卫生保健与人力资本投资;发展计划;对外贸易与利用外资。

与笔者研读过的发展经济学论著相比,本书所讨论的以下两个问题是一般的发展经济学著作所没有的或语焉不详的。我认为,这两个问题是极为重要的。

1. 发展经济学兴起的原因和目的何在

对欠发达国家进行研究原来是西方文化人类学家的事。第二次世界大战结束以后,西方经济学家才开始热衷于研究欠发达国家的不平等、贫困和发展问题，并由此促成了发展经济学的兴起。发展经济学之所以兴起于第二次世界大战结束以后，缪尔达尔把它归结为3个方面的原因：殖民制度瓦解以后欠发达国家本身渴望发展；那些出于自身利益进行思考和行动的人们渴望发展；在冷战中达到白热化程度的国际对抗关系使得欠发达国家的命运成为发达国家对外政策所关注的问题。本书作者认为，第三个原因是引起西方发达国家、西方学者及其学术机构对欠发达国家问题感兴趣的最重要的原因。因为，在以发达资本主义国家为一方、前苏联和中国等社会主义国家为另一方的国际对抗关系中，争取到欠发达国家或至少让这些国家保持中立，对西方国家具有越来越突出的政治重要性。这就使得对欠发达国家的研究含有明确的政治目的。现在对欠发达国家的问题所进行的研究，经常是出于一个国家或一个集团的一时的和狭隘的政治利益或战略利益，而不是为了普遍和永恒的价值。本书作者批评说："在对穷国进行经济研究方面存在偏向的主要根源是多数研究力图按照西方的政治和军事利益的观点——把穷国从共产党政权中拯救出来，来看待穷国的内部问题"(本书第10页)。

2.用什么理论和方法来研究欠发达国家的发展问题

20世纪50年代兴起的发展经济学主要是用西方主流经济学——新古典经济学的理论和方法来观察和研究欠发达国家的经济发展问题。这种研究传统实际上是认为西方经济学的分析工具和一般命题同样适用于发展中国家。本书作者旗帜鲜明地反对这种研究传统。他批评说："经济学家长期以来一直更倾向于得出一般性的命题，然后假定这些命题对任何时间、任何地方和任何文明都有效”（本书第 13 页）。他认为：“只要这些理论（西方经济理论——译者）的使用限制在西方世界，这种假定为普遍适用的理论可能就没有什么危害。但是，用这些理论来研究南亚欠发达国家——这些理论并不适用于这些国家，后果就严重了”（本书第 13 页）。他的基本观点是：市场与价格、就业与失业、消费与储蓄、投资与产出这些“经济学”术语是从西方世界的生活方式、生活水平、态度、制度和文化中抽象出来的，它们用于分析西方世界可能有意义，并可以得出正确的结论；但是用于分析欠发达国家显然不会得出正确的结论。在欠发达国家，不能进行这种抽象；实际的分析必须讨论态度和制度关系方面的问题，必须考虑非常低的生活水平和文化水平的发展后果（本书第 14 页）。我们认为，本书作者的研究态度是实事求是的；作为一位西方学者，能够持有这样的态度是难能可贵的；作者的这种观点对我们中国经济学者也是有教益的。

缪尔达尔在本书中认为，南亚国家基本的社会和经济结构与发达的西方国家有着根本上的不同，“我们把这个不争的事实作为我们分析的起点”，而“理解南亚国家发展问题关键性的第一步是要竭力发现它们实际上是如何运行的，左右它们绩效的是什么样的机制”，“我们要用另一套新的、更适合于这些国家现实的理论与概念来代替常规的理论与概念。我们不但需要确定能够解释这些经济的特性的机制，而且要建立一种适用于研究发展动态问题和制定发展计划的分析结构”（本书第 17 页和第 18 页）。

正是由于本书不是简单地照搬照套西方主流经济学的理论和方法，而是使用一套新的理论和方法来观察和分析亚洲国家的贫困和发展问题,才使得本书在发展经济学中独树一帜,成为发展经济学中的一部名著。

为什么把这本研究南亚和东南亚国家贫困和发展问题的著作取名为《亚洲的戏剧》? 作者在本书第一章的最后对此做了说明:"选择《亚洲的戏剧》作为本书的书名,是为了表达作者在开始这项研究时所怀有的、在研究过程中不断增强的关于南亚问题的信念。在所有复杂的和不同的事物背后,我们意识到有一系列相当鲜明的冲突和一个共同的主题,就像在戏剧里看到的一样。这场戏剧中的活动正在迅速走向高潮,经济、社会和政治方面的紧张正在加剧"(本书第 21 页)。作者把摆脱殖民统治、走向民族独立的亚洲国家的发展比做一部戏剧,戏剧的主角是亚洲国家人民自己,而其他地方的人都是这部戏剧的参与者(不是观众),西方学者和西方援助者只充当配角;决定这部戏剧最终结局的是亚洲国家人民,而不是其他人。亚洲发展的这部戏剧虽然有其复杂性和差异性,但是表达的却是一个简单的主题,这就是以亚当·斯密为代表的古典经济学早就探讨过的主题——经济增长和人民生活水平的提高。

本书特色

《亚洲的戏剧》试图在经济、政治、制度、文化、习俗等广泛的层面上研究欠发达国家贫困的原因。它是一部发展经济学的早期代表作,同时它又不是一部建立在新古典经济学范畴基础上的发展经济学著作。本书有下列特色：

1. 专门以亚洲国家的贫困和发展作为研究对象

20 世纪 50 年代以来，发展经济学的著作真可谓汗牛充栋，但是专门研究亚洲国家的贫困和发展问题的著作却是凤毛麟角。本书的研究范围涉及 11 个亚洲国家。在这 11 个国家之外，本书还谈到中国、新加坡、朝鲜、韩国。本书着墨最多的是印度。所以，本书既研究了发展中国家中的大国（印度），也研究了发展中国家中的小国，这些国家在发展中国家中具有一定的代表性。

本书所论及的 11 个亚洲国家在地理位置上彼此相邻，在气候上同属于热带和亚热带地区。更为重要的是，这 11 个国家有着共同的经历——除了泰国，这些国家在 20 世纪 40 年代以前都曾经是西欧发达国家的殖民地；有类似的文化背景——盛行佛教，土语和西语并行，华人文化（如儒家思想）覆盖着这 11 个国家中的多数国家，价值观和习俗也大体相同；有相同的经济状况——贫穷，社会和经济极端不平等，大多数经济活动长期停滞不前。这些相同和相似之处给这些国家的生活、活动和发展打下了明显的烙印。

本书所研究的这 11 个亚洲国家都是中国的邻居或近邻，无论从历史还是从现状上看，这些国家都与中国有着许多相似之处。与重点研究非洲、拉丁美洲发展中国家发展的论著相比，本书的研究成果更贴近中国，本书的分析对我们更有启发、更有意义。

2. 强调制度分析

本书作者通过对亚洲 11 个国家长达 10 年的研究发现，阻碍这些国家经济迅速发展的障碍是巨大的，对这些障碍的严重性绝不可低估。这些障碍的源头在哪里？“这些障碍基本上是由现有制度和观念中存在的低效率、教条僵化和不平等造成的，是由这种制度和观念中包含的经济和社会权力关系造成的”（本书第 27 页）。由于这个原因，西方主流经济学惯用的数量分析方法和结构分析方法在亚洲国家贫困和发展问题研究上就少有用武之地。那么，本书使用的是什么样的研究方法呢？本书使用的是作者早在《美国的两难处境》和《经济理论与不发达地区》中使用过的制度分析方法（institutional approach）。作者在本书第一章就声明：“我们的研究方法总的来说是‘制度’方法，我们希望按照这种思路大大地加强研究工作。为了使研究真正有成效，这种新的方法必须更能说明在常规的经济分析中经常不加以考虑的那些事物”（本书第 18 页）。

作者认为，南亚村社的制度结构从古代封建制度到今天盘根错节的集团的演变，对南亚社会经济状况产生了深刻影响。

南亚国家的状况不适用于西方经济学的惯用模型。因为这些模型暗含的前提是，大部分经济活动都是面向市场的交易，因此生产和交换可以根据理性的经济核算来进行讨论。但是，在南亚国家，农产品市场并不发达，这就使得在西方常用的维持农产品价格以刺激生产或改进市场的方法，在南亚几乎毫无效果。

土地使用权的无保障性剥夺了南亚佃农提高产出的积极性。更为重要的是，地租的变化没有与净收益挂钩，而是以总产量为转移，这一事实意味着这种制度对精耕细作有一股强大的内在阻力。地主也没有强有力的投资动机，因为他在无需投资的情况下也能获得可观的收益。

因此,作者认为:"南亚国家存在着若干不利于经济发展的制度条件:土地占有制不利于农业进步;推动创办企业、就业、贸易和信用的机构聊胜于无;有些国家还没将各种不同的人群整合为一个统一的国度;有些国家的政府机构缺乏必要的权威;有些国家公共管理的效率和廉政标准十分低下。所有这一切共同组成了'软弱的国家'。这些制度性衰弱的根源是人民参与程度低以及刚性的、不平等的社会分层"(本书第 375 页和第 376 页)。

作者进一步认为,诸如此类的制度的缺陷与公众态度的缺陷紧密相联。这些态度通常支撑着制度,同时得到制度的支撑。"两者对低下的生产率和菲薄的收入匀难辞其咎。低生产率和低收入反过来使低水平的识字率和教育水平长相伴随,而又使公共制度的缺陷挥之不去"(本书第 376 页)。

因此,作者的结论是,南亚国家要获得发展,要提高穷苦群众可悲的社会水平,需要进行激进的制度改革。

我们要强调的是,自 20 世纪 90 年代以来,制度分析在国内外学术界成为时髦的论题,而我国学术界很少有人注意到,早在 20 世纪 60 年代,缪尔达尔就强调并使用制度方法来分析发展中国家的经济发展问题。在我国经济体制和政治体制改革进入关键阶段的今天,在向社会主义市场经济制度迈进的今天,我们回过头来重读缪尔达尔的《亚洲的戏剧》一书,会从中获得许多启示。

3. 用系统论方法研究经济发展

本书作者的一个基本思想是,影响一个国家经济发展的不是一个或几个因素(或条件),而是存在于这个社会体系的所有因素;这些因素之间存在着一般的因果关系,因此形成了一种社会系统。经济系统是社会系统的一部分。“发展”是这些因素同时发生变化并且相互作用的结果,表现为整个社会系统的上升运动。

作者写道:“研究欠发达和发展的任务在于确定社会系统中各种条件之间的关系。社会系统由大量互为因果的条件组成,其中一个条件的变化会引起其他条件的变化”(本书第373页)。作者把这些条件归类为:产出和收入、生产条件、生活水平、对待生活与工作的态度、各种制度、组织以及政策。前面三个属于“经济因素”,而对待生活和工作的态度以及制度、组织属于“非经济因素”。研究一个国家的发展过程,不应把这些非经济因素看做是孤立的因素或外生因素。

根据系统论方法和累积过程理论,作者认为,社会系统的初始变化可以由外部引起,也可以通过一个国家自身采取的政策措施从内部诱发出来。发展一旦启动,社会系统会由于自身的力量产生向上的累积过程运动。为了从内部推动整个社会系统向上运动(即发展),作者建议南亚国家进行制度(包括土地制度、教育制度、村社组织和官僚制度)改革、技术革新和实施一揽子发展计划。

4. 在贫困和发展问题上持有非正统思想

由于作者反对不加分析地把新古典经济学应用于南亚发展问题研究,所以作者在本书中提出的许多观点都是非正统的。

西方主流经济学和发展经济学(如哈罗德—多马增长模型和以索罗为代表的新古典增长模型)一般认为,资本(或投资)和技术是提高劳动生产率，从而促进经济发展的两个轮子。本书作者的观点是："资本和技术绝不是限制农业进步的仅有的因素。劳动者的努力勤勉大概是更为关键的变量。然而，劳动者的行为应该在社会和制度背景中，即在营养、健康和体力的标准低下、缺乏努力工作的激励因素中加以理解"（本书第 223 页）。

西方经济学的正统观点是，工业化不但是经济发展的关键阶段，而且是解决发展中国家人口增长过快和劳动力过剩的有效途径，因为工业化会"创造就业机会"。发展经济学中著名的刘易斯模型和拉尼斯—费景汉模型就持有这种观点。但是，本书作者的非正统观点是，南亚工业化对就业的影响在今后几十年内不可能很大。其理由是，工业化对制造业的直接劳动需求增长的影响不仅取决于工业化速度，而且还取决于现代化工业在经济中已取得的地位。甚至工业发展速度非常快，在相当长的时间内，也不会产生充分的劳动力需求，以至大大提高工业部门的就业百分比。因此，不能把工业化当做医治"失业"和"就业不足"的良方（本书第 265 页）。

但是，作者并不是要南亚国家放弃工业化。相反，作者主张这些国家应尽快尽早地实现工业化。只是这些国家在进行工业化奋斗的同时，应当辅以强有力的政策措施，提高其他部门，包括农业部门的劳动利用和劳动生产率（本书第 274 页）。

在西方主流经济理论中，大规模的"失业"和"就业不足"被视为南亚各国贫困的基本原因。同时，这些国家所拥有的大量未加利用或利用不足的劳动力被认为具有生产潜力，能够创造资本和增加生产，因而可以提高收入和消费水平。但是，本书作者却把

“失业”和“就业不足”概念作为不适合于南亚现实的提法而予以抛弃(本书第203页)。作者认为,如果没有一个发达的劳动市场,没有一个工人可以在其中按职业划分、拥有市场知识并积极寻找职业的发达的劳动市场,那么,大部分实际“无工作的”人就不能按失业和就业不足之类的名词来划分。

本书认为,由于南亚的情况与西方发达国家不同,所以,在南亚国家,消费与投资的区别与发达国家也不相同。因为在欠发达国家存在大面积消费不足,所以在欠发达国家,增加消费可以提高劳动者的健康水平和劳动效率,因而这种消费也是一种投资(本书第389页)。

西方经济学家一般把不平等看做是经济增长和发展的一个不可避免的后果,甚至有人把不平等看做是经济发展的“必要成本”。本书作者在这个问题上也是反西方正统观点的。作者认为,发展中国家的不平等是经济增长的一大障碍,更大程度的平等是进一步持续增长的条件;并且,“平等化的扩大将比在西方国家更多地帮助发展,而不是阻碍发展”(本书第132页)。

我们认为,本书中的许多观点是独特的,无论从理论上看,还是从实践的角度看,这些观点在今天仍然是有价值的。

本书是一本经济学著作,同时又对这11个亚洲国家的历史、政治、文化、习俗等方面做了很多分析。因此,本书不但对研究经济学的人有很高的参考价值,而且对研究亚洲历史、亚洲外交、政治、宗教、社会学、心理学、民俗学的人同样有用。

不过，读者在阅读本书时需要注意的是，本书作者毕竟是一位西方学者，他的立场和观点不可避免地带有他所在社会的局限性。例如，本书作者在认为新古典经济学和凯恩斯经济学不适合南亚国家的情况的同时，也否认马克思主义对南亚国家有指导作用。本书作者不赞成在南亚国家推行社会主义模式，而主张在这些国家实行“有节制的资本主义实践模式”。

虽然本书的主要观点和结论在今天看来仍然是基本正确的，但是，本书毕竟是在30年前写的，难免带有时代的局限性。近30年来，我们这个星球上的发展变化真可谓是物换星移、河东变河西，这些变化及其后果有些是本书作者所没有考虑到的。例如，“绿色革命”、“信息革命”、“计算机与网络技术”对发展中国家经济发展的影响等。与本书所讨论的11个亚洲国家有类似的历史、文化、制度背景和经济发展水平的“亚洲四小龙”(韩国、新加坡、我国的台湾和香港)在20世纪七八十年代迅速崛起，成为新兴工业化的国家或地区，这或多或少是出乎本书作者的意料之外的。这说明，本书虽然比同类著作深刻得多，但是并没有穷尽贫困和发展原因的研究。在新的国际环境和时代背景下，我们需要进一步探索国家发展和不发展的原因。

方福前

2001年3月22日写于

中国人民大学志新村寓所

目　　录

第一篇　导论

第二篇　经济现状

第三篇　制定计划的第三世界

第四篇 劳动力利用

第五篇 人口质量

前　言

还在1968年冈纳·缪尔达尔(Gunnar Myrdal)的巨著《亚洲的戏剧》出版之前，二十世纪基金会*就决定出版这本书的缩写本。在本基金会的运作过程中曾有过这样做的先例。因为基金会常常发现，那些重要的、创造性的研究需要宽大的空间，用学者和专家所需要的形式来展示其成果。然而，一部著作要获得最终效果，它也必须以简短的、更可读的形式提供给普通大众。因此，在吉恩·高特曼(Jean Gottmann)的一部长达810页的重要著作《大都市》出版之后，该书就以《大都市的挑战》为书名出了一个只有128页的普及版。我们这个基金会的其他一些研究成果也出版了节录本。

出版《亚洲的戏剧》的缩写本主要是出于另一个原因。一部三卷本著作的费用严重阻碍了它最有效地用于它想使之有所助益的那些亚洲和其他地区的欠发达国家。鉴于这些原因，二十世纪基金会董事局决定资助出版把缪尔达尔教授的透彻分析和对策建议的精髓包括在内的一卷本的《亚洲的戏剧》。

---

* 二十世纪基金会是一个设在纽约的非赢利性的、非党派的研究基金会，主要从事重要的经济、政治和社会制度及其问题的及时的、批评性的和分析性的研究。这个基金会于1919年由Edward A. Filene捐赠设立。——译者注

显然,对一项耗时长达 10 年、篇幅差不多有 2 300 页的研究成果进行缩写是一个富有挑战性的、非常艰巨的任务。塞思·金(Seth S. King),一位严谨而经验丰富的作者,被证明是担此重任的最佳人选。他不但亲自研究过南亚,而且对冈纳·缪尔达尔透彻地了解这一地区十分钦佩。他力图保留《亚洲的戏剧》的精华而不加入新的或个人的材料。在认识到缪尔达尔教授的独特贡献是评价了与发展有关的许多因素——人口、政治、心理和社会传统——以后,他寻求用一个缩写本的形式真实地再现这一研究成果。他也意识到,无论变化多快,缪尔达尔教授阐述的重要概念以及这些概念之间的关系仍然有效且适合时势。而且,他还有另一个优势——深得缪尔达尔教授的耳提面命之惠。

但是,没有严格的取舍就不可能完成缩写,而这意味着要舍去许多重要的细节并对重点作一些更改。金先生主要负责挑选删去什么材料和如何最恰当地处理保留下来的内容。他的《亚洲的戏剧》的缩写本是一个独立的而不是合作的成果,它自成一体。但是,它如实反映了冈纳·缪尔达尔的信念:除非在广泛的政治和社会结构内研究发展问题,否则,就无法领会经济发展。

虽然缩写本不能再现原作的全貌,但是我感到,金先生成功地保留了《亚洲的戏剧》的多数独到见解。它抓住了原作中的大胆的非正统思想和它对阻碍发展的各种条件的实事求是的评价。对于任何关注经济发展的未来的人来说,它都是开卷有益的。然而,我希望,金先生的缩写本将鼓舞读者去拜读缪尔达尔教授的整个研究成果。

就《亚洲的戏剧》对南亚及世界的事件和发展的记载和评论而

言，这项研究完成于1966年1月1日。本书并不打算更新其内容。即使基本事实和事实之间的各种关系一如既往，但是还是有了一些新的重要的发展——例如农业中的"绿色革命"。冈纳·缪尔达尔的新著《向世界贫困挑战：世界反贫困方略》（万神书局，纽约，1970年），已经考虑到了这些新发展。

二十世纪基金会感谢缪尔达尔教授拨冗审阅金先生的这个缩写本。金先生的鉴赏力、忠诚和辛劳非常令人敬佩。我相信，这个成果将有助于更广泛地认识国家贫困的原因。

二十世纪基金会董事长
罗森特(M. J. Rossant)
1971年5月

第 一 篇

导　论

1 我们本身的缺陷

自从第二次世界大战结束以来，我们这个世界变得越来越小 3
了。当我们在不到 24 小时以内就能到达地球上的任何地方时，就没有多少遥远的地方了。这种世界范围的相对缩小使人们产生了一种新的兴趣和在某种程度上对世界人民命运的新的关注。这种关注特别投向世界上的贫富差距，这种差距正在一代一代地扩大。新的研究浪潮席卷着世界上的欠发达国家。

在社会科学领域，大量的资源现在正用于这些研究。研究的浪潮正在高涨，我们经济学家将成为弄潮儿。在第二次世界大战以前，对欠发达国家研究得最深入的是来自西方富国学术中心的文化人类学家。他们通常是用静态学语言向我们描述这些国家的人民赖以生活、工作和生存的制度结构和观念，而对各种变化则是用各种“干扰”来进行分析。现在，这种主角地位已经被经济学家所取代。经济学家们研究欠发达、发展和制定发展计划的各种动态问题。

这种重要的研究工作的重新定位并不是社会科学自动和自发发展的结果，而是巨大的政治变化的结果。随着殖民制度结构的迅速瓦解而来的是欠发达国家本身渴望发展，或者更确切地说，那些出于自身利益进行思考和行动的人们渴望发展。最后，在冷战中达到白热化程度的国际对抗关系已经使得欠发达国家的命运成为发达国家对外政策所关注的问题。

就有关西方国家、它们的学者和学术机构来说,显然上面所说
4 的第三个原因是引起他们对欠发达国家问题感兴趣的最重要的原因。就欠发达国家自身来说,它们的民族知识分子对下面这一点非常清楚,并且偶尔对这一点提出愤世嫉俗的评论:西方国家和苏联愿意向它们提供援助,而且更重要的是,这些国家对它们的现状和问题感兴趣,在很大程度上是因为存在世界对抗关系,这种对抗关系使欠发达国家的内部事务具有了国际意义。

人们不应忘记,今天南亚各国的经济和社会状况与殖民制度瓦解之前的状况并没有多大差别,惟一重要的变化是人口增长率近几年不断提高。不过,对这些国家的经济问题进行科学研究的兴趣的高涨发生在这些国家人口加速增长之前,甚至发生在我们充分认识到这个问题之前。总之,今天的南亚各国人民和第二次世界大战以前一样贫穷,他们的生活像战前一样悲惨。

然而,他们的贫困和苦难并没有引起经济学家们对他们的生活状况产生多大的兴趣,更不用说把注意力集中于如何通过制定经济计划和协调大规模的国家干预来推动发展等各种问题了。按照这样一种思路来进行实践在政治上是不可行的。因此,人们对这种实践也就不感到怎么迫切了。

社会科学家,特别是经济学家们对这些问题缺乏兴趣,显然是现有世界政治形势的一种反映。更具体地说,这种麻木不仁反映了殖民制度的特征和这种制度既对我们也对附属国人民所产生的影响。这些殖民制度并不强调这些问题在政治上的重要性,以引

起人们对经济欠发达问题的大规模研究。对于社会科学家来说，在自身认识方面，特别是在经济学方面，弄清楚科学研究的方向如何以我们生活于其中的社会、更直接地以政治气候为前提条件，是一种明智和有益的做法。经济思想的重要创新——我们联想到亚当·斯密(Adam Smith)、马尔萨斯(Malthus)、李嘉图(Ricardo)、李斯特(List)、马克思(Marx)、约翰·穆勒(John Stuart Mill)、杰文斯(Jevons)、瓦尔拉斯(Walras)、魏克塞尔(Wicksell)和凯恩斯(Keynes)的名字，都是对变化着的政治条件和机会作出的反应。 5

要想获得对社会科学研究更精确的描述，我们首先必须认识到，我们把研究重点转向欠发达国家的问题是由于世界政治形势发生了变化。一旦我们承认这种影响的重要性，我们一定要问：它不影响研究领域的选择，也不影响进行研究的方式吗？虽然这种研究领域的转换表明我们的研究工作为了适应社会的需要做了合理的调整，但是我们感到这种对我们研究工作所使用的方法的影响可能会导致不合理的偏向。

第二次世界大战以来，世界政治形势一直是以殖民制度差不多完全崩溃为其特征。独立的国家取代了殖民地。在这些国家，有势力的集团正在或多或少成功地要求实行国家计划，以此来推动经济发展，使它们的国家摆脱贫困和停滞。伴随着这两个重要变化而来的另一组变化是，苏联政权日益强大；共产党政府控制下的领土和人口规模急剧扩大，尤其是共产党中国的出现以及接踵而来的冷战。对世界冲突中的双方来说，欠发达国家的政治倾向——或至少是保持中立，在争取安全与权力的斗争中已经变得至关重要。这种关注不限于欠发达国家的对外政策。它们在民族团结和经济发展方面的努力在下述意义上也构成冷战的内容:它们改革的效果、速度甚至改革的方向对彼此对抗的霸权集团来说都具有政治上的重要性。

在这种重大利害关系的驱使下,西方各国政府、组织和资助研究的机构以及实际上社会舆论都迫切要求研究欠发达国家的问题就是顺理成章的事了。因为对西方国家来说,这些问题具有越来越大的政治重要性,所以,吵吵闹闹地要求研究这些问题是完全有道理的。但是,人们也期望这些研究能得出及时的结论,并通过某
6 种形式发表出来。这种形式被认为对官方和大众的利益都有利,至少不会有害。在欠发达国家那里,人们也将看到这种对大众利益的关注。欠发达国家的各种机构和受过教育的阶层对社会研究涉及的大多数问题越来越敏感。

我这里所要说的意思是,现在对欠发达国家的问题所进行的研究,经常是出于一个国家或一个集团的一时的和狭隘的政治利益或战略利益,而不是为了普遍和永恒的价值。这种价值是我们从启蒙运动继承下来的遗产。各种各样的研究现在都按照这些研究对美国或西方国家的"安全"作出的贡献来进行评判。

在对穷国进行经济研究方面存在偏向的主要根源是多数研究力图按照西方的政治和军事利益的观点——把穷国从共产党政权中拯救出来,来看待穷国的内部问题。站在局外人的立场上看问题,从科学方法论的角度来说,这本身没有什么错。重要的是这种研究方法必须按照一套明确的价值前提来进行表述。然而,这种方法通常与放弃科学标准联系在一起,它使得各种无法控制的偏

向掺杂进来——这当然引起欠发达国家的怀疑和愤慨。在把欠发达国家从共产党政权中拯救出来的问题上，对西方的政治和军事利益也产生了种种约束。例如，关于对欠发达国家政治制度的缺点进行考察和分析，除非作些解释，否则，这些欠发达国家政府对待西方国家将不会友好。这种居心叵测的论证——这种论证把事实作机会主义安排——的一个表现是，甚至在学术著作中也使用“自由世界”或“自由亚洲国家”之类的标签，用来表明这种“自由”不是这个词通常意义上的人民自由，而是表明一个国家的对外政策不与共产党集团的对外政策站在同一立场这种完全相反的事实。

冷战肯定对南亚欠发达国家的形势产生了重要影响。它们结盟或者保持中立甚至能够影响它们发展努力的模式。无论出于什 7
么原因，一个在共产党统治下的欠发达国家，很可能会采用苏联的计划方法来发展经济。同样，一个依赖西方集团的贷款和援助的国家，它的态度和国内政策将深受西方的影响。但是，承认这些因果关系并不是说在赢得欠发达国家做盟友或至少使它们保持中立方面，西方国家的利益就是研究它们发展问题的恰当的价值前提，在这种价值前提没有得到明确说明的情况下更非如此。

在西方，社会研究方面的政治影响通常并不鼓励不友善地对待欠发达国家——只要它们不是无可挽回地倒向敌人。相反，各个国家的社会团体或多或少地公开要求社会科学家在实际外交方面发表见解，这些见解为对内和对外政策方向进行论证并力图为这种论证提供更坚实的和学术上的依据。

在讨论南亚欠发达国家问题时，用外交方式进行思考和行动的这种趋势在民族独立的新时代已变成殖民时代的“白人的责任”的一种翻版。具有批判意识的人都会注意到这种趋势。我自己就能证明，在讨论欠发达国家的状况时，英国、美国和其他西方国家的学者在“我们内部”发言时都承认“要拼命干”的必要性。政治家和学者一样，常常在公共场合为说了一些含有诽谤性的话而道歉。一位对南亚听众发表演说的苏联学者同样圆滑，说苏联的政策对这个地区的“资产阶级——民族主义”政权是友好的。

我并不反对这种外交式的方式，只是不赞成将这种方式用于科学研究。一个科学家发现了真理就应该忠于真理，舍此别无他求。但是对于多数人来说，在像美国这样富裕国家里畅所欲言比在欠发达国家里这样做显然更容易些。我们应该明白，虽然直言不讳地说话是把这些国家的国民看做是平等的，但是这种外交式的方式等于是用恩赐的态度来对待南亚人。如果南亚人认识到这一点，他们会对这种外交式的方式感到恼怒。

8 我们的思想在这方面产生了怎样的偏向？一种现象是陷入了咬文嚼字，这些文字被认为比通常的用法更富有外交性。例如，人们宁愿使用一些委婉说法而不使用“欠发达国家”一词。现在普遍使用的短语“发展中国家”就是这样一种外交辞令式的委婉说法。除了极少数例外，这些国家即便有发展，也不是发展很快，而绝大多数西方富裕国家正在持续快速发展。因此，这个术语并不适用于区分那些自身想要发展的最穷的国家。而且，使用一个预先假定这些最穷的国家正在发展的术语，就是用未经证明的假定来进行辩论。确定是否正在发展，以及证明一个国家是否有进一步发展的真实可能性，这些都必须是研究的题中应有之义。至少可以这样说，这些问题的明确答案不应当是通过对一个国家的现状下一个含蓄的定义就假定是既成事实。

产生偏向的另一个初始根源更带有机械性，它是由我们在处女地里进行大规模研究的高速度引起的。由于研究必然要从一种理论、一组分析的假设开始，所以，使用在西方被创造出来的各种分析工具就很有诱惑力，而不仔细考虑这些工具是否适合南亚国家。但是，正如我们将在本书许多地方用大量篇幅讨论的那样，必须把这种研究方法看做是一种有偏向的方法。

与其他社会科学家相比，经济学家长期以来一直更倾向于得出一般性的命题，然后假定这些命题对任何时间、任何地方和任何文明都有效。我们有一个从古典经济学那里继承下来的，尔后进一步得到发展的理论宝库，这些理论通常被认为比它们所论证的内容更具有普遍适用性。只要这些理论的使用限制在西方世界，这种假定为普遍适用的理论可能就没有什么危害。但是，用这些理论来研究南亚欠发达国家——这些理论并不适用于这些国家，后果就严重了。当我们经济学家在一个具有顽强的、多样化的而又灵活的偏见传统中做研究——一般认为这些偏见还勉强适合我们的情况，突然转向情况完全不同的国家进行研究时，犯致命错误 9
的风险就非常大了。

由于我们掌握的欠发达国家社会现实的经验资料不足，这种风险被提高了。这个问题还被这种研究方法（这种方法已经成为战后时代的常规方法）所带来的另一后果弄得更加复杂。在收集整理新资料时——例如，当按照西方的失业、隐蔽性失业和就业不足概念来分析南亚国家的劳动力利用不足时,所使用的概念范畴就不适合这些国家的现有情况。结果是,一大堆数据要么毫无意义,要么与其所说明的问题南辕北辙。

我们的主要观点是:市场与价格、就业与失业、消费与储蓄、投资与产出这些"经济学"术语是从西方世界的生活方式、生活水平、态度、制度和文化中抽象出来的,它们用于分析西方世界可能有意义,并可以得出正确的结论;但是在欠发达国家这样做显然不会得出正确的结论。在欠发达国家,人们不能进行这种抽象;实际的分析必须讨论态度和制度关系方面的问题,必须考虑非常低的生活水平和文化水平的发展后果。

对南亚发展来说,西方的研究方法还有一个更微妙的感染力。这种方法是从大多数不但是南亚国家特有的,而且造成它们欠发达和它们在发展中面临的特殊困难的条件中抽象出来的。这些条件和困难都是南亚人和国外善良的人们希望忘记的。它们构成在欧洲殖民统治者的思想中占支配地位的社会结构特征,这些思想既反映在他们固有的思维定势中,也反映在他们更精巧的推理中。对这些发展障碍的过分强调迎合了他们文过饰非的需要。它推卸了殖民地人民的落后和不能设法改善境况的责任。自由运动思想和后殖民思想都被深深地打上了反对这种思维方式的烙印。所
10 以,偏向的钟摆从一个极端走向另一个极端。这些国家的知识分子想在相反的意义上文过饰非,而西方经济学家所作的抽象就迎合了他们的需要。

乐观主义以及因此使乐观主义更具有现实性的研究方法也是南亚知识分子的自然渴求。乐观主义导致这个地区的所有计划出

错，这一点显而易见。西方国家外交克制的倾向同样完全适合在这些国家经济学家之间存在的无根据的乐观主义偏向。在西方国家，尤其在美国，乐观主义甚至作为进取心和勇气的基础而受到褒奖。它差不多成了传统文化模式的一部分——这就是乔治·凯南(George F. Kennan)所说的"美国人热情和自我陶醉的伟大才能"。在争夺人心方面，共产党世界以外的欠发达国家获得发展被认为是西方的利益所在，这一点还要力图使欠发达国家相信。

但是，完全撇开冷战和由此带来偏向的机会主义倾向不谈，一旦开始对处于苦难中的民族的状况感兴趣，我们西方人总是对他们表示友善。除了一切自私的利益以外，他们的发展努力获得成功就是我们最殷切的希望所在。我们希望他们尽可能发展成类似于我们的民族社会。这是一种民族优越感的自然冲动，人们会在最平静的世界形势中体会到这种冲动。

然而，我们绝对不要让这些宽容的和真实的情感影响我们对事实的认识。真理以及直截了当地说出真理是有益的，错觉，包括由慈悲和善良愿望引起的错觉将具有破坏性，正是这一点构成科学研究的灵魂。错觉阻碍着对知识的追求，因此一定会阻碍在充分有效和成功地制定发展计划方面所作的努力。由于这个原因，本书的叙述将不用外交式的语言。我们在进行研究时要跳出这个戏剧之外。我们认识到，不使任何人难过这个要求对学生来说是毫无道理的。应该客观地阐述事实：语焉不详如同言过其实一样都有片面性。

在研究南亚发展问题方面存在着产生偏向的种种力量。在我们即将结束对这些力量的特征进行概述之前，还有一点应该提到： 11

由于这些偏向造成了对发展前景过分乐观的看法，因此，这些偏向有时候会起促进作用；不过，这些偏向主要还是易于形成不适当的自满情绪。无论如何，发展需要作出越来越大的努力；需要在南亚进行更快和更有效的改革，以及需要西方给予更多的关注。更现实一些的研究将使人们明白这个道理。

我们对战后研究南亚欠发达国家状况和问题的方法提出了批评，这些批评不应该被理解为是对关于事情是怎么样或实际上事情需要如何去做这些问题用一种理论上的预先假设得出的正确性加以否定。问题必然先于答案，不是针对问题作出回答的答案是不可想象的。

因此，从严格的逻辑关系上说，在科学研究中不能使用非理论的方法；每一种理论都包含有一个预先假设的思想的种子。当这种理论被清楚地加以阐述时，我们可以看到它的内在逻辑的一致性。理论不但要接受逻辑上是否具有一致性的内在评判，而且还要不断地接受现实的检验，并相应地加以修正。

这两个过程是相辅相成的。观察到的资料是通过我们分析上的预先假设获得的。随着这些资料增加到一定数量，为了弄懂这些资料的意思并对这些资料作出解释，我们原来的理论就要修改。一切科学的关键之处在于：它总是从一个预先假设开始，但是要持之以恒地找到知识的经验根据，因此科学更与我们所研究的现实相吻合。这也是我们从来不能使理论达到尽善尽美而只能使理论大致符合事实的原因。但是，在如何使理论符合事实方面存在着程度上的差别。在南亚欠发达国家，大多数关键性资料数量不足，可靠性较差。

因此,理论不过是对我们所研究的社会现实提出来的一组具有相关关系的问题。我们必须强调的是,一切知识,以及一切无知,往往具有机会主义的性质。而且,它们受到根据经验事实的扎实研究的检验和完善越少,其机会主义的性质就越多。从长远来看,我认为没有什么理由对南亚欠发达国家的研究感到悲观。在 12
一切实事求是的研究中,自我改正与完善的力量是固有的,这种力量最终将得到证明。

由于我们非常不满意在南亚发展问题上所使用的常规研究方法,因而概述出另一种能够用做这种研究的分析框架的理论就成了我们的任务。

事实上,不存在专门的"经济"问题,存在的只是各种各样的问题,所以,"经济"和"非经济"因素之间的区别大多是人为的区别。要说清楚"经济"问题或"经济"因素所包含的意思意味着要提供一种分析,这种分析也把一切"非经济的"决定因素包括在内。惟一有价值的区别,并且惟一能在逻辑上完全站得住脚的区别,是相关和不相关因素的区别。这种区别的界线随着所研究的环境特征的不同而不同。

南亚国家基本的社会和经济结构与发达的西方国家或共产党国家现行的社会和经济结构有着根本上的不同,我们把这个不争的事实作为我们分析的起点。总的说来,目前发达国家的情况是这样:社会基础容许经济发展,或者,当它不容许经济发展时,它也会容易重新调整,而不至于在发展道路上设置太多的障碍。这就是为什么用“经济学的”术语来分析，即从社会基础中进行抽象，可以得出有效的和有用的结果的原因。但是，这种论断不能原封不动地应用于南亚的情况。南亚的社会和制度结构不但不同于发达国家演进了的社会和制度结构，而且更重要的是，南亚的发展问题是一个要求社会和制度结构发生诱致性变迁的问题。因为它阻碍了经济发展，而且它不会自发地发生变迁，或者在很大程度上它并不能对“经济”方面的政策作出反应。

理解南亚国家发展问题关键性的第一步是要竭力发现它们实际上是如何运行的，左右它们绩效的是什么样的机制。不把分析牢固地建立在这些现实的基础上，既会导致研究扭曲，也会导致计划出错。所以，我们的研究方法总的来说是“制度”方法，我们希望
13 按照这种思路大大地加强研究工作。为了使研究真正有成效，这种新的方法必须更能说明在常规的经济分析中经常不加以考虑的那些事物。由于在这种常规分析中所使用的理论和概念倾向于不考虑那些“非经济”因素，所以我们所需要的就是一种完全不同的理论与概念结构，这些理论和概念对所研究的社会来说更具有现实性。

我们的目标也更加雄心勃勃：我们要用另一套新的、更适合于这些国家现实的理论与概念来代替常规的理论与概念。我们不但需要确定能够解释这些经济的特性的机制，而且要建立一种适用于研究发展动态问题和制定发展计划的分析结构。

在表述“非经济”因素重要性的总体意见方面，经济学家们是宽宏大量的，然而他们并没有让这种重要性改变他们的研究方法。还有一点值得注意的是，在这种研究方法中，制定发展计划的努力

常常是把社会关系方方面面的行动方案囊括在内。然而，这种计划的无所不包与用西方的市场、价格、就业、储蓄、投资和产出的概念来表达的主要强调“经济”因素的倾向形成鲜明的反差。

要启动并加速发展，我们必须假定一切社会条件和社会关系的诱致性变迁在发展过程的累积因果关系中是起积极作用的，甚至起战略性的作用。虽然这些信念确定了这种研究所要解决的问题的方法，然而我们不能自称在制定一个完整的总体分析框架方面已经取得了很大进展。这基本上还是对南亚主要经济问题的一种研究，尽管这种研究强调的是不断认识这些问题的更广泛的背景。

我们有意识地把我们的研究定位于分析和说清楚问题。为了防止我们在寻找主要相关关系和发展趋势的有关问题的答案时误入歧途，我们已经致力于充分占有和深入研究经验材料。但是，许多基本事实是难以把握并且是没有记载的，而且，经验证据在许多细节上是相互矛盾的。我们常常获得的只是一些说明性的或建议性的推断，而有时则需要根据我们所看到的事情和与人交谈得到 14
的印象来作出推断。因此，正如我们经常提醒读者注意的那样，这样得出来的结论以及支持它的推理在很大程度上是猜测性的。为了理解将要发生什么事情，清楚地阐明尚未认识而应当认识的事物，仍然是一项有价值的科学任务。实际上，本书的主要目的之一是要指明知识上的空白，并用一定的篇幅阐明用于进一步研究的合理的假说体系。我们只能通过猜测性的推理来做到这一点。

在本书中我们认为，对于研究方法不只是需要限定和保留，而是需要作根本的改变。如果我们的看法是正确的，那么就为更多的学科交叉研究提供了空间，我们就应该欢迎社会学家和其他学科的学者为改进我们的理论和概念体系所作的努力。许多人将向这些努力挑战。提出挑战是正常的。不断深化理解发展过程的复杂性的一个基本内容是交换意见。在这个过程中，提出概括性的结论并接受挑战，然后进行加工和修正。采用这种方式，不同的解释和结论的根源能够区分开来并加以检验。本书读者应当记住这种概括的功能。本书的内容并不都是以问答的形式写成的，为了方便起见，绝大多数内容是用陈述的形式表达的。这不应当模糊其中所包含的概括的作用和功能。

当我们最终不得不把研究的客观性问题提出来作为一个逻辑问题时，这才是问题的要害所在。

大体上看，似乎容易确定对南亚国家进行客观研究的规则，学者不会别有用心。他献身于探求真理，因而他会尽可能摆脱传统的、他所在社会的和他本人欲望的压力。在他的研究过程中，他不企求影响他所研究的那个国家内外读者的政治态度。这些原则都是值得提倡的，因而值得把这些原则进行宣传推广，但是这些原则解决不了如何避免偏向的方法论问题。

15 我们不能简单地通过试图排除价值观来解决研究的客观性问题。相反，对社会问题的每一项研究，无论范围多么有限，都是而且一定是由价值观决定的。“无偏见的”社会科学从来就不存在，将来也绝不会有。逃避价值观是错误的，并且注定是徒劳的和有害的。我们的价值观是与生俱来的，即便对它们置之不理，它们也仍然支配着我们的研究工作。

至此，我们已经说明，为了使价值前提明确，研究可以是“客观的”（按照这个词被使用的惟一意思来说）。但是，从科学推理的明晰和确定性这个更宽泛的意义上说，我们也需要对这些价值前提作出详细的说明。这里，我们接触到了关于知识的哲学的主要问题。这个问题与关于知识的社会学问题之间存在着下列关系，这种关系是本章关注的焦点：一旦我们认识到即便在科学研究中，我们也绝不能天真地期望我们的思想是无条件地对发现真理的追求而别无其他目的，那么，阐明我们总的观点，确定我们特有的价值前提，显然是必要的，同时也更简便易行。

选择《亚洲的戏剧》作为本书的书名，是为了表达作者在开始这项研究时所怀有的、在研究过程中不断增强的关于南亚问题的信念。在所有复杂的和不同的事物背后，我们意识到有一系列相当鲜明的冲突和一个共同的主题，就像在戏剧里看到的一样。这场戏剧中的活动正在迅速走向高潮，经济、社会和政治方面的紧张正在加剧。

在某种程度上，我们大家都是这场戏剧的参与者。这就好像是为南亚搭建的舞台扩大了，以至于扩大到整个世界，因而没有一个人能够只做观众。但是，这场戏剧中的主要角色是南亚人民自己，以及他们中受过教育的阶层。通过研究、提供金融援助和其他手段而参与这场戏剧的局外人扮演配角，他们对最终结局的影响微不足道。

这场戏剧把它发生的一系列内在冲突的整体性印在人们的脑海中：在他们过高的期望与严酷现实的惨痛经验之间；在渴望变 16

革、改善与承受后果和付出代价的保守思想以及障碍之间。这些冲突在任何时间和空间都是人类生活的一部分。但是，在我们所研究的这些国家里，这些冲突具有异常的、不断加大的激烈程度，并表现为独特的形式。

在南亚，人们不能逃避这种感受：人们正在观看的恰恰就是一幕古典意义上的戏剧的展开。它涉及成千上万的人。但是，通过它的复杂性和差异性，就像通过一个古典戏剧一样，所描写的是一个本质上简单的主题。

在戏剧的古典概念中，就像在科学研究的理论阶段一样，演员的意愿是受决定论的枷锁束缚的。戏剧开场的第一幕预先决定了最后一幕的结局，并说明了后来剧情发展的全部条件和原因。尽管主角试图改变自己的命运，但是他心里清楚自己的最终归宿。

但是，在生活中，当戏剧还正在展开时，演员的意愿却被假设为是自由的，他可以在一定的范围内在不同的表演过程中进行选择。这样，历史就不被看做是预先决定了的。相反，正是在人类力量的作用之下形成了历史。因此，这样表现出来的戏剧不一定是悲剧。

2　南亚地区

在本书的后面章节，我们在称之为“南亚”地区的笼统范围内 17
进行分析。实际上，地区分析法并没有内在根据。地理邻近并不具备任何象征意义，使得相邻国家在任何实际意义上，比如文化上、政治上或经济上成为一个“单位”。具体到南亚国家，许多实际情况导致了它们今日相互之间关系脆弱。我们所研究的这些国家的经济计划，甚至所有的经济政策都具有相当狭隘的民族主义局限性。近年来，它们的相互经济关系的规模已趋于缩小。

我们这项研究涵盖整个南亚地区，这样做的合理性在一定程度上是因为它尝试着对南亚国家进行分析比较。这些国家的基本情况之相似足以使这种比较恰如其分；基本情况之差异又足以使这种比较有助于分析主要因果关系。

我们曾尝试为南亚各国罗列与每项讨论的问题有关的主要事实。但是，由于许多情况下缺乏可靠的材料妨碍了我们对国与国进行全面比较，因此，论述往往不得不集中于一个或几个国家，甚至集中于一个国家的几个地区，它们具有某种重要影响，或者它们的现有材料较为令人满意。由于我们关心的主要是分析而不仅仅是描述，所以我们觉得没有必要提供详尽的事实细节，或者在论述中对南亚几个国家花费同样的笔墨。由于人口众多及其在南亚和

世界上的重要政治地位，印度在我们的研究中比其他国家显得更为突出。而且，从殖民时代以来，印度一直拥有比其他国家更丰富
18 的文献记载和讨论报告。如果认为本书的主要内容是论述印度，通过大量系统的尝试把它同其他南亚国家进行比较，那么这种说法不算离谱。

我们的研究也密切关注印度的邻邦巴基斯坦和锡兰*，在某种程度上还有缅甸。由于缺乏材料，阿富汗和尼泊尔，还有锡金和不丹，不在我们的考察之列。在东南亚，印度尼西亚是一个具有重要意义的大国，我们努力把它的问题作为研究重点，虽然我们不能如愿以偿地详尽论述。至于泰国、马来亚（不是指新组成的马来西亚联邦）以及菲律宾，现有材料更丰富一些。新加坡的问题很独特，因此在通常情况下，它不在我们的研究重点之列。我们原打算把法属印度支那殖民帝国崩溃以后出现的国家——北越和南越、老挝和柬埔寨——包括在内，但又不得不放弃这个初衷，因为它们中的一些国家尚处于原始状态，且都处在不断变化之中。在我们能够掌握有关情况时，我们偶尔也提到后三个国家。

这样，在我们的研究中，“南亚”或“南亚地区”包括巴基斯坦、印度、锡兰、缅甸、马来亚、泰国、印度尼西亚和菲律宾，有时也包括南越、柬埔寨和老挝。“东南亚”地区不包括印度、巴基斯坦和锡兰。“西方国家”或“西方世界”是指西北欧和中西欧（而不是东欧或南欧）、美国以及由欧洲人种定居的英联邦自治领地（加拿大、澳大利亚和新西兰）等高度发达国家，后者有时也称为“白人领地”。

* 斯里兰卡的旧称。——译者注

南非是一个例外,因此它并不包括在这一类国家之列。

与外部世界的比较一般限于西欧。这种做法有一定的合理性,因为直到不久前,南亚大多数国家还是西欧国家的领地,西欧国家对它们具有深刻的经济、社会和文化影响。

我们论及的这些国家在空间上也彼此相邻。虽然在这些国家的国与国之间,甚至在一个国家内部,气候有很大差异,但它们都 19
位于热带和亚热带地区。在每个国家,人口都是“有色人种”,或者是“非白人”,因为“有色人种”这个词在南亚已经过时。尽管在这些国家内部以及海外,这个事实现在通常被淡化了,但是,大多数时候,当他们对自身及其与世界其他国家的关系进行思考时,它仍然具有重要含义。值得注意的是,他们对殖民主义的抗议经常包括“民族主义”一词。

但是,把这些国家维系在一起的强有力的主线也许是它们共同的经历,以及这种经历对它们在政治问题及其进程上的看法的影响。除了一个国家,即泰国以外,它们都是前殖民地。尽管殖民统治时间长短有别,但是历时如此之久,程度如此之强,以至于几乎在它们生活的每一个方面都留下了明显的烙印。甚至泰国也生活在殖民主义的阴影下,其命运也受到了殖民主义干涉的影响。

最近,这些国家的解放对其整个国民生活有着巨大的重要性。这种解放是世界发展的结果,南亚人民在其中只起了次要作用。但是,在所有国家,事实是,独立最终是由受教育——在南亚,“教育”一词有特殊含义——的阶层内少数能言善辩的精英集团成员实现的,他们只占总人口的一小部分。这些精英集团现在肩负着巩固新的民族国家的责任。不过，就他们而言，在推动巩固的背后，他们曾经有、现在仍然有不同程度的凝聚力和内部团结。

随着殖民统治的终结，人们逐渐意识到自己有能力，而且有责任决定自己的命运。这一认识使社会内部的各种关系受到挑战。这种不稳定状态经常被描绘成“期望越来越高的革命”。观念变化迄今主要是对知识阶层产生了影响，而地位较低的下层人民几乎未受到触动，但是这并没有降低它在后者占多数的国家的重要性。这种抱负必然随时间而增强，并蔓延到更多人当中。从政治意义上讲，现在的最大抱负已在西方富国的现代民主福利国家的概念
20 中得到阐述。实际上，它们起源于激起美国和法国革命的启蒙时代。历史受到嘲弄的是，这些观念和理想主要是由殖民主义带到南亚国家来的，因而，殖民主义在不情愿和浑然不觉中摧毁了自己的基础。

最初，所有国家都宣称它们打算按照议会民主的方针建立以自由选举和成年男女自由投票，以及广泛的公民自由为基础的宪法和民法制度。但是，没有一个南亚国家的超现代政治民主制试验获得完全成功，其中许多受到各种各样的独裁主义统治。这种运动可能仍会发展。

南亚各国的基本经济情况有相同之处。所有的国家都很贫穷，一般来说，最大的国家就是最穷的国家。社会和经济极端不平等，而且在最穷的国家通常最明显。所有国家的大部分经济活动都经历过长期的停滞。在南亚的大多数国家，人民大众今天的生活水平比他们在第二次世界大战前即使不是更低，但也高不了多少。

南亚所有的新生国家现在都决心通过有计划的和协调的政府努力来促进经济发展。但是，只有少数几个国家朝这一方向作了较大努力。经济迅速扩张的障碍是巨大的，其严重性绝不可低估。这些障碍基本上是由现在制度和观念中存在的低效率、教条僵化和不平等造成的，是由这种制度和观念中包含的经济和社会权力关系造成的。上述几个国家之间也存在程度上的差异，但是，关键在于存在的本质上的根本差异使南亚的经济环境不同于先进的西方国家的经济环境。

本书的一个主要目的是，为南亚与东西欧国家的发展存在的这种鲜明对比提供深入细致的原因分析。南亚所有的新政府都致力于通过国家计划协调的政府政策来消灭人民大众的普遍贫困。 21
这些国家怀有政治思想的人强烈要求实现经济和社会现代化，从而实现经济发展。这是我们整个研究中采取的观点和方法的主要决定因素。

因此，我们的分析有必要从有关国家的性质入手，这些国家在南亚的经济发展中需要发挥核心作用。这些国家是如何诞生的？殖民统治的遗产对它们产生了怎样的影响？哪些社会力量决定了它们的性质和行为？

按照严格的年代顺序，1946 年菲律宾第一个实现了完全的政治独立。但是这一事件并不突然或出人意料，它是由美国十多年前就安排好了的。

殖民统治壁垒的第一个重大突破是 1947 年英国和平结束在印度的统治，以及随后成立了印度联邦和巴基斯坦共和国。接下来是 1948 年缅甸和锡兰的政治独立。由于荷兰和法国试图用武力重新加强对领地的统治，因此，印度尼西亚直到 1949 年才实现了完全独立。法属印度支那联邦的组成部分到 1954 年才获得独立。由于民族政治意识发展相对缓慢和英国镇压共产主义运动的军事干预，马来亚联邦在 1957 年才成为独立国家。1959 年以前，新加坡一直处在英国的完全统治之下，1959 年获准自治。4 年以后，它同马来亚和英国在婆罗洲(Borneo)剩下的两个殖民地沙捞越(Sarawak)和沙巴(Sabah)合并，组成马来西亚。新加坡 1965 年被逐出马来西亚后成为实体。泰国设法保住了正式独立，成为英法帝国主义分界线的缓冲国，尽管它被迫对这两个强国做了一些领土让步，而且其经济也受到外国势力的控制。

22 就像海上霸权使欧洲能够征服亚洲一样，日本占优势的海军力量最终摧毁了欧洲帝国主义在南亚的军事基础。自从日本 1905 年战胜俄国以后，不祥之兆频频显露。日俄战争以后，南亚各地区的民族主义力量以较为激进的形式出现，这绝非巧合。把第二次世界大战称为引发南亚殖民帝国解体的催化剂是完全正确的。但是，除非剧烈变革的条件已经成熟，否则，这种重大的政治转轨就不会发生。

首先，帝国主义列强本身已经造就了一个知识阶层，他们为殖民地提供行政和专业服务。这个阶层并不是经济发展的产物，而是宗主国为了按照自己的利益和理想来统治和推动殖民地发展而建立的法律、政治和教育机构的产物。特别是在两次世界大战期间，这个精英集团的许多成员获准担任比较高级的行政官员，殖民政府建立由任命和(或者)选举的成员组成的顾问机构，开始分配他们的权力。随着这个精英集团的壮大,他们逐渐为自己的同仁争取更多和更高的职位。就此而论,关于这种发展——它在几个国家以不同速度进行——所能作出的最重要结论是:由此开始了一个与殖民统治相对立的趋势。这个精英集团的教育经历使他们受到西方公正、自由和机会均等思想的影响。在西方国家内部本身,这些理想与南亚各国在政治、社会和经济上的明显不平等现象是不可调和的,与殖民主义也同样是不可调和的。

回过头来看,不可避免地会得出下列结论:南亚殖民统治的瓦解是必然的。但是,在殖民地,实现独立是痛苦而难忘的经历,通常把它描述成政治革命不无道理。所有的新国家都必须面对这个事实:独立并没有自动实现国家政权的巩固;相反,每个新的国家 23
都面临着对继承领土行使职权的当务之急。

南亚国家今天的国界划分几乎完全是殖民主义精心安排的结果。这种安排又来自西欧国家之间的竞争。南亚的框架并非建立在与历史或民族因素密不可分的基础上。如果拿破仑战争以后英国没有恢复荷兰对东印度的所有权,马六甲海峡两岸就会只受一个殖民强国的统治,现在东南亚可能就有一个幅员广大的马来亚国家,不但包括现在的印度尼西亚的1亿人口,而且包括最近联合起来的马来西亚联邦的1 000万人口。如果英国决定促进它在南亚的几个领地之间的更密切联系,锡兰和缅甸就可能和印度是一个模式。

但是,当南亚各国获得独立时,还没有这些安排,南亚国家的划分基本上是已有现状的延续。而且,它们都有令人信服的理由维持这一现状。一旦主权交接生效,新政府必须确立它对整个领土的权力。而避免以前作为一个整体进行治理的国家出现分裂,就成为关系到民族自尊和声誉的大事。这种民族主义的呼声并不足以防止国内严重的分裂和叛乱活动。殖民统治遗留下来的领土的神圣性也不总是为每条国界线两边的国家所接受。但是,每一个新政府的第一反应,也几乎是本能的反应,就是牢牢控制遗留给它的领土。前殖民强国统治的地方,新政府也必须统治。

巴基斯坦和印度的情况是一个例外。然而,这也不完全是个例外。因为,除了克什米尔之外,印度和巴基斯坦之间的主要分界线,甚至划分这条分界线所依据的原则,都是在英国监护下制定并承认的。新加坡从马来西亚分离出来似乎是另一个有悖于我们关
24 于南亚政治实体延续的笼统论点的例子。但是,就英国统治而言,新加坡政府从来没有与马来人国家合为一体。越南的分裂亦非例外,像东德与西德或南朝鲜与北朝鲜一样,这代表了冷战中的一种暂时状态,没有一方认为它是一种令人满意的状态。不过,由于最近沙捞越和沙巴并入马来西亚,又出现了一个例外。这两个地区只是通过合并才摆脱殖民统治的。

在大多数情况下,殖民统治的结果是扩大了殖民时代以前就已经存在的政治实体。它还赋予这些新实体一定程度的内部团结。在印度和巴基斯坦,现在人们普遍认为,不仅英属印度的统一,而且包括政治一体化法令——使两个独立国家得以建立,都是英国过去一百多年统治的结果。类似的非自发性的变化在南亚其他殖民地也出现过,并且也促进了政治团结。我们可以坦率地说,印度尼西亚群岛成为一个民族国家的构想是荷兰在这一地区的霸

权和它试图从政治上、管理上以及某种程度从经济上把各个岛屿联系在一起的结果。自从荷兰在第二次世界大战中被驱逐以来，印度尼西亚走过了危险的道路，但是其政治气候一直在演变，民族团结的呼声打动了人心。在菲律宾和东南亚大陆国家，也出现了同样的过程，虽然后者的规模仍然较小，且内部也不太统一。

3　价值前提与价值观

25 在我们这样的社会研究中，始终有必要非常明白无误地阐明价值前提。这些价值前提既有助于我们避免导致偏向的隐性价值观，又构造了我们最初的概念并形成了我们研究的结构。为了贴切、有效和客观，这一点是极为重要的。一切社会研究，甚至停留在调查事实和因果关系的理论水平上的研究，就其假定社会变化可以朝着某一方向这一意义而言，都是受政策指引的。

在我们这个研究中，对南亚各国存在的问题，我们力图从利益与理想、原则与目标的角度，实事求是地加以考察。这些利益与理想、原则与目标对南亚各国关系重大、意义非凡。就价值前提来说，外国的利益完全没有考虑。

明确提出存在于人们自身特有的价值观中事关重大、意义非凡的价值前提是一项非常困难的挑战性任务，在南亚比在西方国家更是如此。其原因之一是，对于不同职业、不同社会经济阶层和不同地区的人们究竟作何感想，其感情的强度和韧度如何，以及旨在改变他们的政策措施能在多大程度上影响他们，我们一概不知。我们对西方国家这类问题的了解还存在巨大空白，公众价值观中的确定因素往往是模糊不定的。但是，就我们对这些价值观的了解程度而言，西方国家与任何南亚国家之间当然有非常大的差别。

原因之二是，南亚公共政策的决策过程变化不定，而且从平等主义的观点看，具有偏向性。除了知识阶层外，这个地区的“公民”参与程度普遍较低。就事论事，这似乎减轻了我们确定关系重大、 26
意义非凡的价值观的难度，因为可以把注意力集中在掌权的小集团身上。但是这个地区的每个政府，即使是通过政变上台的军人政府，都必须考虑人民的愿望，以及他们能容忍的限度。民众对决策也许持消极态度。但是，消极中往往存在对执行这些政策的抵制。每个政权必须考虑人民可能会起来反对政府试图强加给他们的政策。因此，人民不参与政治实际上构成了一个包含许多不确定性的巨大问题。

但是，揭示人们实际的价值观还有第三个严重障碍：他们之间的巨大差异。在战后殖民主义结束和国家开始独立之后的大觉醒过程中，抱负、利益和理想在社会的各个部分迅速扩散，而社会还没有在经济上和文化上作好系统地吸收它们的准备。南亚地区社会发展和经济发展中发生的一系列颠倒、浓缩的历史事件的后果之一是，各社会阶层的人过着形形色色的不同的生活，因而对世界抱有十分不同的看法。的确，大多数人甚至怀有十分矛盾的价值观。

在西方国家，也存在这种差别。但是经过长期的民族团结过程或印度所称的“感情融合”过程，这些差别已经被缩小了。西方在过去半个世纪发展起来的现代民主福利国家具有高度的利益与理想的“创造的和谐”。这样，就可能根据十分明确的民族信念研究西方国家的问题。这种民族信念即使没有决定人民的日常生活行为，也决定了他们长期的奋斗行为。即使在涉及背离这种信念的问题,诸如美国歧视黑人以及特别是早期歧视犹太人和移民集团的时候,情况也是这样。南亚国家的情形当然完全不同。在南亚国家,民族团结和“感情融合”的程度都不能同现在或处于工业革命前夕的西方国家相比。

27 鉴于南亚国家实际价值观的多样性和我们对这些国家及其实际权力关系无知的程度,坚持清楚地阐明价值前提就更有必要。最重要的是,明确阐述那些实际上决定了研究方法的价值前提,并使之完成其职责。无论这些价值前提是什么,无论它们怎样才能实现,阐明它们是方法论透彻性的第一要求。由上所述,我们应该明白,我们这个研究中所选择的价值前提是否相关,是否有意义,仍然存在相当大的疑问。作者和读者一样,应该对这种疑问保持清醒的认识。

在南亚各个国家存在的所有不同的和矛盾的价值观中,我们审慎地选择了以“现代化”为目标的新价值观。这些价值观——为了简便我们称为“现代化理想”,在随着独立而来的大觉醒中,强加给了这个地区,虽然南亚人民中能言善辩的知识阶层通过殖民时代西方世界的影响以及最近苏联的影响,已慢慢地适应了它们。它们已成为“官方信念”,几乎成了一种国教,是“新民族主义”的一个重要组成部分。它们如今成了发展计划和报告序言公开宣布的重要目标。南亚各国都已制定发展计划;而那些报告,则出自思考重大改革问题的政府各委员会。选择这些观念作为价值前提,在某种意义上是我们对这些国家的信赖。

南亚地区的各个国家以及某个国家的各个集团之间也存在着

差别。现代化理想在印度、巴基斯坦、锡兰和菲律宾比在印度尼西亚和缅甸得到的表述更为清楚。特别是，对这种信念的几个因素的侧重点有所不同。根据西方常规的保守主义—激进主义划分标准，巴基斯坦、马来亚、泰国和菲律宾倾向比较保守的现代化理想，而印度、锡兰、缅甸和印度尼西亚的官方信念往往是比较激进的。这种划分标准也是随时变化的。总的来说，锡兰已经转向左边，缅 28
甸一度倾向右边，最近也转到左边，而印度尼西亚又转回到右边。在公开宣言中，印度仍然在向左转，虽然在实际政治中几乎没有向左转。

但是，根据盛行的情况来看，南亚整个地区的信念都是激进的，因为即使稍加实现这些理想也会剧烈改变它们的经济、社会和政治状况。事实上，组成南亚国家这一官方信念的主要成分是：西方世界长期以来所珍视的作为启蒙运动遗产的理想，以及最近很大程度上在福利国家"创造的和谐"中实现的理想。

在南亚，这些理想在多数情况下仍然很模糊，而且有时还自相矛盾。这些逻辑缺陷是必须加以正视的现实的一部分；它不能靠整理论据的概念把戏来消除。它表明，价值观视点并不真正是一个点，而是一个有限的空间，在这个空间内，关键概念经常界限模糊。而且，现代化理想主要是受过教育和政治上有发言权的那部分人口的思想，特别是知识分子精英的思想。下面的判断就是指这些集团的意见。但是，占人口多数的较广泛的社会阶层的愿望大大影响了制定和实施符合现代化理想的政策的前景。民众至少能够抵制不得人心的政策并制造障碍。我们也应该注意到，现代化理想不得不同与之相冲突的传统价值观进行竞争，这种传统价值观是经过几个世纪且往往得到宗教支持而建立起来的。甚至政治上机警活跃的知识阶层的成员也常常具有两种思想，陷入难堪而令人沮丧的精神妥协。尽管这种冲突在任何地方都是这种性质的思想意识的典型特征，但是在南亚，它们由于理想和现实之间的遥远距离而加剧了。

如果我们的研究要表明价值前提的实现有几分肯定地代表了未来的趋势，这套价值前提的选择自然将得到更充分的证明。然而，这种结果并没有出现。我们坚持的信念之一，特别是从加速的
29 人口增长来看，就是必须加速努力实现现代化理想，以免增加苦难和社会动乱。这些理想都有一个理论基础。我们也应该记住，在某种意义上，这些国家已无恢复旧观念之忧，因为现代化理想已经在南亚开始实现，至少是防止了这些国家又回到其传统的一潭死水状态。这就是我们选择的这套价值前提，或者是说从这个角度研究南亚国家之所以具有实际重要意义的原因所在。

作者还要诚实地补充一句：围绕在南亚这些理想周围的明显的启蒙运动氛围是适合我以及我的合著者的心意的，我们在道德效忠问题上是保守的，但是从个人来说却深深地喜爱那些继承下来的激进思想。毫无疑问，这种态度有助于用这套价值前提来指导工作，有助于信守这套价值前提。不过，这些价值前提的选择不是基于个人的理由，而是因为它们与南亚密切相关且具有重大意义。

在抽象形式上，我们对构成南亚地区官方信念的这些现代化理想做了异乎寻常的说明。我们强调，它们现在在南亚国家所起的作用，与西方国家在发展早期阶段相比，在“初始状况”上是有很

大差别的。

南亚国家的许多现代化理想相互重叠。但是，这些理想有一个基本框架。因此，我们可以把我们要研究的这些基本的起指导作用的理想的轮廓分述如下。

1.理性。在公开讨论中，经常假定政府政策应当建立在理性思考的基础上。我们也把这种代表着与传统决裂的做法看做是理所当然的，并且经常加以强调。迷信观念和非理性的逻辑推理应该予以消除。这种价值观有时能得到明确的表述，譬如宣称国家现在正进入“科学时代”。这一价值观中的一个重要因素是需要应用现代技术提高生产率，但是它也被赋予了更宽泛的解释，包含了所有的经济和社会关系。原则上，历史、传统、本地的观念和制度只是在下列理性基础上才加以考虑：保留它们对于达到特定目标 30
是切实可行的。谁也不会一面承认某些观点是非理性的，一面又公开为之辩护。

2.发展与发展计划。这种愿望直接来源于对理性的追求，并代表了经济和社会领域中现代化理想包罗一切的全面的表述。发展意味着改善社会制度中导致欠发达状态持久存在的许多不良状况。计划就是寻求一套能够带来发展的合理协调的政策措施体系。

3.生产率的提高。提高人口或劳动力的人均产出是一切发展计划的共同目标。一般假定主要是通过改进技术和增加所有生产部门的资本投资，以及改善我们所说的生产方式来实现生产率提高。这些又取决于生活水平提高、观念更新和制度、民族团结，并且实际上还取决于下面所列举的所有其他价值前提的实现。

4.生活水平的提高。由于南亚各国生活水平较低,特别是较大和较穷的南亚国家的生活水平极低,因此,这种价值观得到如此普遍的认同就不足为奇了。诚然,希望提高人均产出的主要原因是因为它可以提高人们的生活水平。不过,人们普遍相信,生活水平的大幅度提高必须推迟一段时间,才能实现资本积累、提高生产率和将来提高生活水平。这一需要将造成增加消费和提高产量之间的局部矛盾,至少短期内如此。但是,我们经常提请注意的这些条件之间也存在一种正相关关系——生活水平提高是提高劳动投入和效率的前提条件,一般来说,它也是有利于提高生产率的能力和态度变化的前提条件。生产率和生活水平之间的这种相互依赖关系在南亚各国比在西方国家更为紧密,尽管这种关系由于对南
31 亚发展问题进行经济分析时使用了战后常规方法而基本被掩盖了。关于南亚的发展问题,我们已经在第 1 章进行了评论。

5.社会和经济的平等化。在所有南亚国家,认为社会和经济的等级观念应该改变,以促进地位、机会、财富、收入和生活水平的平等,这一理想在关于计划和一般政策目标的公开讨论中获得了普遍的认同。有时,人们借口要优先提高产出,含糊其辞地为没有能实现平等化理想开脱。这种解释可能隐含着上述第 3 点和第 5 点两种理想之间存在的冲突。但是,相反的观点可能认为,而且有时确有这种提法:就南亚的普遍情况而言,提高平等的程度是加快生产和发展的前提条件。我们的研究使我们相信这后一个命题是正确的。

6.改进制度和态度。大体上说,人们认为,要提高劳动效率,

促进有效竞争，增强流动性和企业精神，扩大机会平等规模，以及提高生产率和富裕程度，并能普遍地促进发展，社会制度、经济制度和态度就应该改变。南亚各国相当普遍的情形是把这些令人神往的变化作为经济和社会“革命”来讨论，并宣称这种革命是发展所必需的。

现代化理想中设想的制度意味着一个团结和一体化的民族社会，这个“社会”比经济分析中这个词的一般含义暗含着更广泛的团结和“自由竞争”。在这种民族社会里，社会和文化的阶层划分将被消灭，一个平等和流动性都很引人注目的国家将会形成，人们既能从一个经济阶层转换到另一个经济阶层，也能从一个地区流动到另一个地区。这种制度“现代化”的愿望在印度的呼声最响亮。具有讽刺意味的是，较广泛意义上的自由竞争在印度受到的阻碍也是最严重、最普遍的。

西方富国中的现代福利国家当然更接近于实现这种理想，正如生活水平较低但正在不断提高的欧洲共产党国家一样。从民族团结的观点看，所有南亚国家都是游移不定、四分五裂的。理想的 32
制度是：一个团结统一、融为一体的单一民族国家由一个个较小的村社组成，维系这些村社团结的是对民族国家的效忠。不过，现实是，社会和政治结构受到各方面利害关系的阻碍，并受到人们对其他类型社会效忠的阻碍，这些社会与这种理想秩序不匹配，而且会损害这种秩序。

态度又反过来被理解为受到现有制度的支持，同时支持现有的制度。关于态度，社会革命的总体理想一般要涉及创造“新人”或者“现代人”、“新国家的公民”、“科学时代的人”、“工业人”等等。

其中的含义可以说明如下，虽然下面列举的内容不应视为完整无缺，每项内容之间也不应视为互不相关的：

(1)效率；

(2)勤勉；

(3)守纪；

(4)守时；

(5)节俭；

(6)忠诚老实(长期得到回报，并且是所有社会和经济关系提高效率的条件)；

(7)行为决策的理性(摆脱对固定习惯的依赖，摆脱集团忠诚和偏爱，摆脱迷信观念和偏见，接近西方自由思想中理性计算的"经济人")；

(8)为变革作好准备(准备按照新的路线进行试验，准备在空间上、在经济和社会方面采取行动)；

(9)密切注意变化中的世界出现的各种机会；

(10)旺盛的进取心；

(11)正直和自力更生；

33 (12)合作(不是限制自我奋斗，而是在有利于社会的领域中改变自我奋斗的方向，为社会福利和国家承担责任)；

(13)愿意持长期观点(并放弃短期牟取暴利，投机让位于投资，商业和金融业服从于生产，等等)。

改变态度的可取性虽然为一般人所接受，但是在公开的讨论中通常不怎么受到重视。尤其没有采取要求制定直接指向改变态度的具体政策措施的形式。即使在制定教育政策的过程中，态度的变化也被掩盖了。

生活方式和生活水平、态度和制度共同形成了一个复杂的、难以改变的社会体系，特别是因为所有国家都不愿使用强迫手段。由于在经济分析和计划中采取了我们所称的战后的常规方法——这种方法只考虑“经济”因素，就更容易忽视对制度和态度多加考虑或多采取措施。

7.民族团结。理论上，民族团结意味着一个在目标和行动上有效、有凝聚力和内部团结的政府、法院和行政机关的国家体系，对该国国境内的所有地区和集团具有毋庸置疑的权威。

在整个南亚地区，民族团结的概念即使在较狭隘的意义上也仍有争议。每个国家总有一些人想脱离现存的国体；他们要求自治或至少是要求更高程度的独立，它超过了适度的民族团结所能给予他们的独立。除了这类运动以外，还有与民族团结背道而驰的文化、宗教、民族和经济利益方面的分歧。

8.民族独立。这种理想被始终不渝地坚持着。在所有的理想中，这种理想表述得最为清楚。民族独立像适度的民族团结一样，在现代化理想中处于关键地位。在某种意义上，即使是叛乱者，也
无一例外地普遍要求民族独立。南亚的叛乱集团并不是要效忠外 34
国，而是要争取自立。

9.政治民主。所有南亚国家都是在独立伊始就宣布要立志成为民主制度的国家。它们宣称：它们已有了建立在自由选举和普选权基础上的代议制政体。它们也试图通过立法来保障公民自由，并试图对这种保障作非常广泛的解释。为了包括某些其他理想，譬如印度尼西亚的“指导性的民主”，初步尝试对法律进行了部

分修订。但是，为了支持下列一般的假定，法律也保留了足够的民主理想和公民自由：国家政权不但要符合人民的利益，而且应当为绝大多数人自愿承认；它应该允许思想和行动的普遍自由，即使它致力于压制公开的反对。

然而，权力建立在自由选举、自由集会与出版，以及其他公民自由基础上的政治民主的理想，在确定现代化理想的过程中是否应该给予重视还是个问题。价值前提只代表了一个角度，从这个角度可以观察实际情况。在这个意义上，价值前提不必是“现实的”；上面所说的多数价值前提都不是现实的。但是，经验表明，不像其他价值前提那样，对于一个包括所有其他现代化理想的体系来说，这个理想并不是必不可少的。现代化理想可以由致力于实现它们的独裁政府来实现。另一方面，独裁政府取代较民主的政府不能保证政策将以实现这些理想为目标，或者即便是，也不能保证这些政策更有效。笔者承认，鉴于我本人的价值观，这个研究结果中几乎没有什么东西比政治民主不是现代化理想中的必要部分这一结论更令我不安。

10.群众民主。在多大程度上把地方和地区社团本身的事务交给他们自己负责，那些较小的村社接受程度如何，这或多或少与国家政府的政治形式和权力基础有关。地方和地区自治与合作这
35 种理想与变化了的制度及态度的理想有许多相同之处。南亚各国政府现在必须为经济发展而奋斗，而成功的发展必须以群众高度接受发展目标为前提条件。一切有效的政府，无论是立足于民主还是立足于独裁的政府，都必须通过强制手段执行某种社会纪律措施；但是，除非政府能以某种方法动员人民接受、参与和合作，否

则，即使独裁政府也无法取得重大成就。

这样，这种目的是为国内群众合作与共同负责创造条件、在南亚被称为“分散权力”或“民主计划”的理想，在基层群众那里，与除了追求独立以外的其他任何现代化理想相比，都更为普遍地被接受，就不足为奇了。

11.社会纪律与“民主计划”。这些国家在以下两方面都是“软弱的国家”：其一，决定了的政策往往得不到执行，如果说还试图执行的话；其二，即使是在制定政策时，政府也不愿让人民承担责任。“民主计划”意味着，各种政策应该由某种民主政治程序来决定（见上述的第 9 点），并且政策应该尽可能在地方和地区社团的合作与共同负责下执行（见上述的第 10 点）。更明确地说，这意味着，政策不应该强制执行。这也往往被看做是同某些共产党国家的做法根本不同之处。因此，避免强制就成为现代化理想的一部分。

民主计划理想的这种解释并不在本研究的价值前提之内。相反，发展计划要想取得成功，必须乐于让社会各阶层人民分担责任，其程度要高于南亚各国现在的做法。我们不能要求大部分人，甚至是南亚的知识分子精英，拥有这种建设一个纪律性较强的国家的理想。这再次说明了我们的研究是怎样迫使我们选择一个未被广泛接受的价值前提，以便价值前提体系符合理性和发展计划 36
的基本要求。

如果这个价值前提原则上并不与民主理想相冲突，那么它在实际上却是经常与之相冲突的。当现代化理想没有足够力量吸引人民包括知识分子精英，自愿地努力实现它们，并对相互矛盾的价值观置之不理时，冲突就产生了。这个十分严重的问题不应该被掩盖起来，因为在南亚现有的情况下，如果不大大加强社会纪律，仅靠该地区对民主制度通行的解释，就不可能实现发展。

12.派生的价值前提。我们已经注意到，现代化理想不可能是完全独立或先验的；它们部分地取决于由它们充当价值前提的研究所取得的成果。在某种意义上，所有的现代化理想都包含在并且来源于理性和计划这一理想中。当我们从事具体问题研究时，许多更具体的价值前提就将随之出现，并且必须给予说明。因此，我们采用了许多派生价值前提——例如，非相机抉择的控制优先于相机抉择的行政控制，民众教育和文化传播在教育和改革中应起主导作用。我们也接受了这个价值前提：在实际限制内，我们应尽一切努力改善卫生条件和防止过早死亡。后一个价值前提并不是派生的，它表现为道德规则。

在现代化理想范围之外，是所有其他相关的和有意义的价值观。为了能正确地观察我们选择的价值前提，这些价值观也应该给予说明。并非所有这些价值观都与现代化理想相冲突：有些实际上支持了现代化理想；有些是中性的；有些是矛盾的，既有利于也不利于实现这些理想的尝试。

从其对发展计划影响的角度看，只要这些价值观与现代化理想相冲突，当政府成员和其他参与制定和执行政府政策的人持有
37 这些观念时，它们就表现为限制因素。当这些冲突的价值观只在并不积极参与制定和执行政策的大多数人中出现时，就表现为障碍。它们在分析中原则上处在同其他障碍一样的地位上——例如，气候方面的困难或国家出口商品需求的下降趋势。

这些价值观主要是“传统的”，由人民群众持有，知识分子基本上也持有这些价值观；它们是长期以来与停滞发展的社会共生的继承文化的一部分。在所有南亚国家，能言善辩的精英们牢记着现代化理想，以至于理性和发展计划成了公认的决策准则，无论计划工作在实践中是多么失败。即使那些反对这些理想的传统主义者也没有想方设法搞一个他们自己的极端保守的“计划”，因为这将迫使他们在理性原则的基础上建立自己的价值观。

对南亚的年轻国家来说，一些推进战后理想的价值观起了种种限制的作用，而这些价值观是既合理而又必需的。土语的价值就是这样一个例子。推进现代化理想就要求扩大土语的使用。只要治理国家的极少数上层人士用欧洲国家语言交流，而民众只讲本地语，新国家就不可能有真正的感情融合，因而不可能有牢固的民族团结。有理由认为，强化土语应用应当成为所有南亚国家计划的一部分。但是在许多国家，民众使用的不只是一种土语，民众也不愿意接受一种土语作为官方语言。在一些南亚国家，如果一种地区语言或方言成为官方语言的话，那么另一种地区语言或方言的使用者就害怕失去经济机会。如果地区语言使用不同的字母书写，情况就更复杂了。

马来亚、菲律宾、锡兰和印度已经朝着使用土语作为官方语言和书面语迈进。但是，在马来亚和菲律宾，这种做法遭到一些反对。在锡兰和印度，有时造成混乱和流血。然而，官方必须鼓足勇气才能实现这个价值前提。例如，在印度，只要联邦议会还是用英 38
语进行辩论，那么国家政治必定仍然是远离人民的阶级垄断。

还有其他一些广为人们信奉的具体的传统价值观，其表述是如此系统，足以轻而易举地奉行之。它们往往与战后的理想格格不入，因而限制和阻碍了发展计划。从实际观点看，这些价值观中最重要的是印度教教徒对宰杀动物的禁忌，禁止杀牛就是一个突出的例子。近来，印度牛的存量一直在增加。因此，存在一个十分危险的问题：随着当地的饥荒得到控制，牛的境况得到改善；既不能被宰杀食用，又不能用于农业生产的牛的数量增长速度会更快。纵观印度各地的立法，视牛的性命如同人的性命。这种宗教禁忌随处可见。

简单的事实是，如果不能按经济上最有利的限度和畜龄有选择地宰牛，印度当然就不可能制定一个合理的饲养政策。既要求合理的饲养政策，又禁止杀牛是自相矛盾的。

已阐明的特定的传统价值观与战后理想之间的冲突可以从后者因丧失机会而付出的代价中表现出来。就印度禁止宰牛而言，这种代价非常之高，虽然从来没有计算过。

虽然有一些例外，其中宰牛和语言问题是现实中最重要的例外，但战后现代化理想在南亚公开讨论和公开政府决策中一直处于支配地位。

就几个南亚国家的情况存在重大而系统的差异而言，毫无疑问，“民族特质”的概念还是有道理的。由于这些国家作为一个整体与西方世界的情况差异更为突出，因此，“亚洲”（或“南亚”）思维的概念也有其道理。但是，这些术语并不适用于科学目的。在南
39 亚和西方都一样。它们因用于说明民族主义、侵略或者辩解性的思想而掺入了杂质。为方便起见，我们将把这些价值观称为“亚洲

价值观”。在对它们进行评论时，我们牢记着南亚，特别是印度的情况。

人们经常认为，南亚人比西方人更超脱，更少具有实利主义。据说，他们超脱尘俗、无私，并倾向于漠视财富和物质享受。他们对贫困处之泰然，甚至视之为美德。他们特别尊重知识，并具有冥思苦想的能力。他们对待环境的态度往往不受时间和空间限制，因而是不负责任的，甚至是宿命论的。

诸如此类的老套说法充斥于文献之中。几乎所有关于亚洲国家及其问题与政策的公开言论中都注入了具有这种共同性的说法。但是，最粗略的考察表明，所谓的文化与个性的特征与现实几乎不相干——就像在西方世界一样。例如，经常认为属于印度人之特性的慈悲和忍耐与现实当中的极端褊狭和冷酷无情截然相反。严格的社会等级划分滋长了极度褊狭。对较低社会等级者的冷酷无情可以在最有教养的印度人中间屡见不鲜，在印度生活的西方人无论时间长短也会很快地采取同样态度。

广为接受的观点认为，亚洲人倾向于采取和平方式，以互助协商的办法解决争端，而不是诉诸法律程序。这种观点不值得一驳：在所有南亚国家，一旦有法庭，诉讼就成了家常便饭。针对亚洲人特别超脱而且不追求实利的说法，我们不得不提出经常看到的现象：社会各阶层的狭隘实利主义习性——考虑到普遍的贫困和社会不平等的紧张关系，那并不令人惊讶。甘地提倡朴素的物质生活，即使是有能力过奢侈生活的人也不例外。他也是这样做的。这当然与他个人理想一致。但是，显而易见，坚持奉行这一原则，比如穿简朴的具有民间特色的服装（几乎成了深得人心的领导人的制服)，与其说它是基本态度的标志，不如说是象征性礼仪和政治标记。

40 如果这些评论——立足于个人观察以及记者和其他并不斗胆以专业社会科学家身份著书立说的评论——显得颇有微词而不友好，那么，这种印象是没有根据的。只有在与通常视为遁词的完全没有事实依据的观点相提并论的时候，这些评论才会给人带来上述印象。

为了不停留于浅尝辄止，我们必须考察决定南亚人行为的一切精神倾向。对于这个更广泛的范畴，我们将使用普遍接受的术语“态度”，意指促使行为成为现实的信念和价值观的总和。这就是所有不能言喻的和所有保护性及理性化预防措施背后的态度；由漫长的精神与物质历史造成的态度；与生活水平及整个制度结构有因果关系的态度。

当然，宗教是至关重要的，但它不是对经过几个世纪思考而形成的古代《圣经》、玄学和神学的解说。南亚作家以及西方作家在他们随意提到印度教、佛教或伊斯兰教的影响时，他们就认为他们是在谈论这个地区的民族。这确实令人惊奇，他们把这些宗教看成是一般概念，并且经常看成是智力化的、深奥莫测的东西。应该研究宗教，因为它对于人们的真正含义是仪式化了的和等级化了的感情色彩极浓的信仰和价值观体系。这些信仰和价值观给予沿袭下来的制度安排、生活方式和态度以宗教、禁忌和永恒的认可。从这种现实和全面意义上理解，宗教通常充当社会惰性的巨大力量。就作者所知，当今南亚还没有宗教诱发社会变迁的实例。从计划角度看，这种与宗教有关的惰性像其他障碍一样，必须通过在发展计划中制定的诱发变革的政策加以消除。但是，宗教认可的信仰和价值观不仅是说服人民接受发展计划的障碍，而且对计划者本身也是阻力，前提是，只要他们也持有，或不敢抵制这些信仰和价值观。

在人民大众之间，这些获得宗教认可的传统信仰连同有关的 41
价值观一般都是非理性的，因为它们是迷信的，并且暗含着一种神秘的而不是逻辑的思维方式。像这些非理性的宗教观念在西方已有几个世纪没有盛行了。知识阶层中也存在宗教认可的非理性信仰，只是存在的程度要轻得多。甚至连伊斯兰教和佛教——修炼到精深的“较高”层次时，是如此富有理性，而且不存在偶像崇拜和巫术——也以其实际影响生活和社会关系的方式，充满了神秘，特别是社会和经济等级制获得了宗教的认可，造成这种等级制的态度、制度、生活方式和工作方式的确是对计划工作的非常现实的限制和障碍。这种等级制的力量可以用穷苦和被剥削的较低阶层不愿意反对它们来加以证明。相反，他们大多把它们作为神及整个超自然力量规定的命运而接受。例如，就是这种感情限制了印度贱民*进入寺庙和使用较高社会等级的水井。

应当指出的是，从现代化理想的角度看，所需要的仅仅是消除非理性信仰及有关价值观的形成基础。“较高”层次上的宗教不一定与现代化理想相冲突。但是，当宗教是人民信仰和价值观的整

* untouchables 是指印度最低层的社会阶层，又称“不可接触的贱民”。——译者注

个混合物中的一小部分或一小块时，它就需要改革，以打破对发展的限制和阻碍。

今天，南亚实际上没有一个国家攻击宗教，这是值得注意的。现在，南亚也没有任何改革宗教的真正企图。在南亚各国，甚至共产党人也不反对宗教。在印度，那些支持现代化理想的知识分子领导人坚持和不断宣扬的是宗教应该归入私人生活，而不应该影响公共生活。避免干涉宗教机构的总趋势具有某种实用主义的基础。重要的立法改革——例如关于婚姻、继承和其他家庭事务的
42 立法——正在进行。在盛行于知识分子精英之中的“较高”形式的宗教里可以看到对这些改革的支持，而对大众宗教有所不同这一事实却保持沉默。我们希望通过这些和其他改革以及通过教育使宗教得以改革而不用发动正面进攻。但是，尚有一些紧迫问题：“地方自治主义”能否被根除，改革立法是否将实际推行，人民是否将按发展要求的方式而变化，以及所有这些变化是否会十分迅速地发生而不用审慎地进行大众宗教改革。

把大众宗教描绘成使生活与工作、态度与制度整个体系神圣化的惰性和非理性力量，我们实际上正在强调欠发达的一个重要方面，即这一体系是对沿着现代化理想方向诱导的、有计划的变化的抵制。社会科学家对大众宗教的较广泛的定义是有道理的，其缘由在于：任何较狭义的定义都是武断的和违背现实的。

在受教育者和知识分子中间，传统思想中固有的非理性无疑造成了对事实以及从这些事实而来、被普遍认为是一个地区特征的直接推理较为缺乏兴趣。但是，一个更重要的一般问题是，南亚特有的态度和制度是否是由南亚的贫困及低下的生活水平造成

的。例如，人民的活命思想，他们对改善的机会的无动于衷以及他们对体力劳动的轻视，尤其是轻视为雇主工作，这些可能都是起因于长期绝望的贫困。尤其是，造成不平等的社会等级制的部分原因可能是贫困挥之不去。这一地区的人民并不生来就与其他地方的人民不同，而是他们生活在与发达世界十分不同的环境下，并且这在他们的肉体和思想上留下了烙印——这应该是一个值得进一步研究的假说。宗教成为整个生活与工作方式的感情容器，通过宗教约束，宗教又使它对变革具有刚性和抗性。

自从过去 20 年间获得独立以来，南亚要求社会不断变化的力 43
量和因素已经稳步增长。在许多文献中，普遍的断言是，我们正看到的是一场"期望越来越高的革命"。即使这暂时意味着抱负与现实之间的差距扩大，从现代化理想观点来看，这也不是一件坏事，显然，那些正推动发展计划的知识分子精英并不作如是观。

但是，"期望越来越高"的概念是相当松散的，且近似于无意义，除非受到量的限定。"革命"一词意味着态度的变化很大且进展极其迅速。关于这一点，只需加上一句前言。毫无疑问，把越来越高的期望看做群众革命运动，这基本上是错误的推理。它反映了西方观察家和本地知识分子的这样一种感情：如果他们必须生活在像这些民众那样的极度贫困之中，他们将如何反应，以及当面对这种极端不平等时他们的内疚感。尤其是，南亚大多数政治宣言的激进论调是难以理解的，除非假定这些宣言表明特权阶层成员希望把自己与民族归于一体，并且，尽管存在巨大的社会差异，还是了解更广大阶层的痛苦。这表明，如果他们自己必须生活在类似条件下，将会如何反应。但是，民众的实际感情必须通过研究那些具有最少伤感和先入之见的人的态度来确定。还没有人作过这种大规模的研究。我们在这里只需指出，南亚各国没有一个政权是由于人民起义而倒台的。

通过研究，我们越来越相信，引起大而迅速的变革比小而缓慢的变革常常不是更难，而是更容易。而这个问题又与另一个问题有关：哪些政策措施可用于实行改革。普遍地，南亚各国的公开讨论中充满了这样的言论：需要社会和经济革命。只要对它们的实际情况加以研究，这种观点就会愈加坚定。但是，实际上，它们采
44 取的政策是零星的、渐进的，常常是极端的，而且，所有这些国家都是“软弱的国家”。

此外，在面对“软弱的国家”的现实时，发达国家的学者们因外交方面的原因往往淡化处理他们的观察。特别是对经济学家来说，这种倾向又受到战后常规研究方法的配合支持。战后常规方法意味着从抗拒变化的种种社会事实中提取部分事实：生活方式、态度和制度。人们认为，南亚各国没有能力把握较迅速地促成变革的方法——除了依赖极权主义和大一统的方法以外。因此，依靠宣传说服“民主计划”被合理化为一种辩解：应避免通过制度改革进行激进的改革。

这样，南亚计划者仍然处在自相矛盾的境地：在一般和不明确表态情况下，他们坦率地、几乎是热烈地声称需要剧烈的社会和经济变革；而在制定政策时，他们极其谨慎以便不破坏传统的社会秩序。当他们确确实实进行激进的制度改革立法时——例如，税收和有关乡村财产权的立法——他们让法律存在各种漏洞，甚至使

其不能执行。

在南亚，面对变革而岿然不动的传统价值观拥有其宗教的感情基础。与之抗衡的现代化理想具有民族主义基础，其中的一些理想需要有民族主义感情才能领会。人民必须具备视国家为一个整体的概念，并赋予这一理想积极的价值观，才能认识到国家独立和民族团结是值得为之奋斗的目标，其他所有的现代化理想只有在独立和巩固的民族国家背景下才能实现。现代化理想的感情吸引力一部分来自这种预期：当开始实现现代化理想时，民族国家将变得更强大、更团结和更巩固。因此，民族主义在所有那些致力于制定旨在发展的政策的知识分子精英中被普遍认为是有益的力量。对他们来说，助长民族主义将为打破限制和障碍提供办法。

但是，在欧洲经历了几个世纪，并且是逐步进行的民族主义运 45
动，在亚洲却大大缩短。于是，当各种事件和局势由于缺乏历史先例的次序而相互混淆时，它就变得混乱而无序。南亚国家的新生部分是民族主义不断高涨的结果。即使没有很多的民主现实，它们也直接获得了现成的民主思想。南亚的实际问题是：怎样巩固和加强在民族主义猛烈攻击下殖民列强体系分崩离析而新生的国家；同时怎样使这些不太先进的新国家的政府稳定而有效；以及怎样从一开始就在民族主义的混乱中，运用某种程度的民主做到上述这一切，并进行我们的所谓人民民主的尝试。能够宛如一部雄伟的交响曲按照主旋律的顺序一个乐章接一个乐章逐步在欧洲展开进行的运动，在南亚必然被缩略分割成近乎刺耳的不和谐音调。

南亚新民族主义中当然不乏进步和理性观念的悦耳旋律，它掩盖了噪音的喧嚣。这就是呼吁统一,谴责一切内部的、外部的、宗教的和社会的各种排他主义的民族主义。它赞成理性主义,反对迷信观念,表达了使社会现代化和实现经济发展的愿望。但这不是南亚民族主义的惟一内容,在许多国家,在许多时候,甚至不是占支配地位的内容。因为当由宗教、语言或民族血统等联合起来的特定集团相互斗争的时候,这也是一种民族主义。

在所有南亚国家,知识分子精英中也有一些领导人和集团注意到需要将民族主义感情控制在富有成效的渠道体系中。这种努力在多大程度上能够成功还是个未知数。但是,这种努力是这些国家正在展开的这场戏剧的必要阶段,并将决定这场戏剧的结果。

第 二 篇

经济现状

4　初始状况的差别

在关于南亚欠发达、发展和发展计划的分析中，把这个地区与高度发达的西方国家所作的比较都是恰当而令人信服的。南亚现在的情况能够同西方国家现在的情况相比，也能够同西方国家经济迅速发展，特别是工业化前夕的情况相比。后一种比较是我们这一章主要关注的内容。我们将要阐明南亚各国和西方国家经济发展的"初始状况"的主要差别，这种比较对于制定南亚国家的经济政策至关重要。这一地区的国家认识到：自己是落后的，需要发展。它们的计划都建立在现代化，尤其是工业化愿望之上。因此，相信它们能够从发达国家的经验中学到大量的东西就是顺理成章的了。 49

初始状况的差别极为重要，它们通常不利于南亚发展。在许多情况下，这些差别如此之大，以致不能运用任何类似于西方国家所经历的增长模式。由于存在忽视南亚国家特殊性的倾向，而这种倾向是某些偏见——研究中通常存在，而且在计划以及一般在公开讨论中普遍存在——所固有的，所以，指出南亚国家今天面临的发展问题的不同之处就很重要了。

在对南亚国家的经济发展问题进行常规研究时，同西方当前，或者同西方工业革命时期的状况比较，由于假定现在的差别代表

50 了发展的时滞而相互关联。这种时滞概念意味着，在西方历史上曾有一个时期——不同国家位于时间轴线上的稍微不同的点——与南亚现在的情况（各国有各国的不同之处）基本上是“可比的”。这也意味着，可以假定各国十分均匀地发展。后者又意味着，与发展有关的一整套条件以一定程度的内部和谐同时变化。最后，时滞概念意味着，即使与西方国家比较，现在的世界环境如果不同的话，至少也不是很不利，以致阻碍或严重妨碍南亚的发展。

但是，如果我们试图确定西方国家什么时期与今天的南亚一样欠发达，而在那以后，它们才开始发展，那么这个理论中就存在一个逻辑缺陷。有一点是肯定的：在我们所谓的西方国家的工业革命（因为我们把它看成一系列事件而不是单个事件）开始的时候，这些国家实际上已经获得了多年——在某些情况下是几个世纪——的社会与政治的发展以及早期的经济发展。西方国家那时在许多方面已处于比南亚今天更为有利的进一步发展的环境。因此，在许多方面，比较的时期应确定在西方工业革命以前的几个世纪。而其他方面，南亚今天有些情况可与西方近代史上任何时期的情况相比。在确定西方国家“起飞”时间时，人们假设这些国家的初始状况和发展过程是基本相似的——这个假设值得商榷。使用西方这个“起飞”概念，并尝试找出南亚各国现在位于假定的一般发展轴线上的哪一个“阶段”，这有悖事实。

因此，我们特意模糊了西方国家历史上的对比期（当然，在某些情况下，诸如气候、人口和自然资源，南亚与西方世界的差别是不随时间而变化的）。

51 南亚作为一个地区，天赋资源贫乏。只有印度有足够的煤矿和铁矿支撑重工业。除了印度尼西亚以外，这一地区看来并没有很多石油。土地资源往往很贫瘠，要么因为它们本来就是那样，要么因为它们被过分拥挤的人口和气候毁坏了。但也有一些例外。锡兰有极好（虽然有限）的土地生产茶叶、椰子和橡胶。马来亚和印度尼西亚也有极好和较多的土地用来种植橡胶。马来亚、泰国、缅甸、锡兰和菲律宾还有大面积的森林没有充分利用。南亚的气候堪称是得天独厚的资源。但是，由于它也影响到劳动生产率，所以，对它作单独讨论将会更准确。尽管我们几乎不知道气候对发展的精确含义，它仍然是南亚和西方世界之间的另一个重要差别。现代所有成功的工业化，包括日本、苏联甚至中国，都出现在温带，这是一个事实。南亚国家位于热带或亚热带，这实际上是世界上大多数欠发达国家所处的地理位置。

即使几乎尚未研究过气候条件对发展的重要性，一般来说，大多数南亚国家极端炎热和潮湿，显然造成了土壤和许多种物质产品的退化与变质；这是某些作物、森林和动物的生产率低的部分原因；它不但使工人不舒服，而且损害了他们的健康，降低了出勤率、工作时间和效率。在一些较小的方面改变气候是可能的，但更重要的是，气候对生产率的影响能够用许多方法来改变；并且，生产和消费都能更好地适合气候，但这需要支出，通常是投资型的支出。

在前工业时代，西方的人口增长比较慢。相比之下，南亚的人口增长在很长时期内一直在加速，今天甚至更快。结果，人口稠密地区现在开始发展时就比欧洲国家占有高得多的人—地比率。其中必须加上人口爆炸的影响。现在的人口密度以及人口迅猛增长 52

的前景构成了南亚和西方之间在初始环境上的一个十分重要的差别。

人们普遍认识到,出口市场的扩大在西方国家早期的发展中起了决定性的作用。自第一次世界大战结束以来,相对于世界贸易的发展而言,对南亚各国的出口需求缩小了,它们将来的出口收益前景也不十分乐观。自 19 世纪——国际贸易自由度无与伦比的时代——以来,走贸易发展道路的整体气候也已发生了根本变化。西方国家实际上将贸易领域据为己有,掠夺了面积庞大的落后地区的资源和民族,并使这些地区处于政治和经济依赖状态。既然这些庞大区域正努力崛起,它们就不能简单地重复发达国家的发展过程。

对那些曾是迟到者的西方国家来说,它们很容易获得低息资本。但是,现在古老的竞争性的国际资本市场已经消失殆尽。现在的新情况是来自外国和国际机构的、采用赠款和贷款形式的资本流动。但是,由于现在的趋势是以贷款的形式提供这种援助,利息和本金支付将成为南亚国家将来国际收支的日益加重的负担。通过富于想象力的探讨资本投资问题,不难拟订能抵消南亚正受到的商业和金融不利条件之影响的各种政策。我们可以给予南亚国家更多的贸易优惠以刺激它们的出口。西方国家可以减少南亚最有可能成为竞争性行业的国内生产,它们向南亚国家提供较多的低息或无息赠款或贷款。在不能指望在可预见的将来采取这些措施的情况下,弥补南亚国家在贸易和资本流动方面面临的一些最严重的不利条件的能力显然存在。在这之前,贸易和资本流动
53 方面密切相关的发展必须视为对南亚国家非常不利的初始状况的

另一差别。

有人已经花了很大的力气来比较南亚国家今天的人均收入水平和西方国家工业时代前的人均收入水平。但是，从逻辑上看，综合指数数字必须看做是不真实的。我们的粗略印象是，在印度次大陆，民众生活都处在比西欧国家工业革命前几个世纪期间的任何时候都更贫困的境地；另一方面，马来亚的经济水平可能高于西欧国家工业革命开始时的水平。其他南亚国家位于二者之间。

但是，收入水平对发展前景有什么意义呢？当文献中论及时间上及空间上的收入差别时，一般假定，收入水平对一国维持储蓄能力有直接影响，而储蓄是那些被认为对发展有决定性作用的投资所需要的。但是储蓄在发展中并不是大多数关于南亚的经济论著中所假定的惟一起作用的因素。态度和制度比收入水平本身更重要。从收入中储蓄多少主要取决于政府政策的效果。实际上，低收入可能阻碍发展主要是由于降低消费而不是由于限制储蓄，因为低劣的生活条件降低了劳动效率。很奇怪，这一点在大多数关于南亚低收入水平的影响的评论中被忽视了。

强调南亚的低收入水平，牵强地同西方早期的收入水平相比较，以及战后研究南亚收入、储蓄和投资的常规方法，都代表了把过分简单的和狭窄的公式用于复杂的社会、经济以及政治的综合状况的尝试，这些状况都阻碍了发展。

但是，即使我们摒弃以储蓄为中心的研究方法，并对有关的地区比较仍然持怀疑态度，南亚，特别是人口众多的那些国家的赤贫本身仍然是对发展的严重障碍。而且，可以预见的人口增长将会 54
导致生活水平的进一步降低，除非执行果断的发展政策；而这一趋势又包含着对所有南亚国家不利的另一个初始条件的差别。还有,尽管我们几乎没有资料判断南亚今天的经济不平等是否比西方国家前工业时代要严重,但是,在较广泛的意义上,南亚次大陆的社会不平等可能比西方世界任何地方在最近几个世纪都更普遍,更不利于自由竞争。总的来看,我们认为,南亚各国的态度和制度,特别是政治制度比现在的发达国家在工业革命开始时,甚至开始以前的几个世纪都更不利。显然,南亚国家正在努力缩小偌大的态度和制度差距。这方面也和其他方面一样,那些当时在工业化革命中也是后来者的西方国家那时处于更有利的地位。

至此所谈到的所有初始状况差别都使南亚各国的经济发展问题比西方国家经历过的更困难。现在有一个不同的情况可以弥补这一点:自 19 世纪以来,技术已经有了很大进步,南亚国家不必经历缓慢的、痛苦的试验过程。正如爱德华·梅森(Edward S. Mason)在其《欠发达地区的经济计划》一书中指出的,"较高效益的生产技术……可以借用"。能够获得越来越多的技术知识曾经大大帮助了西方后来的发展者。但是,先进技术并不必然对今天的后来者同样有益。情况往往是:先进技术带来的产出增长远远超过了有限的国内市场的吸收能力。考虑到不存在地区合作以及一般没有好的制成品出口前景时,这一点更为重要。

涉及现代技术的另一个问题是,它需要大量的初始投资。由
55 于当今技术主要是劳动稀缺、资本相对丰裕的经济的产物,它往往是节约劳动和资本密集型的。因此,许多技术可能超过了该地区赤贫、资本匮乏的经济财力。即使这种难题可以解决,现代技术需

要的运输和动力投资也比西方早期要多。

南亚技能短缺是进步的根本障碍，是向较高技术水平发展的另一个主要困难。毫无疑问的是，现在认为成功经营现代工业企业所需的管理人员、技术人员及工人的最低教育水平比西方工业化早期要高得多。

虽然工业化无疑对长期发展具有决定性意义，但是南亚各国迫在眉睫的问题是农业。而在这方面，对南亚来说，应用现代技术甚至更加困难。在西方农业中，技术的目的在于提高收益，而农业劳动力一直在减少。这种格局完全不适合南亚的情况。南亚企业家和政府可能确实能够获得比西方前工业革命时期更先进的技术，但是，重要的是，西方正迅速地迈向更高技术与科学成就水平。而这只在很小程度上对南亚国家有利。大多数经济学论著掩盖了一个明显的事实：西方的这种进步已经并且正在对南亚的发展前景产生不利影响。西方不断进步的技术已经引起了南亚国家贸易状况的恶化。它提高了农业生产率，因此减少了工业生产中使用的南亚原材料。它还使合成材料，如合成橡胶代替了南亚的产品。西方医学科学的进步降低了南亚的死亡率是这一地区人口爆炸的
原因之一。西方科学和技术进步也把管理人员和技术人员所需要 56
的教育水平提高到比西方工业化早期所需要的更高的水平。科学和技术进步的这些具体影响当然记录在案，但是没有得出一般结论。

科学和技术进步的限制当然是不足道的，但是它对南亚的不利影响能够通过增加旨在解决这一地区问题的科学技术研究加以弥补。这可能是发达国家的另一类援助：比以前所给予的或现在

考虑的技术援助更大规模的援助。这种研究工作一定要加强，并且方向正确。否则，技术进步的动力将对欠发达国家产生更加不利的作用，增加它们的困难，并降低它们的发展潜力。

只有当我们认识到现在的发达国家如此迅速的技术进步可望在将来进展得更快的时候，才能领会上述评论的真正意义。工业革命以前，西方发展开始时变化并不快，不能过高估计西方国家早期发展中逐渐进展的重要性。西方所有的重大“革命”——宗教的、文化的、地理的甚至是政治的(统一的民族国家诞生)——都发生在工业革命很久以前。它们进展缓慢，西欧经历了几个世纪才习惯于变革，并为变革作好了准备。所以，变革、适应和流动的观念，是在西方人习惯于他们今天置身其中的那种“持久的工业革命”之后，才作为一种生活方式被逐步接受的。

人们普遍认识到，科学和技术的进步是这种渐进发展的结果，同时又是其推动力量。除了非常有限的次要领域之外，不发达国家不可能以同样方式实现它们的抱负。现代科学技术对它们来说几乎完全是来自外部的力量。

对南亚来说，需要的是加速的而不是渐进的变革。这些变革
57 必须比西方国家发展早期来得更快一些——甚至比这些国家正发生的变革更快。但是，欠发达国家的长期停滞已经使态度和制度僵化了，并加剧了各阶层人民对变革的抵制。现代主义显然不会经由“自然”演进过程而来，这又成为国家采取激进政策的理由。计划的目的是通过国家干预促成发展，尽管存在我们在本章通篇指出的较大困难。因此，国家发展计划思想的出现本身就构成了初始状况的一个差别。

5 人口和资源开发

正像世界其他国家一样，南亚的基本地理特征也是由于气候、 58
土壤和人口增长而形成的。要补充的一点是西方殖民统治的影响。由所有这些因素逐渐形成的力量是制定发展计划时必须视为基础的经济现实。

与人们普遍认为的情况恰恰相反，同世界其他国家相比，南亚的人口与土地的比率高得吓人，每单位耕地的居民数与欧洲平均水平相当，是中国的一半，当然比日本低得多。真正使南亚与众不同的是单位农用土地的产量以及土地上的单位劳动的产量非常低。整个南亚每英亩*耕地的产出大约只有中国或欧洲的一半，只有日本的1/5。南亚每英亩土地的产量可能大致与美国和苏联相当。但是，这两个国家拥有3倍多的人均农用土地，且只动用总劳动力中的相当少的一部分十分粗放地耕种土地。

说明南亚经济发展水平低的基本事实是农业产量十分低，无论是按单位劳动力，还是按单位面积土地来衡量。亩产同样低的其他国家具备下列优势：人均土地面积较大，农业劳动力平均占有的土地面积更大。从这些数字来看，南亚似乎是两头倒霉。

---

* 1英亩折合为0.404 685 6公顷。——译者注

广义地说，世界上大多数国家实行着两种不同类型的农作。人口较稀少的国家诸如北美、澳大利亚和苏联，粗放地使用土地。它们种植作物的种类和种植作物的土地，其单位面积产量都非常
59 低；在人口较稠密、劳动力—土地比率高的地区，诸如欧洲、中国和日本，集约地使用土地，单位面积产量高。南亚不属于这两类中的任何一类，它形成了第三类，这是非常不幸的一类，即粗放的土地使用与劳动力—土地高比率相结合。这自然导致了灾难性的低营养水平和低实际收入水平。不但人均农业产量低，而且总劳动力中几乎有 3/4 束缚在粗淡食物的生产上，其中谷类食物通常占摄入卡路里(Caloric)总量的 2/3 以上。在南亚，每 4 个男劳动力中大约只有一个能够从事直接粮食生产以外的劳动，在美国有 9/10 的男劳动力、在欧洲有 2/3 的男劳动力能够从事非农业职业。

这些全面比较表明了南亚地区基本经济问题的规模程度。更具体地说，它们表明，增加土地单位面积的粮食产量是提高生活水平和支持工业化的必要条件。关于抽调农业剩余劳动力将其转移到工业中去以扩张经济的说法，没有说到点子上。即使根据最乐观的计算，在最近几十年里，工业也只能吸收人口自然增长的一小部分。实际上，所谓的剩余劳动力还得从事农业生产，经济发展的基础必须由农业生产集约化来奠定。

南亚一些地区的人口极为稠密，但是另一些地区人口分布却极其稀疏。在一些人口稠密的地区，人口稠密程度和西欧高度工业化的地区一样。印度有一半人口生活在不到总可耕地 1/4 的土地上，1/3 集中在 6%的土地上。而另一个极端是，广大区域几乎

还无人居住。

整个地区的这些对比与实行的农作模式密切相关。水稻的栽
培(在水中种植稻谷)和种植园作物的栽培(如橡胶、茶和椰子)通 60
常意味着高人口密度。固定的旱地农业(小麦和谷类)和轮作(从一块地转移到另一块地种植)标志着人烟稀少。人口最密集的水稻区是缅甸的伊洛瓦底江三角洲(Irrawaddy Delta)、泰国中部的米南(Me Nam)低洼地带、北越的红河(Red River)流域和南越的湄公河三角洲(Mekong Delta)。种植园最集中的是锡兰、马来亚西部沿岸、爪哇(Java)和苏门答腊,以及菲律宾。巴基斯坦西部、亚洲北部和中部的广大区域只限于旱地农业,虽然在东南亚只有缅甸中部、泰国东北部限于这种类型。轮作主要采取刀耕火种方式,在轮作的地方,首先砍倒小片森林,然后焚烧和种植作物。收获之后,农民继续转移到另一片森林。这种高度破坏性的农作模式出现在这个地区的许多地方,尤其是东南亚大丛林边缘。

纯粹就土地面积来说,印度次大陆的人口稠密程度是东南亚的两倍多。但是,如果把人口或靠农业为生的那部分人口同耕地面积相联系,情况正相反,东南亚看来具有较高的人口密度,这样,可以预料它背上了更严重的人口问题的压力。但是,那里的水稻农田和种植园较普遍,农业亩产量高得多。除了印度东部和巴基斯坦东部的水稻区以外,东南亚的农业亩产量比印度次大陆要高1/4以上,这在一定程度上弥补了人口过分集中的影响。实际上,各国农业人均产出的差别可能不像预料的那么大。人口密集地区也就是更集约地使用土地资源的地区。

旱地农业和轮作区提供了通过灌溉或开垦森林提高生产率的

较长期的机会，但是这需要有组织的移民和大规模的土地规划。
61 由于每个地区的人口密度格局适应于该地区的设备和技术，人口自发地、无组织地从高压力区向低压力区流动看来几乎没有可能。但是，这并不是说该地区的农业资源得到了很充分的利用。印度尼西亚的外部岛屿和苏门答腊几乎还没有着手开发。在老挝、缅甸、泰国和马来亚，还有大片的可耕土地没有使用。按照亚洲的标准，印度和巴基斯坦的可用土地贮量确实很小，但是，鉴于现在的低产量，假如进行了重要的制度和态度变革，农业的高度集约化应该是可能的。

一般认为，在可供使用的土地上，从事农业生产的南亚人太多。因此人们又认为，发展的主要条件一定是通过"抽调"乡村的过剩劳动力来降低农业人口密度。但显而易见的是，对下面这种共同看法应该有一些重要的限定：南亚存在严重的"人口过剩"，这种人口密度导致了"失业"或"就业不足"，这就是该地区贫困的主要原因。南亚单位耕地上从事农业生产的人数确实大大高于欧洲。与欧洲 12.3 英亩相比，南亚每个农业家庭拥有土地不过 4.9 英亩。但是，要恰当地看待这种比较，就必须考虑农业技术的巨大差别。在南亚大多数国家，人力和牛仍然是惟一的动力来源。像巴基斯坦和印度这些国家，农业技术仍处在中间阶段——使用牛的阶段。日本由于有先进技术和种子，按每英亩上的男劳力计算，农业人口密度几乎是南亚的 3 倍，但其亩产高出 5 倍，每个从业男劳力的产量大约是南亚的 2 倍。

南亚大部分地区每英亩农田的平均农业收益非常低与下列印象是相矛盾的：整个地区的乡村贫困主要是由于太多的劳动力守

在太少的土地上。其含义却是，即使没有剧烈的技术变化，也应该能够通过增加投入和提高劳动力效率从可耕地上获得高得多的产 62
量。在南亚一些地方，气候可能是产量低的部分原因。但是，气候影响并不随着高人口密度的变化而变化，即使人—地比率较低，这些影响的严重程度也不会降低。

在南亚农业的大部分地区，还有许多其他因素降低了劳动生产率。非常低的生活水平降低了土地上的劳动力的效率。恶性循环使贫困和低劳动生产率自然发生。在这背后是限制生产率的土地所有权和土地使用权的社会制度。考虑到这些重要的因果关系，就不可能把这个地区的贫困看做仅仅是或主要是人口密度的结果。

至少，这种因果关系不是一种直接的和简单的关系。但是，人口长期增长无疑间接地加剧了其他降低劳动生产率的因素，这已不是人口密度本身的作用，而是人口增长的作用了。这种人口增长对社会体制的影响是重要的。在乡村内部，它无疑不仅造成了土地的零星分割，而且因此加固了阶级结构。由于增加了无地者和穷人的相对数量，阶级结构更加僵化，更不平等，因此对提高农业生产率更为有害。

人口的上升趋势意味着，需要更多的食物才能维持传统的低营养水平。因为生产额外粮食而增加的劳动量必须由不断增长的劳动力来完成。通过逐步调整的过程，增加的劳动力在某种程度上获得了从事粮食生产的工作，整个社会状况得到巧妙的安排，从而吸收不断增长的劳动力。这种调整部分地包括扩大耕种面积，

或通过灌溉提高生产率，或改变耕作方法，或轮种作物。但是，促进本地农业变革的刺激力长期萎靡不振，特别是充足的劳动供给
63 限制了可望提高农业劳动效率的生产方法变革的一切动力。劳动力得到了利用，但是没有得到尽可能密集的或有效的利用。因而，平均产量长期低下。通过提高劳动强度和效率可以获得显著提高的产量，这一点已为日本和南亚许多地区本身的例子所证明。这些例子表明农业中还有投入更多劳动力的余地。这个事实给印度、巴基斯坦、爪哇以及该地区其他一些地方本来令人绝望的前景带来了希望的曙光。

尽管存在这种重要的人口增长，南亚大部分地区的大多数人仍然从事农业劳动，其首要目标是生产基本生存的必需品。这些国家的经济史基本上就是人民为解决人口增长而争取在他们生于斯、长于斯的乡村获得相应的基本粮食产量提高的历史。特别是，在印度次大陆，尽管出现了城市化的趋势，以及同本村社以外的人通婚的趋势，但是劳动力的内部流动性依然较低。

当粮食生产由于扩大耕地面积而增加时，这种情形经常是祸福参半，这种增长经常破坏了土壤，尤其是在轮作区。滥伐森林、过度放牧加上印度禁忌宰牛，加大了保持生产水平和人口同步增长的矛盾。虽然灌溉在一些地区有助于增加产量，但是它降低了地下水位，增加了土壤的含盐度，甚至引起了其他地区的涝灾。

鉴于这一切，仍有待解释的是，尽管人口大幅度增长，但是人均粮食产量，尤其是在英属印度，是如何维持与过去相同的水平的呢？具有讽刺意味的是，一个原因可能是土地个人所有制稳定地转向租赁和收益分成制。这些做法本身对进步是有害的，而且给

生产率设置了一个人为的低限水平。但是，当最初采取这些做法
时，这会迫使佃农——他们要把一部分收成交给地主——增加产
量，以维持他们家庭的那一部分产量。但是，因为这种制度压力而 64
不得不提高的粮食总产量，其增长幅度不可能很大。

另一个有利因素——市场化的传播——已经影响到本地农业中发生的一些长期调整，商品生产对本地农业积少成多的影响在东南亚比在印度次大陆更为明显。最引人注目的是19世纪70年代发生在缅甸、泰国和南越三角洲的事情。这些地区的市场化农业增长中大部分是在没有政府或西方企业的帮助和支持下实现的。这种对市场化农业的新机会的反应是值得强调的，因为它表明，南亚农民在有利条件下能够表现得像其他任何地方的农民一样机警和有市场意识。但是，这种反应还主要限于农民业主占统治地位的那些情形。在租赁和收益分成制盛行的地方，对这种新事物的吸收，即使有，也来得较慢。可是，具有讽刺意味的是，这种向市场化方向的发展往往意味着，这些农民在扩大货币化作物生产中负债累累，因而失去了土地。结果是农民个人所有制受到侵蚀，租佃增加。

影响农业生产和农业人口布局的一个主要因素是巨大种植园的出现。这种扩张发生在19世纪后半期，是殖民主义的最大遗产之一。在南亚而不是非洲或南美的其他热带地区的种植园的扩大，部分地是由于能够相对容易地获得劳动力，土壤和气候是较次要的因素。我们也应该注意到，所有重要的种植区域都位于欧洲、

南亚和远东之间的贸易线上。

种植园农业本质上不同于传统的本地农业。种植园作物，诸如橡胶、茶、椰子、烟草、咖啡、甘蔗和香料都是“货币化作物”，是生
65 产出来出售而不是自己消费的。大多数大种植园最初是由殖民者发展起来的，其基本目的是出口这些产品。经营种植园同经营制造业相近，它需要劳动力，这反过来又增加了一个地区能够承受的最大限度的人口。在南亚，这种对劳动力的需要产生了另一个非常有意义的结果。特别是在锡兰和马来亚，本地农民对种植园工作并不热心，结果种植园主输入劳动力，主要从印度东部和南部以及中国南部人口稠密的水稻区输入。这稍微缓和了这些地区的人口压力，但它造成了当今的锡兰泰米尔人及马来亚华人的许多民族问题。

种植园出现的一个副作用是，刺激了本地对货币化作物的兴趣——或者是类似于种植园种植的作物，或者是适应种植园产品加工的作物。而且，种植园工人对食物的新需求刺激了三角区域稻米的生产，那时稻米多到足够出口，像现在一样。南亚农民自己首先抓住了这些新的机会。在这些条件下，他们表现了同其他任何地方农民一样的机警和市场意识。但是这并没有增进他们采用新技术的意愿。它确实提高了货币和赚取货币在经济中发挥作用的程度。而它也往往增加了为赚钱而生产的农民的债务。结果，招来了大量的放债者和经纪人。今天，南亚许多农民仍处于他们的控制之下。

南亚种植园的扩张和西欧工业化开始阶段有一定程度的相似性。不过，积累资本的附带作用在南亚受挫，利润不但没有成为资

本的来源，反而经常随同出口流入欧洲。市场交易粮食的普及增加了农民手中的货币数量，但它并没有增加对资本设备的需求，因为，农业技术几乎没有变化。种植园增加了对劳动力的需求，但都是不熟练的劳动力，熟练劳动力经常是从外面引进的。所谓种植 66
园刺激了西方国家而没有刺激南亚的工业化，就是这个意思。种植园实际上是宗主国的附属部分。在采矿和木材业出现了类似的情况，它们和种植园一起成为停滞经济中的繁荣飞地。

南亚的制造业并没有发展。在前殖民时代，南亚许多地区的制造业并不比西欧各国前工业性质的制造业差。在最初交往时，西方在许多方面处于明显的不利地位。因此，南亚的许多地方，可能直到 18 世纪，在经济上并不是大大地落后于西欧，但是，大约从这个时候起，南亚和西欧的命运开始分道扬镳。西欧发生了工业革命，而南亚经济却停滞不前。究其缘由，有很多因素。其中一个基本因素是南亚僵化的社会等级制和缺乏为欧洲工业革命铺平道路的理性主义。南亚也没有演化出一套相应的制度和态度。这就是为什么下面的说法值得怀疑的理由：如果没有殖民主义统治，南亚不会有工业发展。

当然，南亚殖民制度一般不利于殖民地的制造业发展。面对竞争，尤其是来自殖民地的竞争，宗主国本身总是保护自己的新生工业；同时，它们需要这些殖民地作为市场和原材料的来源。结果形成了恰好适合于刺激宗主国制造业发展的畸形经济。等到后来对这些政策进行修改，第一次世界大战后又陆续废除了人为的限制时，变革因来得太晚，而不能引起有力的反应。

尽管有殖民政策，印度的棉纺织品和麻织品以及后来的钢铁等制成品还是发展得相当早。20 世纪 20 年代，英国开始对其殖民地缺乏工业化表现出一些关心，对本地制造商实行了一些保护。
67 第二次世界大战进一步刺激了印度的纺织业和钢铁业。自独立之后到现在，外国对印度的控制一般已被印度业主取代。

在西欧制造业迅速增长造成靠农业为生的人口稳定下降的同时，对殖民地工业化的限制则对农业产生了不利影响。对殖民地制造业的控制往往窒息了小型家庭工业，许多手艺人和工匠不得不改行务农以维持生活。因此，尽管种植园代表了现代资本经营和技术，但是，南亚各国仍然是乡村型的和农业占主导地位的。

种植园的出现以及南亚市场化农业的相应增长，产生了依据南亚民族分布的、另一个迄今尚存的格局。种植园国家——锡兰、马来亚和印度尼西亚的一些地方——成为大米进口国，缅甸、泰国和南越（在越南战争前中断出口）的人口较不密集的水稻三角洲开始向它们出口大米。以这种方式使用土地还有另一个重要影响：它导致了重大的跨国界移民运动。印度和中国南部仅能维持生活的农业区的贫困提供了这种推动力，拉力来自种植园和商品粮生产的增长。由此造成的迁移运动，说明了东南亚和锡兰现在的政治—人口统计格局的形成原因。

因此，南亚各国伴随社会的三大分隔进入了现代，其中两种分隔部分地是殖民主义的遗产。首先，占统治地位的民族集团和住在山地的较小部族之间在文明水平和文明特征方面存在着明显的差别。这种分隔是古老的，一般与欧洲统治无关，它尤其是在印度、缅甸、南越以及较小程度上在菲律宾和印度尼西亚的外部岛屿

等地引起了诸多问题。其次，现代的、市场导向的和追求利润的经
营与传统的维持生存的经济之间存在着差别。这在种植园国家尤
为明显。最后，民族集团之间的分隔，这与第二种分隔紧紧相联。
最重要的例子是锡兰居住着印度泰米尔人，马来亚居住着华人和 68
印度人。事实上，在马来亚，马来亚人和华人数量几乎相等，结果
是华人掌握经济权力，马来亚人掌握政治权力。

东南亚社会因而成为多元化社会的极端例子，据说那里各个集团混合但并不融合。实现独立加剧了多元化问题。它产生的大量的少数民族问题尤其引人注目，从而使这些国家的所谓“人口统计不完善”问题凸现出来，正如费歇尔(C. A. Fisher)所说的“土地和国家之间还没有实现持久的调整”。

南亚人口统计“不完善”还有另一个意义，这就是城市化。南亚近几十年来不仅经历了没有伴随显著工业化的城市激增，而且，这种增长还伴随着农业生产的相对停滞。因此，城市化不是对农业迅速提高生产率的反应，也不是对工业劳动机会增长的反应。这与西方的经验正好相反。在西方，工业化的一个传统伴生物是城市中心不仅在人口数量而且在产出方面的相对重要性得到提高。在城市出现稳定增长的有效职位空缺的同时，农业生产率的同等提高造成了乡村地区劳动力供给过剩，填补了这些城市的工作空位。同时，在南亚所有国家，大多数城市的人口增长相应地比整个人口增长更快，但是这种人口向城市的移动却与城市就业机会的大大增加无关。这些城市实际上受到它们自身的严重失业和就业不足等问题的困扰。鉴于城市中心的贫穷、过分拥挤、住房及卫生设施不足，人口向城市移动一般不可能受到城市基本吸引力

增强的促进。

因此，南亚城市化的基本原因一定是，相对于城市地区而言，
69 乡村贫困和不安全成了迈向城市化的推动力。因此，城市化实际上是对缺乏强劲经济增长的消极反应。确实，许多城市化是由妨碍经济发展的各种因素造成的，诸如内战、不稳定、作物歉收以及过高的人口增长率。南亚的城市化不像西方那样象征着增长，而是持续贫困的一个方面。

6　国民产出与经济结构

一个国家生产什么产品及其人民劳动收获的多寡，在讨论南 70
亚的欠发达与发展中起着中心作用。我们已经说明，这些因素的水平至多只是发展水平的大致指标，由于缺乏许多南亚国家的统计资料或者现有的那些统计资料很不可靠，这种局限性显得更加突出。我们将在本章反复强调现有统计资料的极端不可靠性。我们把这一点视为一个重要的科学任务，因为在关于这些国家的发展问题的分析中，对不可靠的数据一律幼稚地信以为真，从而严重损害了所得结论的价值。

我们还必须记住，在确定南亚国民收入水平时，简单地把国民收入直接地同净地理产量联系起来常常会产生误导。首先，人均国民收入不仅是一个非常粗糙的发展或不发达程度的指标，而且还存在这种定义总量和汇编资料的方式所涉及的某些逻辑问题。例如，在菲律宾和马来西亚，总收益的绝大部分被提出来汇到母公司，利润归外国人。但是在独立以来的日子里，对这种汇款和股息进行了限制；外国人在南亚其他地方的一些较大财产已被国有化了；对外国人所有的财产课征的税收提高了。本国居民一直担任较高的行政管理职位，进入过去曾是欧洲人独占的经济领域，所以，产出和收入之间的差距缩小了一些。虽然所有这些数字指标

应谨慎地予以接受，但是如果视之为衡量南亚人均产出或“潜在收入”的尺度，还是有用的。关于后一点，由于本国员工日益接管国
71 家资产的所有权和控制权，这些数据应该比较接近现实。

南亚经济的计算还存在另一个问题，这就是对产出的实际评估。经济的大多数部门是非货币化的，与市场没有多大联系，这就难以对这种物物交易的产量进行估价。进行实际估价就意味着货币化和物物交易市场的兴趣和偏好相同，并且，如果物物交易，物品被出售换取货币，其价格也相同。

我们的结论是，印度和菲律宾的数据或许是南亚地区最好的，印度尼西亚和南越的最糟，其余的居二者之间。但是，连印度的数据也远未尽如人意。如果菲律宾的数据受到的批评少于印度，这无疑是因为这些数据没有受到同样密切的研究。强调数据的不可靠性是极端重要的，因为就南亚制定计划对现有数据的依赖程度而言，它可能会受到误导，某些情况下还非常严重。无论是作为计划工具，还是作为结果的指标，这些统计资料都不可靠也不充足。但是由于下列几个原因，我们还是冒险讨论这些数字。

首先，国民收入数字在这一地区的经济计划中起了重要作用。实际上，国民收入变化经常被视为发展计划成败的主要指标。其次，我们已经进行的这种评论揭示了澄清概念，以及改变南亚发展讨论的整个焦点的极端重要性。除非偶然，不加批评地把西方概念应用到一个完全不同的环境，是不可能明显地有助于解决南亚的迫切问题的。最后，当然存在这种可能性：这里提出的证据可能与现实有某种大致的联系。因此，根据下面的假设提供这些数字可能并不算太不合理：与其让纸空着，倒不如粗略地画上几笔。

广义地说，人均收入的比较表明南亚地区最穷的国家（巴基斯坦，估计人均收入每年只有220卢比）和最富裕的国家（马来亚，人均收入780卢比）之间存在很大差距。如果我们排除格外突出的 72
马来亚，差距就缩小了。虽然呈现出的差距并不是绝对的，但下列排列可能是合理的：巴基斯坦和印度是最穷的国家，菲律宾、泰国、锡兰和马来亚——按上升顺序——看来相对要富得多，印度尼西亚、缅甸和南越处于二者之间。

个人收入变化率可能更有意义。我们应该注意到：使用的实际总产出概念在各国都不相同。要使这一数据可以比较，这就意味着，国民生产总值、国内生产总值、国民收入和某一特定年份的以市场价格或要素成本计算的类似总量之间的关系在各国都是稳定的。这有可能是也可能不是事实，因为大多数国家现有资料的不完全性，不允许对此进行细致的核查。不过假定这些关系随时都存在着相对高度的稳定性看来并非不合理，至少不应该存在使比较失去意义的不稳定性。

这些资料似乎表明，缅甸展示了最快的增长速度。但是，这个结论必须受到如下限定：1960年，人均产出水平可能比1939年低15%。还有很大一种可能性：在最近10年，已经出现了停滞甚至下降。印度尼西亚的情况表明，似乎20世纪50年代大部分时间增长迅速，但是国民账户极不可靠。1966年年初出现的形势表明，印度尼西亚几乎没有迅速增长的希望。

资料稍微比较可信的南亚国家的基本情况大致如下：就人均产出而言，巴基斯坦、泰国和锡兰相对停滞；但是有迹象表明，近年来巴基斯坦已从过去10年的停滞中挣脱出来。在1955年至

1962 年的 7 年间，马来亚人均实际国内生产总值增长略低于 7%，但是最近几年增长率较高。20 世纪 50 年代，菲律宾显示了稳定
73 而相当迅速的人均收入增长，但是最近几年这一指标呈下降的趋势。在印度，人们认为，1948～1949 年的人均收入几乎比 1931～1932 年的水平低 16%。除了菲律宾和缅甸以外，南亚各国在 20 世纪 50 年代间具有非常缓慢而不稳定的人均产出增长。20 世纪 60 年代上半期，除了泰国、马来亚，以及在一定程度上除了巴基斯坦以外，这一指标在下降甚至变成负数。此外，最近的人均收入水平可能多半在它们战前达到的最高水平之下。

在试图清楚地了解南亚各国的经济结构情况时，普通的方法是把国民收入总和数字分解成各个组成部分，并把来源于每个主要部门的收入同该部门使用的或从该部门谋生的人数联系起来。很不幸，职业分布的统计资料尤其不可靠的是，印度尼西亚和缅甸几十年来几乎没有完整的人口普查。印度、巴基斯坦、锡兰和菲律宾的职业分布普查资料被公认为特别薄弱。南亚地区其他国家的数字也不能认为强一些，因为它们有许多被列为“估计数”、“临时数”等等。因此，我们只强调农业和非农业类的简单区别。然而，就是把国民收入总量简单地分解为由两部门或三部门组成也导致了相当异常的结果，这些结果甚至更多地突出了对国民收入或国民产值总数的怀疑。

而且，“农业”和“非农业”的定义在各国均不相同，与这些定义相联的统计资料也值得怀疑。但是大体看来，南亚超过半数的国民收入来自农业；大约 2/3～3/4 的人口靠这一来源谋生。在试图确定农业生产发展趋势中的更重要的因素时，我们又受到了不充

分而且令人迷惑的统计资料的阻碍。但是，看来，20 世纪 50 年代和 60 年代初期，这个地区的人均农业产出仍然相对停滞。这就是人均国民收入在很大程度上没有表现出强劲增长迹象的原因。

在南亚经济结构中，非农业类当然是一个大杂烩，它包括服 74
务、建筑、制造、采矿以及商业这些职业类型。如果暂时把重要的制造业和手工业放在一边，则总的印象是零售商业、国内服务业和政府职位占用了极大部分人口，尤其是要考虑到这些活动的低生产率。

零售市场、小商人以及经纪人的数量有了显著增长。自由商人充斥整个南亚地区，从事一种特定的交易。1947 年，马来亚活跃于"商界"的人半数以上是亲自出马沿街叫卖的小贩。大量从事这种交易活动的人并非表现得理财有道或经营有方，零售商业的营业额也不很高。确实，这显然是与农业相对应的劳动使用率不足的表现。在生产率普遍低下、廉价劳动比比皆是的情况下，小商小贩过剩并不是对他们的服务需求增加的反应。这种反应同对受雇于人的厌恶感结合起来时，就产生了由于所需资本缺乏和技巧不足而促成的趋向"自己雇用自己的"就业的"推力"。类似的情形也存在于传统工艺中：由于进口，最近几年是由于国内工业化的扩张，它的市场一直在缩小。但是，这里虽然只有较少的事可做，仍存在一个留在传统手工艺行业的趋势。小商业的增长是对城市化趋势的反应。城市化既与工业部门就业机会增加无关，也不是由它引起的。这两种反应都使低劳动投入水平和低劳动效率水平持久存在。

在政府职业范围内情形并无根本不同。政府活动的公共支出由于发展工作的需要和新赢得独立的需要而增加了。但受雇的文职人员的人数增加得更多。其中只有一部分是因必要的政府活动扩大而应召的。不可否认,高素质的关键人员数量太少,也可能过
75 度劳累。但是,雇员增加的情形大多数是在低级行政机构中。在西方,政府中无效率地使用人力的情形并不陌生,但是在南亚看来这种情形广泛得多。机构叠床架屋,部门处处分设,而职能依旧平行,公文人人批示,传来传去,都是以牺牲效率为代价来扩大公共部门的就业。看来,在劳动力多而不得其用时,人力的有效使用是次要的。但是,这种官僚主义的增长造成了一些重要发展项目的延搁,且本质上是膨胀性的,因为收入被支出了而又没有相应的增加产出。而且,发展计划的目标是提高人均产出。不管是政府或是私人,做任何类型的毫无效率的事情都是有害的。

在南亚,对公共部门这种浪费日益增多的一个解释是,所谓的城镇“受过教育的”失业者所施加的压力。他们寻找文秘工作,对行政机构职位推崇备至。软弱的国家不能抵抗这种压力,无疑是与实际需要不相称的低级文职人员人数增加的原因。

值得指出的是,如上所述,马来亚、锡兰、巴基斯坦和菲律宾的1960年人口普查估计都表明从事“服务和商业”的劳动力比例有所提高。这些国家,也包括泰国和印度,“服务业”的人数超过了制造业。这表明工业现在在该地区经济中所起的作用是比较微小的。这些资料在统计上并不可靠,但笼统地证实了众所周知的一个问题:人们普遍认为关于第三产业的人数随着国家的富强而增长的看法并不适用于南亚欠发达国家。虽然该地区几乎没有一个国家看来已取得很大经济进步,尤其是同战前情况相比,但是它们

大多数都有非常高的百分比的非农人口从事第三产业，且这个百
分比还在上升。在农业相对停滞，而现在规模还小的工业部门没
有能力吸收人口增长的情况下，人口还继续增长。这就出现了一
个指向小商业、服务业等行业的推动力。这就提供了又一个实例，76
说明了一个特别的趋势：在西方，伴随人口增长出现的是经济增
长，在南亚却更多地是不能达到经济迅速增长的征兆。正如我们
在城市化趋势中所见到的：十分矛盾的力量在南亚能产生许多类
似西方所经历的过程。正如我们已经强调的，将西方发展过程套
用到南亚可能是靠不住的。

我们认为，南亚种植园应该视为工业化的农业。在锡兰和马来亚，以及较小程度上在印度尼西亚，种植园产品在出口项目中起着主导作用。南亚的大多数出口产品是农产品，出口在国民收入中占有重要的地位。因此，当发现拥有最大种植园面积的锡兰和马来亚的出口对国民收入的比率最高，而印度和巴基斯坦的最低时，我们不应当感到惊奇。由此不难得出结论：以种植园为主、具有高度出口导向的农业部门的主导地位能直接影响人均收入的现有水平。

这表明，对较贫穷的国家来说，收入增长的途径主要有二：使农业技术合理化和降低传统农业的相对重要性。两者都意味着所有南亚国家都正在强调的某种工业化。但是，集中于一种或少数几种出口作物，虽然看来这能提高人均收入水平，但往往造成危险的形势。它不仅把整个经济置于市场波动的极不稳定的影响之下，而且，这种集中的前景看来并无助于迅速或持久的增长。孤注

一掷是危险的，也未必是稳定发展的基础。除了这些问题之外，只有马来亚和印度尼西亚还有扩大种植园面积的余地，特别是在橡胶方面。锡兰的余地较小，但是通过改种和施肥，还能采取较多措施来提高现有面积的产量。对其他国家来说，基本点应放在普通农业上。这里，除了两个不利事实以外，与西方经历的类似之处更
77 接近得多：第一，农业生产率的大幅度提高不是发生在工业化以前；第二，尽管人口增长率比西方经济在发展早期高 2～3 倍，但无论如何都必须实现诱导的“农业革命”。人口增长投下了长长的阴影，因为工业发展充其量只能非常缓慢地进行。

由于南亚各国指望通过农业部门以外的行业实现工业化，所以重要的是应该研究一下制造业当前的结构和趋势。

缺乏充足的自然资源而试图工业化的任何国家，都不得不进口大量的原材料，这种进口的相对负担主要取决于工资水平和劳动生产率水平。如果这些水平高——意味着有高度纪律性和高度工作效率的劳动力以及大量的资本投资，那么这些进口的成本显然不会成为经济增长的障碍。这些成本将占生产成本的较小部分，它们购置的进口品将被更有效地使用。有些国家缺乏可观的自然资源也实现了工业化，其中包括丹麦、瑞士和日本。它们的成功看来主要应归因于高度的劳动纪律和效率。

然而，在资本稀缺、劳动力充足而低廉的地方，简单地通过资本投资来提高生产率是困难的，资本稀缺连同低水平的劳动技能、工作纪律和效率，导致了南亚经济的低生产率和低工资。这又使进口原材料的相对负担更加沉重。就是这些不利特点的综合使南

亚的天然资源比它没有这些不利因素的情况下更有意义。

总的来说，大自然对南亚国家并不特别慷慨，惟独印度拥有数量能满足高度工业化需要的铁矿、煤和动力资源。南亚地区的一些国家占有一种或少数几种重要金属，出口这些矿藏提供了重要的外汇收入来源。可是，只有印度具备对工业发展有利的资源组合。另一方面，几乎没有哪个国家对自己的自然资源的极限作真正的扩展。在这些进行资源开发的地方，原材料往往只用来出口， 78
而不是供给国内日益发展的工业。这部分地反映了缺乏有利的资源组合。但是，必须强调指出，南亚工业化水平低下，与其说是资源贫乏的结果，毋宁说是其他限制和约束造成的。

尽管对南亚制造业类型进行分类存在着困难，但是，印度、巴基斯坦和菲律宾比美国和一般西方国家高得多的制造业份额显然是在消费品方面。到1960年为止，印度已有三个新的钢铁厂，以后机械工业有了显著增长，不过它们仍然是一个非常小的部门；尽管起步较早，但是印度的工业结构没有很大变化。另一个显著特征是：在印度和巴基斯坦，纺织业占统治地位；在菲律宾，食品加工业占统治地位。这反映了缺乏多样化的制成品在发展中国家普遍存在。例如，在印度五个主要行业——基础钢铁、水泥、造纸、棉纺和糖业——其就业岗位占据了1951年普查包括的所有29个行业就业岗位的60%，生产了大约总增加值的60%。在其他国家，实际上几乎没有制造业，制成品都集中在手工业和原材料加工上。除了印度以外，南亚其他国家显然没有生产耐用消费品的重工业。

但是，对未来工业化来说，比特定类型产品具有更大重要性的是在特定制造业部门之内的所谓“工业”企业的性质。这有三种主要形式:家庭工业,规模小且经常以单个住宅单位为限,正如其名称所示;小型工业,使用现代技术,生产收音机、自行车部件、电动机、家具和肥皂等等;大型工业,使用大量资本性投资和原材料。在印度,家庭工业占有绝对优势,在1955年的调查中,被询问的工人中几乎有70%就业于这类制造业。印度制造业雇员中2/3以
79 上在少于5个工人的企业中。可以假定,鉴于这么多的家庭工业位于乡村,以及乡村一般缺乏电力,印度大多数这类企业都缺乏机械动力。这种产业不平衡地集中于家庭工业和小型工业的状况,造成了一个重要的经济劣势,因为所生产的许多产品为当地所消费,几乎没有用于出口以换取大多数南亚国家所急需的外汇。

印度的格局在整个南亚地区十分具有代表性。南亚的工业主要是几乎不使用资本和使用少量工人的乡村企业,其工人的人均产出非常低。这不仅降低了工业生产率的总水平,而且往往使乡村地区的低生活水平持久化。人所共知的累积因果格局又出现了:家庭工业的人均产出受到萎缩的乡村市场的限制,后者又受到低农业生产率,在较小程度上是低工业生产率的限制。因而,家庭企业提高效率的能力和动力都受到现有条件的阻碍。我们又回到了怎样在乡村一级挣脱低生产水平困境的问题。

如果不是从事家庭工业的人数之众,那么一个显而易见的解决办法,就是不遗余力地加速工厂的增长。但是,大规模的,甚至小规模的现代化企业,一般都是节约劳动力的,并拥有高额资本投资。这两点与以大规模劳动力使用不足和资本稀缺为特征的经济都不相符合。家庭工业的迅速毁灭不仅消除了农业辅助收入的一

个来源，而且将加强城市化的推力，并进一步加剧城市地区的拥挤，流入城市的人口经常改做叫卖小贩和从事低水平的商业活动以求生存。在努力推动工业化的时候，除感情因素外，南亚各国还有更多的原因保护农村家庭工业，特别是消费品方面的农村家庭工业。这种政策或许只能是过渡时期内的土地经营，但是这个时期可能不得不是漫长的。

7 生活水平与不平等现象

80 我们所说的生活水平是指南亚地区各国人均一般消费的商品与劳务数量。一个社会存在高度不平等的现象意味着，低收入阶层的人民大众的生活水平要大大低于平均生活水平。

生活水平本身是重要的。实际上，南亚地区发展计划的主要目标就是提高人民大众的极端低下的生活水平。在循环因果关系中，生活水平的提高几乎能够改善其他一切条件，特别是可以提高投入工作的精力和劳动效率，因而可以提高生产率。同样，态度和制度也受这些生活水平提高的影响。

首先，值得指出的是，生活水平的提高在南亚比在发达国家具有大得多的实际价值。在发达国家，生活水平已经很高，生活水平的变化对生产率的影响很小甚至几乎没有影响。因此在西方，个人和集团收入能够明显地分为两个部分：花在消费上的部分；储蓄和投资的部分。衡量这些国家的生活水平，可以从总收入中扣除储蓄来计算。而储蓄与有形资产相似。有形资产是通过不消费当前产出的一部分而积累起来的。但是在南亚不发达国家，生活水平如此之低，以致严重损害了健康、体力和工作态度，因此，大多数种类的消费增加等同于“投资”，因为它们对生产率具有直接影响。这是战后常规研究方法和经济模型不适合于南亚的另一个原因，这些方法和模型强调产出、就业、储蓄和投资之间的关系。

进一步严密考察就会发现，公布出来的关于“储蓄”——意思 81
是非消费性收入——的统计资料相当不可靠，因而不能使用。在这些情况下，更诚实的做法是求助于前一章谈到的收入水平，而不是试图减去“储蓄”。只要储蓄大多是由人民大众作出的，无论如何储蓄一般不会超过为数很小的几个百分点。顺着这条思路进行思考时，我们必须记住，除了储蓄用于内部集资投资外，大部分国民收入将用于非生产性支出，特别是用于军事目的的支出。在南亚大多数国家，这类支出已经急剧增加，其原因部分地是由于印度与中国的边境冲突造成的，以及印度和巴基斯坦在克什米尔问题上的紧张关系和战斗造成的，还有印度尼西亚同马来西亚的“对抗”和越南战争。考虑到国民产出水平相对没有增加，防务活动加速增长就减少了留给食物、衣服、住房和其他家庭需要的收入数量。

由于各国内部和各国之间生活水平如此不同，因而用单一数字指标表示平均生活水平的整个想法就是不适当的。如果把南亚地区的一个国家同富裕的发达国家进行比较，情况就尤为如此。例如，说美国的生活水平是南亚某个国家的15，20或30倍是没有意义的。比较能说明问题的是，根据实际消费的商品和劳务进行比较。但是，要进行这种比较，我们却没有许多可靠的统计资料来源。

选择涵盖南亚生活水平最切题的项目时，我们作如下排列：食物和营养；衣服；住房，包括卫生设施；保健和教育设施；信息媒介；能源消费和运输。其中的每一部分都能得到一些不完全的、粗略的统计数据。但是,拿南亚国家与西方发达国家进行比较,甚至在南亚国家之间进行比较,都存在风险。

尤其是同西方比较时,质量上具有巨大差别。南亚的食品往往只有很低的营养价值,市场出售的食品经常掺假;而且,至少对
82 大多数人来说,可得到的花样品种比西方人要少。因此,消费量上的差别极大地低估了南亚和西方之间的实际差别。此外,或许更重要的是,平均数不能说明南亚城乡之间,甚至一国内部不同地区之间不同收入、社会集团或民族集团在不同项目消费上的巨大不平等。现有资料表明,许多项目大部分是由极少数通常集中在城市中心的上层社会成员消费的。

收入集团(income groups)、社会阶层、城市和乡村之间的差别在发达国家确实也存在,但不平等的程度远小于南亚。例如,美国的各个地区几乎都有电,大多数农村家庭都有收音机、电视机、电话和机械设备。

在南亚,私人总消费支出几乎有 2/3 以上用于食物,而在发达国家,这部分开支大大低于 2/5。因此,衡量生活水平的确切指标之一是食物消费,即按人均日消费热量的总数计算的食物消费。据估计,1958 年,卡路里摄入量从巴基斯坦的 2 030 卡路里到马来亚的 2 290 卡路里不等。这些数字小于美国的 3 100 卡路里和英国的 3 290 卡路里。在南亚内部,摄入卡路里的变化与人均收入的变化密切相关,巴基斯坦最低,马来亚最高。出口大米的泰国和缅甸略有偏差,那里,食物消费比总体经济状况要好。而锡兰正相反,它严重依赖食品进口。甚至这些估计可能也有问题,因为它们立足于经常被低估的人口规模。因此,南亚各国在食品供应上的

微小差别也许根本不符合实际，在消费水平和排列顺序两方面都可能存在巨大差别。

但是，有一点是清楚的：发达国家摄入的卡路里大大超过了需要，而南亚，除了马来亚以外，摄入的卡路里至少比最低需要量低10%，甚至可能更低。而且，由于消费上的严重不平等，绝大部分 83
人口得到的比这种低平均数还要少。

在菲律宾和印度，卡路里的摄入量有了一些提高。同战前相比——虽然是不肯定地——到1958年，菲律宾和印度次大陆的卡路里供给稍稍超过1934～1938年的水平，但其他地方大致相同或低一点。

现有证据非常清楚地表明南亚食物状况的另一方面——饮食单调。同美国的不到1/4相比，谷类食物占了巴基斯坦卡路里摄入量的70%以上，占了印度和菲律宾的大约2/3。据估计，在整个远东，大宗谷类和淀粉茎类食物构成了平均食物消费的3/4。这种严重依赖一种或几种作物的现象不但不能提供人体所需要的抵抗疾病的保护性元素的平衡，而且使消费者容易受到不利气候或植物病虫害引起的作物歉收的损害。整个南亚肉类消费量少导致了缺铁性贫血。

饮食单调不只是由贫困引起的，尽管贫困是人们食用一种大宗食物，如大米或小麦的主要原因。对各种食物的营养价值无知，忽视与营养因素无关的食品的口味，连同落后的食品配制方法，都起了作用。因此，缺乏维生素A可能会影响视力，这是由缺乏绿叶蔬菜引起的，不过，这种现象在最低收入集团中并不是非常普遍。缺乏维生素B，以及由此造成的脚气病感染，自第二次世界大战以来增加了,因为人们越来越多地转向食用白米,这种白米比用土办法除壳的米味道更好,更容易淘洗。使食物状况恶化的另一个因素是储藏和运输设施不足。尽管得不到任何统计数据,但是众所周知,大量谷类食物和其他食物因为炎热和潮湿而损坏,或者被鸟、鼠或昆虫吞噬。

总之,这样说可能是万无一失的:普通南亚人根本吃不饱,即使在摄入的食物超过了饥饿水平的地方,其营养含量一般也不足
84 以提供最低限度的健康保证。最重要的是,自 20 世纪 30 年代以来,饮食没有明显改善。

南亚人饮食中存在的单调性也延伸到衣着方面。而且,较穷的阶层消费纺织品离国民平均水平相去甚远。大量的南亚人只有一套衣服,除了洗澡以外很少换洗。白天黑夜穿着同样的衣服,因为睡衣甚至内衣都是很多人负担不起的奢侈品。虽然南亚大多数地方的气候温暖得只需要非常少的衣服,但是,还是有数百万人的衣服处于最低健康标准之下。别忘了,印度北部和巴基斯坦许多地区有冷季,夜间气温低,就像南亚其他地方的山区一样。那些有毛毯的够幸运的人,必须经常用毛毯来帮助牛御寒。纺织品的人均消费数字无助于说明这种天天存在的现实。

通常,南亚的住房条件像食物和衣服一样低劣。大多数人生活在粗制滥造、过分拥挤、不卫生、陈设简陋的房子里,几乎没有任何舒适感。实际上,仅次于食物不足的低劣住房条件是低生活水平的最明显的组成部分。住房质量上也存在重要的地区差别。在那些可得到木材的乡村地区,情况稍好一些,东南亚的大部分地区

以及在较小程度上印度和锡兰的山区即如此。在印度中部和巴基斯坦西部，气候干燥，2/3 以上的房子是用泥土做成的，这很容易受到侵蚀，远不能防雨。但是，如果说乡村地区的住房一般不充足，那么，大城市贫民区的贫穷程度几乎没有什么两样。在过去的 10 年里，城市人口迅速增长，情况已经恶化了。今天，大部分城市人口生活在远比农村地区更为拥挤、通风更差和卫生设施通常更差的住宅里。据保守估计，所有城市居民的 1/4 到一半生活在贫民窟或临时安排的住处。大量的人甚至还没有这种可怜的栖身之地，只能睡在纪念碑下和桥下，甚至露宿街头。甚至一些产业工人 85
也饱尝不卫生的住房条件之苦。在为迁移劳动力——他们被迫离乡背井——建立的简陋茅舍中，可能有 40～50 个男人和 1 或 2 个妇女生活在只允许居住不到这个数目的 1/4 人数的房间里。

与住房问题直接相关的是卫生问题。卫生条件之差也是惊人的，而且改善缓慢。这在水和污物处理方面尤为明显。在乡村地区，浅浅的水井通常敞开着，且可能仅仅是地上挖的一个坑，几乎没有采取任何措施清理水井和其他水源或者消毒。相反，每个村民在用自己的桶打水时，助长了疾病挨家挨户的传播。家用水道也用于运送和冲走废物。由于大多数村庄甚至城市地区没有排污系统，废弃物被扔进小巷或后院，那里，苍蝇的繁殖畅行无阻，又被雨水冲入水源。

或许其中最大的问题是人的粪便处理。在整个南亚的乡村地区，普遍的做法是在人类居住地附近的田间和树丛中排便。结果，赤脚走路的人每天都受到钩虫的威胁。风一吹，粪土渣滓就刺痛眼睛。下雨时，人的粪便中繁殖的寄生虫就冲入河沟水井之中。

在有公共厕所的地方，厕所通常修得简陋而且不干净。在许多城市，尤其是在贫民区，卫生设施几乎好不到哪里去，甚至可能更差。根据最近的估计，印度总人口中大约6%享有保护性的水供应，同时仅有3%的人拥有排污系统。在没有卫生水供应和适当的废物处理的情况下，南亚蔓延着由不适当的卫生传播的疾病，这不足为怪。面对疾病的这种不断威胁，医生和辅助保健人员及医疗设施却很缺乏。通常，现有的医疗人员与设施只为城市中的富人服务。

南亚的燃料和电的供应一般也远远低于西方发达国家的最低
86 标准。在南亚所有地方，乡村几乎没有电力。除了几盏微弱的油灯以外，大多数村庄在日落之后一片漆黑。即使乡村社会识字率大大提高，且可以得到报纸和书籍，不充足的照明也妨碍了大量阅读。这当然阻碍了识字水平的提高和印刷品使用价值的增加。人所共知的具有累积效应的循环因果机制又一次明显地表现出来。

总之，整个南亚地区的运输也不够使用。小规模的内河和海岸船运、自行车运输、驮兽运输和小船运输是南亚重要的运输方式。实际上，在路况极差的印度，牛车可能还比铁路承担更多的货物运输。相对于铁路运输而言，公路运输增加了。仅在少数几个地区，如马来亚，道路建设与机动运输的增长保持同步。货物和旅客运输设施的不断增加是经济发展所必需的，它不仅拓宽了市场，而且也打破了地区孤立。然而，南亚存在的问题是，运输设施高度集中于城市化地区。在巨大的农村地区纳入改善的运输和分布网络之前，地区不平等将扩大，回波效应将助长乡村贫困持久化。工业即便在本国员工控制下，也将继续具有飞地性质。

即使收入平均分配，南亚欠发达国家民众的境况也将十分严峻。因为在那种情况下，每个国家的每个居民或收入获得者获得的只是非常低的人均国民收入。相反，现存的高度不平等意味着每个国家的绝大多数人被迫靠远低于平均国民收入的不充足的年收入艰难度日。欠发达国家最低和最高收入集团所得收入的比例大于发达国家。在发达国家，高所得税对高收入累进提高税率，往往使平均收入均等化。在发达国家，对低收入者来说，现有的社会福利服务也倾向于均等化。但是，南亚的税收征课松得出名，现行 87
社会政策本身也往往对收入可观的阶层有利。但是，即使既定的总不平等程度可以与发达国家相比，南亚也更糟，因为既定的不平等程度给欠发达经济带来了多得多的困难，这比表面现象要严重得多。

此外，与发达国家相反，南亚的社会经济状况往往静止不变。南亚在特定时点上的收入不平等更持久。在西方社会中，平均收入水平往往不但提高得相当迅速，而且个人享有更多的机会改善他们的相对收入状况。西方国家提供给最低收入集团中个人的进步机会远远大于南亚国家提供给相应集团的机会，即使二者都得到总收入的相同份额。西方的特征是不同收入阶层的个人拥有高周转额或流通额，但南亚不是这样。进一步说，在南亚，同种职业或同一部门内的不平等程度看来比发达国家大得多。寻找可比职业分类的问题和其他统计资料缺陷妨碍了我们为这个结论提供很多可信的经验证据。但是，在先验基础上可以预料，在流动性受到限制的地方，其职业和地区不平等程度更高。当经济和社会流动的机会少之又少时,不平等性质的工资与薪金的巨大差异显然能持续更长的时间。由于南亚的经济和社会刚性程度远远大于西方国家,因此,南亚特定经济部门的不平等比西方更大、更持久。

在南亚,平均收入低、收入不平等和社会等级制具有相互因果联系,而社会等级制本身就是不平等的一个方面。在南亚,贫穷阶层中收入不平等的程度不可能很大,因为他们的平均收入差不多仅够糊口的水平。因而,印度贫穷村庄上层成员的收入可能并不比租赁佃农或无地农民高出很多。但是这两类集团之间也有一个
88 重要区别:前者经常不劳而获,而后者则不然。因此,当社会结构实际上严重不平等的时候,社会各阶层的收入分配表现出高度的均等。

因此,如果能用收入分配方面的统计数字来说明社会阶层划分的更多事实,那么就会显露更为突出的不平等现象。特别是在南亚的乡村,不平等实际上主要是土地所有制问题,与之相联系的是悠闲自在和拥有地位与权力。这些经济和社会因素之间具有密切联系。社会地位的不平等往往削弱了提高生产率的愿望。如果劳动收获甚少,那么人们就看重悠闲。村里每个人几乎同样贫穷这一事实并不意味着每个人都是平等的。相反,他们之所以都这样贫穷,是因为他们都这样不平等。即使在收入不平等小于西方的情况下——主要在较穷阶层中间——更大的社会不平等事实不仅抵消了这一点,而且必然导致永久性僵化和机会匮乏。

在南亚某些国家,凡发展速度略有加快的地方,必定是极少数的上层和中等阶层的收入的增长速度快于穷人。这个事实凸现了不平等现象产生的影响。把今天的南亚和昨天发展中的西方相比

较是不恰当的。人们一般认为，在西欧工业化早期阶段，收入分配变得更不平等，只是在后来，由于消除了负作用和增加了社会立法，这种趋势才倒过来了。但是，南亚的情况正好相反。因为由于城市化和辅助工业的相对增长，不平等程度的明显增加并没有伴随着迅速的经济增长。

在南亚各国的各个地区之间，以及城市和乡村工人之间，看来也存在着不断扩大的不平等。例如，印度每人每月的消费支出情况是，城镇比乡村大约高 1/3，城区比郊区高 2 倍多。在出口大米的泰国，一份曼谷调查报告表明，城市饮食远远好于乡村。城市的 89
专业人员与工人在收入上也存在着巨大差别。在西方国家，专业人员与产业工人的收入比率可能是 3 或 4 比 1，在亚洲却是 15 或 20 比 1。

最后，在南亚，经常存在民族界限支配的特种形式的不平等。例如在锡兰，锡兰泰米尔人和印度迁来的泰米尔人之间在平均收入上有很大差距。这主要是由于锡兰泰米尔人中间有大量的高收入商人。在马来亚，华人和印度人专门从事种植园工作，或者一般占据着专业工作和商业方面的最高职位，他们和马来亚人之间存在着不可避免的收入差别。马来亚人主要是在乡村种植稻子和做小土地上的工人，或者是低薪司机、邮差和职员。但是，在马来亚、新加坡和泰国的华人中，最高收入者和苦力劳动者之间也有巨大差别。

在该地区的其他国家存在着类似的情况，尽管印度和巴基斯坦的种姓与宗教比纯粹的民族差别更重要。由于西方人集中在企业的高薪职位，在所有前欧洲殖民地国家，也存在着极端不平等的情况,尽管几个发展计划都试图限制这些外国人集团,包括“亚洲外国人”(Oriental aliens)。

前述具体的不平等现象都是密切相关的。整个不平等结构是由种姓制度、民族界限、民族歧视、裙带关系,以及一整套社会禁忌等支撑的。累积因果关系的恶性循环就是这样被持久化了。现行的制度结构阻碍了社会、地区和职业流动性的增强,使社会和经济生活中的分隔持久化。这就是经济增长的主要障碍。

8 对外贸易与资本流动

在西欧，出口增长一度为不断促进发展资本品的进口铺平了 90
道路。在南亚，种植园和采矿业的投资扩大了这些最初的活动。这就是今天锡兰和马来亚的收入水平超过印度和巴基斯坦的原因。在西欧、北美、大洋洲及太平洋岛屿，工业发展最初是通过生机勃勃、日益增加的国际贸易实现的。在南亚，对该地区原材料需求的增加是由大多来自西欧国家的外国人开办和经营的企业来满足的，他们把利润送回国内，从国外买来制成品，很少与本地人一体化。虽然直到第一次世界大战，南亚的出口机会都在扩大，但是未能引起该地区经济的全面迅速增长。正如我们已经指出的，自独立以来，他们已经努力使本国能从这些外国支配的企业中获得更多的利益。因而，自独立以来，这些企业对该地区经济发展的积极作用应该比过去更大了。但是，国际形势发生了变化，扩大着的出口市场不再有任何重大的刺激力。实际上，国际市场对南亚国家大多数传统产品的出口需求几乎没有增加。大自然不仅在资源方面对南亚很吝啬，而且，现在世界对该地区确实拥有的资源的需求也停滞了。

此外，欠发达概念中固有的所有内部障碍固然使出口难以扩大和多样化，而工业化国家限制进口的政策又恶化了这个问题。

西方发达国家都经常对据称是外国“廉价”劳动的产品实行关税、限额和其他限制。共产党国家也没有采取能保证南亚大量制成品
91 出口的贸易政策。

如果南亚各国在不久的将来实现发展，那么这种发展不会是对外国需求该地区拥有的传统比较优势产品的反应。这个事实不仅意味着经济增长是一个比当年发达国家面对这个问题更为困难的任务，而且也意味着增长过程本身将有多得多的自给自足和少得多的对外部力量的“自动”反应。发展必须主要立足于一国内部并审慎地加以促进和培养，因为相对自由和扩张着的国际贸易所具有的自动诱导增长的刺激因素已不复存在。

南亚国家的对外贸易和资本流动的事实材料要优于其他经济材料，因此由这些材料得出的结论的局限性就比较小。人均收入最高的国家锡兰和马来亚，对外贸易比率最高；而最穷的国家，印度和巴基斯坦，这一比率最低。印度和巴基斯坦进出口占国民收入的比例低于10%，而锡兰和马来亚超过了30%。由于马来亚有种植园和采矿业，其出口比人口几乎是它12倍的巴基斯坦的出口还要大。

像一般对外贸易比率所表明的那样，对外贸易部门的重要方面是出口和进口，特别是进出口构成缺乏多样化。在5个南亚国家，一种初级产品占总出口的50%以上。这些国家是缅甸（大米）、巴基斯坦（黄麻）、南越和马来亚（橡胶）以及锡兰（茶叶）。仅3个国家有一种以上的重要产品出口。菲律宾出口糖和椰子，印度尼西亚出口橡胶和石油，泰国出口大米和橡胶。只有印度有重

要的制成品出口。而且，除了大米以外，这些初级产品只有很小的国内需求，实际上，它们都是为出口而生产的。这就使得南亚国家极其依赖它们几乎不能影响的外部市场，至少在需求方面是这样。在没有任何国内市场的情况下，其经济对外部需求的变化更敏感，92
因为外国购买下降形成的冲击几乎没有减缓的余地。即使对那些出口很少的国家来说，出口收入的不稳定也造成了国际收支的经常危机，这不仅转移了其他方面发展的注意力，而且阻碍了用于发展的关键产品的进口。

有几种类型的进口对发展显然是至关重要的。其中，包括如果进一步削减就会对营养水平产生不利影响的那部分食品的进口。印度、巴基斯坦和印度尼西亚在不久前就曾处于这样一种状况：几乎不存在减少食品进口以便增加资本品进口的余地。这样，这 3 个国家就特别容易受到进口商品价格提高或者出口收入下降的影响。南亚地区的其他国家现在都没有把它们的进口集中在必需品上。只要降低的进口限于非必需品，其进口下降对发展的影响可能就不太严重。

我们绝不能认为这意味着非必需品进口占很大比例是可取的。这可以认为是发达国家普遍丰裕的象征，但在欠发达国家则并非如此。如果一个国家很穷，并且按照下列方式安排发展计划：必需品的进口构成了总进口的极大部分，如印度和巴基斯坦，那么，任何大幅度削减进口都将严重地破坏有计划的发展。因此，尽管印度和巴基斯坦在南亚地区的进出口占国民收入的比率最低，但是，其进口构成赋予外贸部门与其规模不相称的战略重要性。像马来亚和锡兰这些国家，由于出口的外汇收入多，不仅买得起外国制造的大量消费品,而且也买得起大量食品。

最近,南亚每个国家的进口清单都受到其发展工作的相对强度的影响。较穷的国家被迫大大削减非必需品的进口,尤其是消费品的进口。防务物资开支的增加进一步加大了压力,这些防务
93 物资需要用宝贵的硬通货来购买。印度和巴基斯坦在这方面走得最远,看来几乎没有余地使它们的进口状况发生重要变化。鉴于这些因素,特别是印度和巴基斯坦被迫采取进口替代政策,勉强使用本国的制成品和原材料,它们政策的回旋余地一般受到严重限制。

南亚国家对外贸易的另一个显著方面是它们面向遥远的国家。巴基斯坦、印度和锡兰的出口大约50%～60%是对西欧和北美的,南越出口的2/3以上和菲律宾出口的70%以上也是对这些地区的。只有大米出口国缅甸和泰国,以及(在较小程度上)印度尼西亚,其重要出口商品是对其他南亚国家的。进口状况同样十分显著,马来亚、新加坡、锡兰和泰国30%～45%的进口来自北美和西欧,南亚地区其他国家的进口有一半以上来自这些地方。

既然殖民主义制度在南亚已经寿终正寝,那些掌握着该地区经济命运的人不是把现在的经济结构看成是静止的东西,而是看成新的出发点的基础。然而,无论他们怎样努力地追求发展目标,其努力可能受到他们鞭长莫及的因素的阻碍。该地区所有国家都过分依赖外部条件,过去几十年来的外贸发展趋势,以及这种趋势固有的前景,对每个国家的增长前景都具有十分严重的不利影响。自从20世纪20年代后期以来,世界制成品贸易比世界初级产品

贸易增长更快。由于南亚对这些初级产品的依赖性很大,世界贸
易的总趋势就不利于这一地区。而且,自 20 世纪 20 年代后期以
来,整个世界的国际贸易中,这些初级产品贸易的增长已超过了南
亚国家初级产品贸易的增长,这是一个重要的不祥之兆。如果我
们除掉石油,20 世纪 50 年代末南亚的出口量看来仍然与 1927～ 94
1929 年相同。如果也去掉橡胶,出口量下降了大约 25%。对南亚 4 种主要出口商品——大米、糖、棉和黄麻——的需求已经落后于西方的经济增长。南亚地区还受到了合成纤维和合成橡胶增长的损害。还要加上一点,技术效率提高、贸易壁垒增加和剩余产品增加所产生的压力,尤其是美国和加拿大。许多使用南亚原材料的行业的经济增长并没有转换为对这些原材料的需求的等量增长。

这种出口全面停滞的部分原因在供给方面。战时的破坏——这在缅甸和印度尼西亚特别严重——与战后的政治动乱共同阻碍了出口全面恢复,降低了战后部分时期的总出口。而且,人口增长往往减少了某些行业的可出口剩余。例如,印度和巴基斯坦的国内消费已占去了不少黄麻和棉花供应的增长。与停滞的出口趋势相反的是,进口需要以及实际进口已经急剧增加,在至关重要的食品方面,生产增长缓慢,人口增长迅速,结果,出口国只有较少的食品可供出口,而进口国必须增加购买。直到第二次世界大战前,南亚国家还是食品净出口者,现在因贸易赤字不断扩大而成为净进口者。

概括地说,在过去的三四十年,整个南亚地区出口潜力没有表现出相应的活力,其趋势是进口需要不断增加。实际上,世界市场的变化趋势造成实际出口收入的剧烈波动,实际出口收入本身下

降到不断增长的进口需要以下，这就容易把几乎所有南亚国家卷入一系列严重的和不断恶化的国际收支危机之中。

南亚对西欧国家出口市场的依赖，即传统的殖民贸易格局，1961～1962 年实际上比 1948 年更严重。对共产党国家的出口现
95 在稍高于战前，虽然不是按实际出口计算。总的来说，同东欧共产党国家的综合贸易一直在高速增长，而同中国的贸易一直在下降。同时，南亚地区内部的贸易也有所下降。人们已日益认识到，这种趋势连同整个不利的出口环境，将阻碍经济增长。这一事实应对促进地区内贸易的努力赋予更大的重要性。但即使本着最良好的愿望和努力，这仍然是一个困难的任务。

普遍缺乏经济增长本身就阻止了这种努力。每个国家都努力减少用于发展的物品的进口，如资本设备和重型机械等。结果自然是对这种设备也供应不足的其他南亚国家的歧视。由于一个欠发达的经济最容易在只需要很少的稀缺资本的那些行业做到自立，结果是促进了同其他南亚欠发达国家相竞争的行业的发展。而且，殖民贸易政策把南亚国家同宗主国市场联系起来而不是相互联系，因此，运输和通讯网就没有建立起来以促进区际贸易。由于独立后经济根本没有得到迅速扩张，因此，南亚地区的国家不具备经济迅速发展所带来的灵活性。缺乏灵活性在阻碍区际贸易增长方面具有极大的重要性。

同样，政治摩擦和传统的反感也导致了这个地区的分裂。在某些情况下，独立后，摩擦和反感反而加剧了。印度和巴基斯坦在克什米尔问题上发生战争，这种战争已经与宗教对立交织在一起。

在南亚地区其他地方也有类似的反应。缅甸人一般不喜欢的印度人现在被大量地驱逐出缅甸。当颁布的法律对种植园中的印度泰米尔人产生不利影响，并在一定程度上影响到北方的锡兰泰米尔人时，印度和锡兰之间的关系一度紧张起来。泰国和柬埔寨之间的不友好导致了关于佛教寺庙归谁支配的争吵。民族和宗教的不同引起的狭隘妒忌遍布整个南亚。该地区的小国也曾经对大国疑心重重。所有这些紧张关系都有深刻的历史根源，而且它们并没 96
有趋于减弱。相反，在经济停滞、民族主义情结增加，以及南亚国家在冷战期间与主要强国联盟的结构内，分歧看来正在增加。

在贸易方面——按照单位出口值除以单位进口值来定义——南亚的前景是喜忧参半的。但是，没有清楚的迹象表明，南亚各国在近几十年里显示出长期改善的趋势。尽管各个国家进展不同，但是，各种指标都显示将来趋向恶化的这样一种相同的趋势。如果南亚地区继续严重依赖初级产品出口的话，情况尤其如此。在这方面，南亚各国处于一个更不利的境地，因为发达国家比较能适应相对价格的变化：在价格较低时，它们能够从穷国购买更多；在市场较不利于买者时，它们减少购买。但是，发达国家的技术进步可以缓和这种效应。技术进步应当有助于降低南亚各国所需要的进口商品的成本。此外，共产党国家向南亚增加出口已经产生了有助于降低进口成本的竞争压力。

由于出口收入不能与进口需要保持同步，南亚国家就面临着日益严重的外汇短缺。因此，它们发展工作的成功在很大程度上取决于它们以优惠条件吸引足够数量的外资的能力。在西方世界，大规模对外投资已逐渐恢复，几乎清一色都是直接投资。但是，作为主要债权国的美国，继续把它的投资集中在南亚以外的国家。不过，菲律宾、马来亚、泰国，最近还有巴基斯坦，已经获得了一些外国投资。外国人到印度和锡兰投资相对很少，它们曾经一度吸引过外国企业及其投资。

由于私人资本流入很少，帮助南亚国家满足超过它们停滞的
97 出口收入所能维持的进口的迫切需要的主要负担就落到外国政府身上；在后斯大林时代之前，则全部落到西方政府特别是美国政府身上。在战后初期，四分五裂的南亚由于独立斗争而受到严重破坏，援助国的注意力集中在欧洲。20 世纪 40 年代末，共产党政府在中国掌权以后，美国开始对南亚地区表现出较多的关心，这种关心变成日益增加的赠款与贷款数量。在 20 世纪 50 年代后半期，随着冷战变成热战，美国提供的援助激增。南亚也以逐渐扩大的规模从一些西欧国家的赠款与贷款中获得利益。共产党国家也首次开始越来越多地提供信贷。尽管与受援国的需要或者富裕国家的能力相比数量很小，但当前流入南亚的外国援助与贷款远远超过了该地区过去所得到的总和。

援助增加的主要原因是，南亚对大国具有政治上的重要性；同时，内部不稳定和其他因素导致了不利于外国私人投资的环境。但是，这种资本流动的格局削弱了援助对南亚经济发展的潜在刺激力。一方面，金融援助的具体配置并没有惟一地与经济考虑相联。例如，从 1954 年到 1958 年，老挝和南越从美国得到的赠款和贷款总数几乎等于印度和巴基斯坦得到的总数。但是，总的来说，

南越和老挝的发展工作几乎没有证明援助有如此重要的意义。印度的人口比这两个国家多许多倍,它为发展付出了相当大的努力。

外国提供给南亚的许多经济援助也附有一些条件。除了影响受援国的政治含义外,赠款和贷款本身常常是为特定目的而提供的。有时,提供赠款和贷款是为援助国提供橱窗。在另一些情况下,受援国被要求在捐赠国花销它们得到的援助,或者用该国船只 98
装运它们所购买的东西。这类限制阻碍了这些受援国最有效地使用外国资本。这种援助经常同一国政治态度直接成比例地波动。例如,一位首相对美国的批评性讲话能够引起对该国援助前景的重新审查。相反,采取强烈的反美政策可能得到苏联扩大贷款的奖赏。从经济角度看,现在的双边援助体系显然有强烈的偏向,这只能被解释为资源错误配置的趋势。说出有多少给予南亚的"经济"援助被放错了地方是不可能的,但是,毫无疑问,其中许多援助被浪费了,甚至限制了基本改革。

所有这一切都表明,应该加大对国际机构贷款的依赖,因为国际机构的政治因素较不明显。在找到更适当的机制输送大规模的和长期的外援给那些最需要、最应得到的国家之前,这种援助将仍然是不够的和短期的,并将听凭当时政治形势支配的剧烈变革的摆布。

我们在这一章概括的经济现实对南亚大多数国家都是不利的,将来改善的前景看来也令人沮丧。但是,南亚国家必须采取一切措施,披荆斩棘地前进。

它们可以增加新的初级产品,增加可销售服务,如旅游业,或制造新的制成品而使出口多样化。但是，南亚的资源基础看来不适合为初级产品供应许多新的材料，除非有新的发现。在今后的20年里，服务业无疑将会扩大，但它们不可能扩大到大幅度提高进口能力的程度。这就使得初级产品的制造品成为多样化的最佳前景。但是，除了一些产品以外，诸如印度的吊扇和缝纫机、巴基
99 斯坦的板球，当然还有纺织品，南亚国家都尚未能大规模地打入工业化国家的制成品市场。

这种境况既有自然原因，也有人为原因。首先，原材料基础相对差。在劳动无效率、工资低、资本不丰裕时，这代表了重要的限制条件。而更根本的问题是难以进入已稳定的市场，这对准备最充分的国家来说也足以构成一个挑战。在南亚，廉价劳动力可能很容易获得，但不幸的是，低效率的劳动和管理以及专门辅助设施的缺乏往往提高了单位产量的成本，因而抵消了较低工资水平的优势。还有一个问题是，存在着进口限制的结构和大多数市场大的国家征收关税的结构。

这样，南亚国家就发现它们处于两难境地：出口收入的增加是维持它们需要的进口所必不可少的，制成品成为出口可能有较大增长机会的惟一源泉。因此，建立朝气蓬勃的经济体系主要取决于这些国家增加制成品出口的能力。但在这方面扩展又会遇到我们业已列举的一切障碍和限制。

这意味着，如果富国想要南亚国家成功地发展，它们必须让路，不仅废除对南亚制成品的人为限制，而且在它们自己的国家为这些产品开辟市场，并保证长期不实行进口限制。这要求富国在对待不发达国家时，要有比它们到目前为止表现出来的更大程度

的理解，以及抵制国内要求实行短期保护措施的强大压力的更大愿望。从政治上来说，富国提供能使它们自己商业界增加出口的赠款和贷款较之允许可能不利地影响国内某一产业部门的进口量远为容易。增加制成品出口可能比双边外国赠款和贷款——这有巨大的不确定性和其他缺点——对欠发达经济具有更多的刺激作 100
用。“要贸易不要援助”的口号对南亚具有真正的意义。

随着南亚国家朝着多样化方向努力，开发其他市场有某种增加贸易的小小机会。有三个重要地区能够增加它们的贸易机会：共产党国家、南亚各国本身、非洲及西亚的欠发达国家。

苏联和其他欧洲共产党国家可能把它们自己的自然资源储备消耗殆尽，它们的工业化努力已使它们处于这样一种地位：它们能够成为资本品的主要出口者，并且，这些出口能够流向欠发达国家。共产党国家又能从南亚进口更多的初级产品或传统产品。因此，共产党国家和南亚之间大规模的互利贸易看来有明显的可能性。共产党国家甚至还构成了更大的消费品的潜在市场。苏联自1950年以来消费支出急剧增加，虽然这种增加主要来自该集团内部，但是，也不应该有理由阻止它们从其他国家购买。从目前来看，共产党国家在增加它们同南亚一些国家，主要是同印度的贸易中，看到了政治和经济的利益。而且，在愿意为南亚消费品及产品的出口开放国内市场以及提供可用它们自己通货偿还的长期信贷方面，它们看起来比美国更灵活。

南亚国家之间的贸易提供了市场扩大的另一条潜在途径。尽管该地区内部摩擦影响了近期前景，南亚国家还是能够努力把它们的进口替代工作建立在地区的基础上，扩大南亚一个国家卖到另一个国家以交换该地区内部产品的潜力。例如，在以前进口的产品上，可以联合生产并同单个国家专业化生产一些产品合起来。
101 如果向世界其他地方的出口不能大大增加，经济压力将随时间而扩大。因此，更密切的地区经济一体化或合作的愿望将增长。该地区已有了一些合作项目，尽管南亚国家之间存在民族对立，这些合作项目还是有些进展的。湄公河项目和亚洲公路提供了鼓舞人心的例子。

但是，仅仅降低南亚国家之间的关税还不足以增加贸易。用联合国经济学家的话说，“自由化不能扩大市场，有机化才能扩大市场”。南亚需要的东西是国家计划的协调。最初可以通过一系列双边协定达到有利的结果，例如，锡兰可以保留建立大规模轮胎工业以供应自己和印度的权利，同给予印度供应机床市场的权利相交换。锡兰有橡胶，而印度有大型机床工业的基础；共同计划和放弃现有计划的狭隘民族主义是实现可接受的合作利益，分配及补偿所缺的适当市场机制所必需的。在这一点成为现实之前，当然要清除许多障碍。由于存在这些情况，南亚地区一体化的热烈讨论几乎至今还没有产生什么结果，就不足为奇了。但是，既然这些努力有如此之多的值得称道之处，那么这些努力就不可能会被放弃。而且，其他地方的贸易集团的兴起，诸如欧洲共同市场，可能推动南亚比在其他情况下更快地走向较密切的经济联合。

第三种选择，即同南亚以外的其他欠发达国家贸易，暂时看来最为遥遥无期。但是，促进南亚内部的国家进行更密切经济合作的同一逻辑应该照样适用于所有欠发达国家。某种类型的“穷国”

廉价品的共同市场有一定的逻辑基础;我们尤其不能忘记,穷国为在富国得到更多的出口市场而进行相互竞争,这更可能是阻碍而不是帮助自己。

这些令人烦恼的世界贸易和区域贸易问题本身足以令人沮 102
丧。南亚的外国投资明显增加的前景也是暗淡的。进口限制、外汇管制以及对外国企业的一般限制,使许多私人投资者对来南亚投资迟迟举棋不定。但还是有许多人将继续受这种想法的吸引。他们能在被保护的市场上赚钱,并且能从许多副产品中赚钱。南亚商人也注意到,同能够提供机器和其他生产必需品的外国公司合伙是有利可图的。否则,这些商人就难以得到外汇。南亚国家越来越认识到,外国人参与工业风险经营除了节约外汇外,还有一些利益。特别是,他们能够引进有价值的管理和工程人员以及技术知识。

但是,由于南亚的经济和政治不稳定,我们不能指望在将来比最近有大得多的私人直接投资。南亚迅速增长的进口需求与停滞的出口收入之间的缺口已完全用赠款和信贷形式的公共资本填平了。但是,对欠发达国家的金融援助的基本问题已经到了严重的危机状态。捐赠国,特别是美国,正在降低实际的援助,并从几个方面降低了援助的质量。由于南亚贸易状况不断恶化,情况变得更为严峻。还要加上的一点是,对世界银行所谓"债务爆炸"的担心。欠发达国家欠下的债务量不断积累意味着偿还这些债务的负担将越来越难以承受。显而易见的是,应该将贷款转变为赠款,作为援助南亚国家的最好形式。但是,赠款总是比贷款更难让捐赠

国的国会或议会通过。必须越来越清醒地看到,不能真正指望南亚偿还它所得到的一切贷款。这一事实应该有助于正在进行的如
103 下努力:向南亚地区提供的贷款在利率和偿还本金的时间两方面更优惠。

在这些条件下,进口替代被视为主要政策方针是可理解的。因为,虽然很难进入出口市场,但还有国内市场能为工业增长提供需求基础。削减国外进口不仅节约了外汇,而且建立了能够实现工业化的保护屏障。但是,用刺激新的制造业来发展进口替代品的计划涉及工厂和机器设备的投资,并经常涉及公用事业和运输建设。在许多情况下,这又增加了资本品进口的需求,并往往增加了不断进口机器备件、半成品和原材料的需求。建立辅助工业以替代这些进口,又将提高特定资本品进口的需要。

然而,进口替代政策的严重困难是,替代的行业通常不是由合理计划选择的。一般来说,首先出现的问题是,国家陷入外汇困难,尔后,往往被迫采取某种进口管制。由于自然甚至理性的原因,它试图削减最不必需的物品的进口,这些物品因而自动地得到最大保护。从发展的观点看,这是无计划的保护。

最后,我们应该强调,南亚各国在进口替代方面的努力,如果没有以提供更合理的区域分工这种方式来协调,可能会摧毁地区一体化事业。发展来自邻近国家的进口替代品,诸如食品和纺织品通常最容易。但是,即使在新兴行业中,一个国家的进口替代也可能普遍存在而对地区协调没有任何帮助。当所有国家都想建立钢铁厂时,能够生产最廉价钢材的国家在地区内部发展出口市场

的可能性就被排除了。

本章提到的任何问题都没有轻而易举的解决办法。所有的政策途径都受到严重限制。每种政策途径对其他政策都会产生重大 104
的、经常是不利的反应。显然，南亚各国在实现人们经常念叨的“由起飞转入可持续增长”的努力过程中所面临的任务，比现在所有西方发达国家一个世纪或更早以前所面临的任务从根本上说更为艰巨。

第 三 篇

制定计划的第三世界

9 计划思想的传播与影响

制定发展计划的思想可视为一种理论，其一致性、现实性以及 107
就政治行动而言的可行性可以加以检验。这种思想的传播和影响本身同时就是现实的一部分，是一系列有其原因和结果的社会事实。对这些原因和结果应该像其他社会事实一样予以研究。

经济计划的基本思想是，国家应该在经济中起积极的甚至是决定性的作用：国家通过其自身的经营和投资行为，以及对私人部门的各种控制——诱导和限制，启动、推动和驾驭经济发展。这些公共政策措施要合理地加以协调，而且这种协调应当在为今后若干年制定的全面计划中明确地加以阐述。

因而，计划无论以什么样的形式出现，其总体思想就本质而言在方法上是理性主义，结论上是国家干预主义。它使人们相信，政府干预能够促成或加速发展。特别是，经济形势不一定原封不动或者仅仅在“自然力量”的支配下演化。相反，据认为，这些条件及其演化应置于政府的控制之下，以便经济体系能依照有目的地制定且合理协调的政府政策朝所希望的方向运动。这些政策的策略将作为一套政策推论出现。推论来自对一国实际状况的理性分析和一些发展目标的定位。在南亚地区，所有渴求有国家经济计划的国家原则上都同意，计划应该有利于普通民众，主要目标是提高该国最贫穷阶层的生活水平，并体现整个国家的意愿。

108 这种理性主义和干预主义的国家经济计划思想表明与这些国家的过去的彻底决裂，因为南亚国家——外国飞地以外的南亚国家——曾经是，现在仍然是停滞不前，大多数人的观点是传统的，倾向于按照本来的样子接受事物。它出现在这个落后于时代的世界，人们沉睡了几个世纪之后仍然昏昏欲睡，国家经济计划的出现使得计划面临的挑战更富有戏剧性。

一旦人们在观念上接受了通过合理协调的政府行动诱发变革的可能性，南亚大多数社会和政治状况看来就不可取了，需要改革了。超越纯“经济”的变革终于被认为是合乎需要的政策目标。生活水平应该提高，应减少社会和经济等级制的不平等和僵化，各种机会应更广泛地向每个人开放，全体人民的参与意识应当强化。旨在改善某些不良情况的政府政策，除了它们的独立价值以外，通常还有一个实际价值，因为它们往往在合乎需要的方向上也改变了其他状况，这些状况的变化因而成为达到经济发展的手段。因果关系是循环的：各种“非经济”状况的改善不仅使“经济”发展成为可能，或加速“经济”发展，而且由此引发的“经济”发展往往同时会改善其他“非经济”状况。

计划就是以这种方式成为现代化思想的智力策源地——现代化思想的总体模型。民族发展的要求包括最终囊括了所有的政治、社会和经济改革的努力。经济发展因而被理解成“人的”问题。发展计划经常明确地把计划定义为改革所有令人不满意的状况的全面尝试。这一看法也反映在大多数计划的主要目标与抱负之中，这些目标与抱负超越了狭隘意义上的“经济”政策。

从表面上看，至少计划思想现在在南亚各国居于至高无上的统治地位。它提供了关于社会和经济问题的许多公开讨论的权限范围——这些讨论见诸这些国家的报刊文献、知识分子和政治领 109
导人的声明以及审议机构的讨论。这些国家或那些在其中有完全发言权的个人在不同程度上都变得“有计划意识”。在这些欠发达国家已出现了经济发展的要求（而且还假定，国家关心的就是通过计划促进发展）。就非共产党世界而言，这是新的历史事件。即使初始状况没有任何其他区别，单单信奉这种思想就会使下列假定不恰当：南亚各国将走一条与西方世界类似的发展道路。

只有少数几个南亚国家进行过认真的尝试，把其经济生活置于国家计划的约束之下。即使在这些国家，政府协调控制的范围和效果也不大。但是，计划观念代表了政府及其反对派相当普遍持有的关于应该怎样看待政府政策的态度。即使几乎没有什么实际计划，且更谈不上执行计划时，计划思想也有助于使干预主义做法合理化。在经济有一些进展时，它们就成为成功的计划。当需要紧缩和牺牲时，它们也是以计划的名义进行的，就像计划被用来掩盖生活状况改善缓慢和发展进程缓慢一样。

因此，计划思想往往成为公共政策引起的所有争论都要提到的名词。西方国家一般往往不事声张它们实际上确有的经济计划，特别是美国，总是试图使人们相信它的经济是“自由经济”，而南亚各国往往大肆渲染，声称它们的计划比实际达到的规模更大。它们甚至还没有把多少计划变成现实，就已经接受了计划观念。

当人们考虑到这些国家的赤贫状况时，经济发展的需要是不

言而喻的，虽然不一定要靠国家计划来促成发展。通过协调的计
110 划进行大规模的国家干预是促成这种经济发展所必需的。这种思想来自下列认识：西方世界迅速发展了几个世纪，而这些欠发达国家长期处于相对停滞状态；结束这种停滞和促成经济进步需要一个强大的诱发动力，这种动力显然不会自发到来，至少不会很快地到来。

进一步研究发展需要的实际条件会使这一结论更有说服力。我们已经发现，今天的南亚各国和处于可比水平时的西方富国之间的差别是根本性的，并且具有使南亚各国发展更困难的性质。实际上，除非大力采用国家计划这种新的措施，这些差别将使得这些国家中的多数国家根本不可能发展。

通过计划进行迅速和有力的国家干预当然有很多原因。首先，不断加速的人口增长，不断地降低生活水平并阻碍发展。如果人口静止不变，就会有自发发展的较大可能性。其次，资本稀缺，贸易条件也不利。这个清单还必须加上私人部门相对缺乏企业家才能和对企业家的培训，富人不愿意冒险将资金用于生产性投资，而宁可进行投机和赚钱快的风险活动。最后，大型企业有获得过度垄断或寡头垄断的趋势。由于这些原因——它们在几个南亚国家的程度各不相同——国家常常找到了自己兴办产业，或管制和控制企业活动，从而在它所希望的方面获得最快发展的理由。

要想用实质性的措施来实现社会和经济平等以及福利的理想——这在所有南亚国家都被宣布为政策目标，就需要大规模的国家干预。尤其是穷国，这种政策需要计划，并同总体计划中的其他所有措施相结合，以便产生效果并促进而不是损害经济发展。

一般来说,如果要实现发展,遗留下来的不平等和僵化对经济发展 111
是不利的,需要通过协调的政府政策加以缓解。在每一阶段,计划本身也会有某种教育作用。拟订一个计划,广泛地予以宣传和讨论,应该有助于引导人们根据手段和目的来理性地思考问题。南亚国家的所有领导人都知道,发展需要人民的生活态度和工作态度的根本变革,传统主义的枷锁必须打破。

我们力图从南亚各国本身的状况、问题和人民的利益角度来阐述的国家计划的论点,对印度和巴基斯坦这两个最穷、人口最稠密的国家来说最有说服力。锡兰平均收入较高,但人口增长十分迅速,工业化的自发力量——在种植园以外,扩张的可能性有限——十分微弱,因此,即使在锡兰,制定计划的理由也十分充足。像马来亚和泰国这样的国家或许有较多的自发发展的潜力,与西方历史上的情况有些类似。但是,人口迅速增长也使这些次等贫困不堪的国家处于必须实行大规模计划的境地。不过,马来亚似乎特别有较为理想的半自发型的发展前景:它的收入水平高得多;与人口规模相比,自然资源还很丰裕,虽然人口正迅速增长;出口的希望看来稍微光明一些;大量的华人提供了该地区罕见的工业企业。只要马来亚能够在马来人、华人和印度人之间保持适度的内部团结和政治稳定,那么它将比其他国家具有更大的可能不用高度的国家计划而实现经济的持续发展,至少在不久的将来是这样。

成功的经济计划需要一个稳定而有效的政府。而同时,计划本身又成为达到民族团结的主要工具:首先,计划将创造一个把政府的各种政策协调起来的制度结构;其次,如果计划获得成功,将

112 会带来更高的经济水平、人民有更多的机会，并成为国家成就的象征。

以抽象的措词概述南亚国家经济发展计划的理论基础这一尝试当然并没有说明计划思想是如何产生和传播的。实际上，这些国家或其领导人对他们的状况根本没有形成一幅清晰的图画，并得出他们需要国家计划来战胜困难和尽可能快地发展这样的逻辑结论。计划思想的传播有更为复杂的原因。

首先，甚至在南亚国家领导人中间，对这些国家真实情况的了解不但不完全，而且偏向于乐观主义。例如，大多数政府官员长期没有现实地注意到人口趋势隐含的问题的严重性。甚至在今天，当开始把人口增长作为一个抽象事实接受时，人们也很少充分认识到这个问题的严重性。人们抱有各种虚假的思想来掩耳盗铃。在其他大多数不利的环境下也可以看到类似的倾向。由态度、制度和低生活水平造成的扩大生产的限制和障碍本来应该促成更有效的补救措施，但它们一般都被置于计划的核心之外；使用按照就业、储蓄、投资和产出来进行推理的战后常规方法助长了这种普遍的偏向的理性化。制定计划所作出的一切估计的误差因而获得了系统的乐观主义偏向。此外，那些为新国家思考、呼吁和行动的人，包括政治家、计划者、行政官员、专家、实业家和商人，只是总人口中的极少数上层人物。他们形成了一个相当隐蔽的圈子，生活十分舒适，他们一定倾向于用一套幻想来保护他们的既得利益。

但在注意到这一切以后，事实仍然是：这些国家的领导人面临的困难与西方国家曾经面临过的困难非常不同，前者的困难在许

多方面要大得多，以至于他们最终会倾向于对他们的状况作出一 113
个不同的估价和不同的政策结论。一个包括许多其他结论的这种一般结论是经济计划的必要性。上面列举的国家计划的逻辑理由最终以这种方式作为原因在发挥着作用。

支持这些信念的是殖民时代和前殖民时代遗留下来的家长式统治的倾向和格局。在整个南亚，对于政府官员能够做什么存在着一种特别的期望，并认为应该由他们为人民做组织工作。这种代代相传的对权威的依赖是地方自治和合作的巨大障碍。不过，它至少有助于使较低层的人服从计划思想。与此相应的是，政府官员容易进行控制和指导。在南亚，如果行政官员真正认识到需要变革的话，他们会赞同"计划"。

在这些政府官员中间，来自共产党世界的思想影响是强大的，特别是关于计划和国家指导私人企业方面的影响。对南亚最早的计划者来说，国家经济发展计划具有明确的、激进的（社会主义的，通常是马克思主义的）动机。实际上，"马克思主义"已经成为一个使用混乱的概念，因此本书不把它作为一个技术术语来使用。马克思不是一个计划者。但是对在南亚发展起来的计划思想来说，马克思的思想方法具有普遍的重要性。因为这种思想方法强调经济因素的重要性，而这种思想方法认识到各种社会力量以及它们在整个社会制度中是普遍相互依存的。列宁关于资本主义后期阶段的帝国主义理论对南亚意识形态所包含的学说具有更大的和更具体的影响。

南亚知识分子从相反的方向注意到西方国家在协调政府政策方面愈来愈多地使用计划，这些西方国家都不同程度地成为福利国家。这种趋势具有的影响与共产党世界产生的影响并无很大不同,至少在国家计划的必要性和有用性的总体思想上是这样。

114 总之,令人惊异的是,人们在思想上对这种计划实际上几乎没有明显的抵抗,虽然普遍反对计划中的特定政策和执行或不执行这些政策。不过,情况可能是这样:具有传统理想色彩的先入之见,特别是那些宗教和社会性质方面的先入之见,以某种方式削弱了有意识地引导变革的渴望。这种有意识地引导变革正是计划思想的精髓。我们对这一点或民众对计划思想的接受程度知之甚少。在南亚和西方,当然还有共产党世界,认为大众突然从几个世纪的沉睡中觉醒,并理性地开始要求迅速发展以改善悲惨的生活,这种想法相当普遍。"期望越来越高的革命"这个术语就是这种思想的表述。但是,这种看法是对停滞社会状况的完全误解。知识分子及商业精英与民众之间存在着巨大的社会和心理差距,而这常常导致上层社会把这些精英在被迫按照同样方式进行生活的情况下可能会有的态度类推到民众身上。

实际上,我们在南亚看到的情况是,少数知识分子精英接受了计划思想和现代化理想,并且试图在人民中间传播这些思想。这就产生了一个问题:在这些传播努力中计划思想将发生什么变化?过去遗留下来的家长式统治和独裁主义格局有助于民众接受计划思想。我们也必须假定它们影响了其内涵。人民被引导到期望或要求政府为他们做更多的事,但没有显示出很多改变自己生活方式的意愿。这无助于发展事业,因为停滞、贫穷社会中的计划的目的是促使人民自身的观念理性化,特别是劝导人民更努力地工作,以改善他们自己的命运。

计划思想的影响、一个国家的相对贫困程度和缺乏自发的发展之间有一种因果关系。印度和巴基斯坦的政治领导人更多地意识到需要计划工作。另一方面，马来亚、菲律宾和泰国较有利的条件自然使这些国家的政治领导人更多地相信市场力量。计划的实 115
际成就与中央政府的力量和民族团结的程度之间有更强的相关性。这些因素决定了政府对经济计划的关心程度和有效行动的可能性。计划本质上是要求有一系列鲜明政治决策的政治纲领。

印度尽管贫穷，但是它比南亚地区其他国家更为团结，政府更为有效。在巴基斯坦，严肃的计划开始于 1958 年军政府上台，军政府至少在一段时间对该国实行了更多的指导和约束。缅甸和印度尼西亚的计划工作仍然很不成功，这一事实显然与这些国家为了维护统一和有效的政府而爆发的起义和长期斗争有关。

计划和发展的水平与理性主义思想和知识分子的影响水平也相关。印度在这方面又处于领先地位，锡兰、菲律宾和马来亚紧随其后。缅甸和印度尼西亚较低层次的公开讨论——很受传统习惯的束缚，而且经常穿上离奇的民族主义和宗教口号的外衣，并且一般更容易煽动感情——不能仅仅用“政治困难”来解释。更准确地说，它们的困难之所以在很大程度上加剧了，是因为：或者缺乏受过高等教育的有理性的而且富有在殖民政府和行政机构长期工作经验或专业资格的人士；或者是主要受过充当密探、阴谋家、鼓动者和斗士等专门训练的、为数甚多的人成为领导者。

但是，在整个南亚，计划思想已支配了有发言权的社会上层，为公众讨论指出了形式和方向，并促使政府计划机构的设立。

印度和巴基斯坦为检查计划的完成情况进行过认真的和经常的努力。事实是，计划执行的结果往往达不到计划所规定的目标。但是，这并不是否认，在印度，计划已成为国家政治生活的重要部
116 分和民族信仰的原则。除巴基斯坦外，南亚再无国家与其一样。毫无疑问，印度的实际计划取得进展的一个重要原因是对计划思想的强烈认同。但同样肯定的是，这种政治发展又强化了计划思想的影响力。在印度以及最近在巴基斯坦，当经济和政治生活中牢固地确立了计划观念时，由于其自身的惯性，计划受到人们愈来愈多的关注。

当上述情况出现时，它意味深长。计划随后创造了新的制度，更重要的是改变和影响了现存的制度，有助于现存制度的进步。该国越来越多的有发言权的上层人物在计划中获得既定利益。由于效果日增，计划思想成了一切公共政策讨论的参考标准。政府和政府官员也参与其事，并开始作为巨大计划机器的一部分运行。拟订、论证和执行计划成为政府的主要职能之一，所有的政府政策越来越多地以计划形式出台。

计划要有效果，就必须不断地协调竞争利益和决定它们之间的优先顺序。在南亚的条件下，当计划受到人们愈来愈多的关注时，计划很大程度上由中央政府与有选举权的州政府和商业界协商制定出来。计划也必须考虑到通过地区和职能组织“民主制定计划”的必要性。新创建的集体制度和修改后的老制度都成为制度的基础结构的扩展部分，它们旨在作为人民参与计划和在计划中合作、特别是执行计划的工具。当然，该国较上层的有组织集团，尤其是商业、工业和单个大企业中的那些集团，更容易作为计

划参与者卷入其中。参与的方式也就变成谈判。这是生产和贸易大规模国有化的惟一选择。最终结果是一种妥协。这种妥协考虑到了有组织的私人商业利益。但是无论结果怎样，在这种谈判和讨价还价的过程中，这些利益集团成为由受到人们愈来愈多关注 117
的计划所形成的制度体系的一部分。

实际推行的政策总会遭到人们的反对，而这种反对总是来自发现自己在某一方面受到损害的利益集团。但更重要的是，政府面临的是否仅仅是关于一些具体问题的零星的反对意见，或者政策是否与致力于阻碍计划活动、因而反对计划思想本身的强大的利益集团的利益相抵触。系统的反对也可能来自相对富裕的集团。首先，计划很可能通过大量直接的与相机抉择的行政控制冲击它们的活动。其次，整个南亚的计划思想担负着改善民众福利的责任。然而，事实是，这种激进主义几乎在任何地方都没有遇到意识形态上的反对。

穷人并没有得到计划政策所带来的大多数利益，即使这是公开宣布的计划目标与动机。相反，利益归高居他们之上的阶层享有。更一般地说，推行的各种政策在任何地方都没有实现更多的经济平等和削弱经济权力的集中。实际权力结构的这种反映说明，为什么更多平等的许诺没有引起上层社会对计划的强烈反对，因为南亚制定的计划向来符合他们的利益。“社会主义”，特别是有计划扩大的公共部门，尚未触犯位居民众之上的大企业或任何其他集团的利益。在这种情况下，商人和其他天生的保守集团为什么没有更多地反对平等化和社会主义的口号，没有反对南亚计划思想中隐含的控制这个问题，就不难理解了。事实是，这些政策或者符合他们的直接利益，或者对他们干扰很小。曾出现过的反对意见，其主要作用是使政府保持警惕，警告计划不要冒更激进的风险。

以上对受到人们愈来愈多关注的计划所说的话，特别是在印度，是用过去时（未完成的）表达的，因为在20世纪60年代中期出
118 现严重经济灾害的情况下，计划一度中断了3年。印度现在正试图回到“五年计划”的路线上来。如果它成功了，既定的计划模式将会恢复。

西方国家今天也有大量的全面经济计划，虽然这种趋势的加速发展只是近几十年的事。西方国家的经济计划已成为与更成熟的工业社会的出现联系在一起的社会、经济、制度的变革和工业化的一个结果。在南亚欠发达国家，计划却是在工业化以前或工业化的很早阶段被推行的。而且，在南亚，计划在原理上和方法上都被认为是先于市场对经济进行有组织的控制和干预。计划不能像在西方国家那样让它通过“自然的”过程随实际需要而成长。因此，南亚的计划并不是发展的结果，而是用来促进发展的工具。计划被设想为一种前提条件——实际上是由下面的假定促成的：不能指望自发的发展。因此，该地区欠发达国家被迫采取从西方历史来看是走捷径的办法。

根据南亚情况的逻辑，南亚各国的计划成了有计划的安排（programmatic），这与西方国家不同。这是由下面的事实得出的结论：计划是早先采用的。南亚情况的逻辑也意味着，这种经过规划的计划原则上应是全面而完整的，而不像西方国家那样是具体

的、局部的和零碎的，特别是在早期阶段。

但是，在共产党世界，有计划的安排和全面的计划被用来由不发达状态出发来促进和指导经济发展，这也是南亚各国所追求的。可以很准确地说，南亚欠发达国家正试图做的事情是，使用共产主义的有计划的安排和全面的国家计划方法的原理，而又避开一些共产党国家使用这些方法的条件。

南亚各国都专心于“民主计划”。在政治民主已经动摇的地 119
方，甚至在那些已经受到军事独裁统治的国家，政治领导人都没有准备推行专制的大一统政权。即使因此被推翻，它们也没有形成或准备强行推行共产党体制的狂热纪律。除了这些根本性的政治限制以外，它们的经济制度也有差别。它们不像共产党国家那样，使生产国有化，使国有企业和集体主义占统治地位，也没有以国家垄断形式组织对外贸易和交换关系。

因此，它们的经济计划是第三种类型，既不同于共产党国家，也不同于西方世界。

10 平等与民主

120 南亚各国已经接受了制定发展计划的思想，更根本的是，它们已经把经济发展视为国运所系，因而视为一个政治问题。一个重要的事实是，南亚国家与西方国家在工业化初期的状况不同。另一个事实是，南亚各国奉行平等主义，这构成其计划思想的一个不可或缺的组成部分，这种思想又必然以各种方式在解放运动中发挥作用。

就民族性格而言，正式认同平等主义理想，无论其对政治行为的影响程度如何，总是意味着南亚国家与西方国家有相似之处，但是这里面有一个时间先后问题。当西方国家进入迅速发展时代时，社会福利国家的概念还在孕育阶段。它包含在学者的抽象假设中和造反者的想象中，但没有成为既定的政府政策宣言的一部分。统治阶级认为它是危险的。一言以蔽之，对工业化以前的南亚国家来说，它们自己在政治上信奉的平等主义学说除了苏联以外是史无前例的。

在所有阐明发展目标的计划中，平等主义思想占有重要地位。由于计划经常集中注意发展的经济方面，平等主义思想强调收入和财富的均等化，以及更普遍的生产资料所有制的均等化，其他福利理想如果包括在计划里面的话，则通常被淹没在互不相干的章节中。当然,追求更多的社会和经济平等的基本原理是一种具有内在美德的普遍的理性化情感——用我们的术语来说,它具有独立价值。这意味着,在一定范围内,理性动机支持更多平等的要求,即使它只能以较慢的经济发展为代价来实现。但是,从普遍的 121
社会观点来看,显而易见,在南亚,特别是在一些最贫穷的南亚国家,普遍存在的各种不平等常常阻碍着经济进步。在这种情况下,平等化对发展既有推动作用,又有独立价值。

传统的社会分层所固有的各种不平等被认为是发展的障碍。印度的等级制度当然是一个明显的障碍。它强化了社会各阶层普遍存在的对体力劳动的轻视和厌恶。由于正统的印度人不仅把从事这种劳动的人、而且把他自己种姓以外的一切人都看成是局外人,它也扭曲并且抹杀了手足之情和怜悯之心这样普普通通的人类感情。

当人们普遍认为更多的平等应该是计划的最高目标时,实际的发展却往往趋向于加剧不平等。在这种情况下,流行的理性化就把这一目标的实现推迟到经济已有大幅度增长的阶段。据说,不平等的扩大在"发展中国家"是自然的。普遍观察到的事实为下面这种思想提供了支持:历史上的经济发展通常导致了财富和权力的更大集中,以至于有时会得出这个结果是不可避免的推论。关于这一点,人们常常提到西方国家甚至日本的经验。但是,就其本身来说,这些历史比较并不一定有意义,因为在南亚国家有一些独特的因素。因而我们可以作出如下的假定:南亚的发展通过计划来促成,这种计划又趋向于实现平等化理想。

重要的问题是，经济平等化和经济进步之间是否存在冲突，即平等化是否必须付出经济进步缓慢的代价。尽管对南亚有关的经济因素及其关系还缺乏详细的了解，但是，我们能够列举那里的大量情况说明平等化的扩大将比在西方国家更多地帮助发展，而不是阻碍发展。

122 一方面，经济不平等是社会不平等的原因之一，反之亦然。因此，降低经济不平等往往会带来社会不平等的减少，这对经济发展将会产生有利的作用。此外，低生活水平和低劳动生产率之间存在一个类似的相互联系。因此，鼓励低收入阶层的基本消费的措施将增加劳动投入，提高劳动效率和生产水平。把发展简单地视为投资函数的战后常规方法，将上面这两种重要联系抽象掉了，因而这就可能使人们相信，发展不但能够在没有平等主义的改革的条件下发生，而且，不平等的增加甚至可能是经济增长的条件。

当更大程度的平等作为最高目标而实现，而同时以这种抱有偏见的方式探讨发展问题，结果就可能是混乱的、机会主义的想法，并且掩盖了不符合平等主义理想的政策。甚至当改革明显地是由这种理想推动的时候，它们不是依旧无效，就是反倒有利于不那么穷的人。广义地说，各种援助计划、土地改革和租赁改革以及乡村发展和合作计划就是这样。当然，从长远看，提高健康水平和初级教育水平具有平等化的效果。但是即使在这方面，也只有一小部分政府支出被用于最需要的地方，特别是教育制度，通常对低收入阶层严重不利。

几乎不受政府制度支配的南亚各国，却受到上层阶级内部和上层阶级之间，以及构成大部分上层阶级的各种集团之间的妥协与和解的支配。这个上流社会的成员自称是“中产阶级”，这个事实十分重要。特别是在印度，政府已试图用各种手段，包括累进所得税，来限制土邦主、地主、工业和金融巨头们的权力和财富。乡村中的上层土地所有者、商人、放债者、一般实业家和中高级公务员，都把这些并非十分奏效的政策看成是建立更大平等的尝试。123
这些政策有时候十分有效。在公开讨论中，人们普遍认为，更多地考虑“中产阶级”有利于推动平等事业。真实的情况当然是，在印度背景下，这个“中产阶级”显然是一小撮上层社会的一部分。然而平等方面的真正进步，恰恰在于下层阶级需要援助。

关于印度的上述情形也适用于南亚地区其他国家。在巴基斯坦，即使没有等级制度的刻板现象，不平等也一样显著。这里，整个上层阶级相对地不太关心社会和经济公平——或他们至少认为，在这个问题上挑起舆论是不明智的。在锡兰和马来亚，以及在大多数其他东南亚国家，平等问题由于存在印度人和华人等少数民族集团而复杂化了。因为对大多数人的集团来说，这些少数民族集团似乎占有特权地位。缅甸和印度尼西亚表示要采取激进计划来促进平等，但鉴于日益为甚的内外政治问题，对这种事情的兴趣也就减弱了。

政治民主的理想与社会平等和经济平等的理想密切相关。我们所说的政治民主是指一个体系。其中，当权者对人民的愿望负责，人民的愿望由普选权下的选举、独立的司法制度和保证广大范围的公民自由来表达。更大的社会和经济平等的部分吸引力在于这样一种共识：没有这种平等，政治民主就等于空中楼阁。但是，尤其在独立前的日子里，平等也经常被视为实现必然发生的社会和经济革命的基本手段。在印度，不仅尼赫鲁（Nehru）和国大党中的社会主义派别、而且其他人也都坚信，给贫苦大众投票权会导致激进改革。

从一开始，信奉政治民主就被南亚各国领导人普遍接受。他们选择的模式是从西方国家借鉴来的，而西方国家又认为这种选择不但值得赞许，而且既完全自然又完全正常——这是一个不可
124 思议的民族中心主义和缺乏历史眼光的例子。在南亚崛起之际，对于这种政治发展模式意味着什么，它是否行得通，以及它将向何处去等问题，西方国家几乎没有进行任何现实的讨论，甚至现在也很少讨论。对第一次世界大战以后中欧、东欧和南欧新生的民主国家所发生事件的回忆，可能引发了某种不安。但是，这种不安处于引而不发的状态。

下列事实几乎没有给予考虑：当西方国家处于相应的欠发达阶段时，它们的政治结构十分不同。当已达到比较高级的发展阶段时，甚至今天在西欧民主国家长大的青年人，对于在仅仅几十年前他们自己国家的选举权怎样受到限制也不清楚。在工业革命时期，一些西欧国家曾有过议会政体，以投票人选区为代表。但是它们远非现代意义上的民主政治。实际上，在高度欠发达国家，建成以普选权为基础的持久有效的政治民主，历史上还没有先例。同样，没有一个国家在受到堪与南亚各国相比的贫困与不平等之苦时，还试图实现福利国家的平等主义理想。

享有普选权的充分民主只有在经济发展的高级阶段才能成功，那时，已有较高的生活水平和识字率，存在相当多的平等机会。

这样，普选权的最终实现之日就是教育、发动民众、结社和首创精神的成功之时。在南亚地区，政治权力从来不必争取，它由居高位者施予，而不用大众去要求，缺乏源于旨在组织自己、运用新的权力以增进自身利益的刺激因素。今天，南亚各国仍然面临一个令人望而生畏的问题：怎样同化绝大多数人，使他们自认为是并以行动表现为国家建设过程中责无旁贷的参与者。

所以，南亚新独立的国家能够建立充分民主或维持民主的这种最初希望并没有充分的根据。这些国家中有四个国家仍然维持 125
着相当稳定的议会政体，其他国家则已沦为某种形式的独裁主义统治。没有一个国家出现影响深远的社会或经济改革。印度处在另一个极端，拥有建立在普选权和较多选民人数基础上的牢固的议会政体。但是，尽管这样，民众更多的还是政治的客体，而不是其主体。他们仍然是被动的和不积极的。他们并不知道他们的利益，也没有组织起来保护这些利益。他们并没有行使权力。印度的民主已证明是异常稳定的，但是这主要是停滞中的稳定。而所谓停滞，当然是指关于需要改革该国刚性的不平等结构。

锡兰的议会民主一度沿着井井有条的路线前进。但是，在20世纪50年代初期以后，它以一种无责任感的和混乱的方式运行，政治陷入民族的、语言的和宗教的感情之中，激进的民族主义猖獗起来。它之所以并未落入军事独裁之手，可能主要是因为它的军队人数较少，并且没有巴基斯坦或缅甸军队拥有的那种地位。马来亚和菲律宾是南亚地区保留了行之有效的议会政体的仅有的两个国家。但是，在马来亚，政治稳定很大程度上取决于上层马来亚人、华人民族和印度村社之间利益的带有强烈人为色彩的平衡，更大程度上取决于享有重要政治优势和特权的马来亚人，能否在更活跃和受到更好教育的华人不能忍受目前低人一等的次要政治地位之前，改善自身的社会和经济状况。菲律宾的稳定甚至更明显地依赖于高度不平等的权力结构。如果能言善辩的菲律宾人获准表达他们对民主自由和民主程序的热情，那么，或许就是因为他们还没有向操纵政治权力杠杆的地主利益集团和结成同盟的豪门寡头集团提出严峻挑战。

在南亚其他国家，由于各种原因，政治民主未能扎根，取而代
126 之的是某种形式的专制政权。上述变化通常可以用这样的理由来说明：实行政党制的政治民主不起作用、无能并且破坏民族团结。巴基斯坦民主失败的主要原因是穆斯林联盟不像印度国大党那样，并没有从思想上或其他方式准备上以议会方式处理公共问题。缅甸和印度尼西亚在试图设计一个议会政治制度时经历的许多困难，也同样归因于类似的事先未作准备。第二次世界大战后，泰国采取了西方式的议会政治，以机会主义调整来适应西方民主政治支配的国际形势。由于该国的独裁主义传统，民主深深扎根的机会很小。法国在越南、老挝和柬埔寨统治的独特性质，以及法国被迫离开的方式，几乎没有留下在这些后继政权中实现政治民主的任何希望。

从现代化和经济发展的角度看，保留民主政治形式的国家和那些走向独裁主义的国家之间的差别比实际存在的更显著。不能说一种政体已证明比另一种政体更有助于实施经济和社会改革政策。相反，南亚地区的各种政治体制在它们无能或无意着手根本

改革和实行社会纪律方面如出一辙。在这个意义上，无论实行民主还是专制，它们都是“软弱的国家”。

南亚一些国家走向专制实际上很少是由外部影响造成的。尽管南亚观察家从这些国家的经历中得出推论：没有政治民主的经济进步是可能的。并且在西方学者看来，一个一穷二白的国家没有更加专制的政府或许是不现实的；但是，在这方面，来自共产党国家的显然可见的意识形态影响却微乎其微。法国政治不稳定的补救方法是求助于军人戴高乐(de Gaulle)以恢复政府的作用，这一事实增添了人们对避开选举议会的直接统治体制的敬意。南亚并不是没有注意到法国的这种发展一开始就受到了其他西方国家 127
的普遍欢迎。

但是，国外的影响基本上不是损害南亚地区政治民主的决定性因素。南亚民主的一个根本弱点是，它是自上而下的，没有经历广大人民的任何斗争。当南亚地区的民主已经动摇或失败时，也从来不是因为人民已经组织起来捍卫自己的利益，因而迫使上层人士也采取自卫行动。换言之，南亚的政治发展格局与马克思的阶级斗争模式几乎毫不相干。民众多半依然态度冷淡，而且四分五裂。

这并不意味着人民对现状感到满意。情形远非如此，特别是在印度、巴基斯坦和菲律宾，民众极端贫困。在乡村穷人中，经常表现出怒形于色的不满。但在政治上，它是失败的，不存在个人进行有效抗议的途径。

鉴于南亚国家在试图建立真正的西方式民主中所经历的重重

困难，值得提出疑问的是：它们是否应该去重复西方发展的早期阶段呢？它们不能努力建立一个牢固的上层阶级政体，诸如西方国家在工业化时期的那样的政体吗？可以证明，在受教育、财产和收入条件限制的选举权基础上进行选举的代议制，将更有希望有效地运行并产生借助于稳定给予公民大量自由的政府。只将选举权限于有文化人范围之内可能造成一个重要差别。而且，这种制度的发展前景是显而易见的，因为选举权的逐渐扩大将自然紧随识字水平和生活水平的提高而来。

对上述问题的简短回答是，历史潮流不可逆转，因而不能使南亚地区的新国家经历西方国家的政治演化。南亚还没有任何限制
128 选举权的企图，民主观念也还没有放弃。甚至在这些理想勉强实现时，它们的影响和声望是如此之大，以至能阻止和平与稳定的上层阶级政府的产生。

一旦普选权被接受为道德原则，西欧式的准民主上层阶级政府就无法产生。从充分民主的倒退必须一走到底，必须否定每个人的选举权，或者贬低选举议会，使之变得无关紧要。只剥夺下层人民的投票权可能会被视为不"民主"，此举无异于扬恶抑善。整个趋势提供了说明思想力量的例子，即使当这种思想力量被扭曲的时候。用适当的历史眼光来看，这些独裁政府可视为这些国家没有而又不能产生政权——也就是可与工业化之初的西方国家相比的、稳定的上层阶级政体——的替代物形式。

像加亚拉卡什·纳拉扬(Jayaprakash Narayan)和前总统苏加诺(Sukarno)这样的批评家依靠的是一些殖民时代以前的浪漫的乡村民主观念。他们关于政治重建的思想，已经受到关于其人

民的相互合作和和谐的特殊天才的黄金时代神话的影响。巴基斯坦的阿尤布·汗几乎是惟一反对应用西方民主的人,他更多谈论的是人民的政治不成熟性,而较少谈到人民的"天才"。这些思想的结果是:所有的政治体制形式——"指导下的民主"、按照一致同意原则建立的政府、间接选举和直接独裁统治——都建立起来,以代替建立在有限制的选举权基础上的代议制政府。

但是,这种政体的稳定性要以存在稳定的上层社会为前提条件。在这种社会,统治阶级对自己的权力和地位满怀信心,并感到内在的安全。在印度,这种社会的基础被独立以后不久实行的反封建改革削弱了。更重要的是,它被政治民主、平等和计划等思想的传播损害了。这些思想一定程度上左右了上层统治阶级,至少扰乱了它们的自信心。

在独裁统治代替议会民主的所有情况下,武装力量都是这种 129
代替得以实现的工具。可以认为,这有一些优点。武装力量至少必须按照合理的计划行事,它们还有纪律基础。如果这些政府的军事领导人真正致力于减少阻碍进步的社会和经济不平等,那么,从现代化理想的角度看,军事独裁或许是非常可取的。但是,军队领导人往往来自特权阶级或者打算同这些阶级联姻。并且,为了有效地统治,他们总是被迫同企业、土地所有者集团以及较高级的文官联盟。这经常导致上层社会的人们采取维持现状的做法。

因而,军事独裁是否有利于发展是不确定的。人们不容易看清南亚各国政治上将走向何方。我们能肯定的是,它们现在拥有的或将要形成的民主或专制民粹主义形式从根本上说不同于西方国家处于相似历史阶段时的政治制度。我们必须又一次把南亚国家看做第三世界。

主要出于冷战的考虑,西方国家对南亚政治民主命运的反应是有顾虑的和有矛盾情绪的。在西方国家,特别是在美国,有一种普遍的担心,害怕南亚甚至所有的欠发达国家将走向共产主义。人们曾经普遍认为,如果穷国没有经历十分迅速的经济发展,如果发展的果实不是由民众享有,那么,这种事情发生的可能性很大。所以,当独裁出现时,只要它们是反共的,一些西方评论家就不愿批评它们不民主。更令人尊敬的知识阶层已经日益认识到,在南亚的现有情况下实现民主理想有巨大的困难。西方作家虽然总是说偏好民主,但一直试图对政权形式保持更中立的态度,而对从计
130 划角度看的效率更感兴趣。不过,最经常讨论的政治问题仍然是,这些国家是否正走向共产主义。

我们想说明的是,我们对关于南亚未来政治发展、特别是对那些建立在关于民众行为肤浅看法基础之上的预测的正确性持深切怀疑态度。我们强调,设想革命事件或没有革命事件并不难,正是这一点,既不符合马克思的革命理论,也不符合进一步阐明马克思革命理论中的"期望越来越高的革命"理论。例如,即使生活水平进一步恶化,印度乡村中的下层阶级完全可能仍然苟安于不平等的枷锁之中。如果他们由于某些外部影响而深感烦恼不安,阶级利益也可能取代现在复杂的利益结构,并导致民众起义,反对特权阶层。在某种情况下,当经济停滞或正在恶化时,外部力量将更有效地鼓动民众。在另外一些情况下,提高生活水平和识字率,可能

为这种来自外部的革命影响提供更好的温床。

如果“知识型”失业人数增加，这种特殊的“中产阶级”集团可能为组织民众抗议运动提供推动力。这类失业的挫折也可能只在表面上找到发泄处：无组织的示威、罢工和骚乱。在这类国家，“受过教育者”和大众之间的差距是巨大的，下等粗活受到蔑视，念书识字受到尊崇，因为这样可以从体力苦活中逃脱出来。并且，国际间的紧张关系和冲突被来自国外的共产主义宣传所利用，可能会引发有组织的造反。在某些情况下，民族主义热情可能会被用来促成革命；在另外一些情况下，尤其是深受宗教影响的时候，民族主义的吸引力可能会被用于镇压刚出现的叛乱，特别是如果反抗充满了宗教色彩。对这些无法估量的各种事件变化的反应，在不同的国家和不同的时候是不同的。

当共产主义被描绘成“一切失败后的行动”——在这个意义 131
上，据说与那些相对好过一些、对未来比较乐观的人相比，更容易赢得那些很穷而且几乎没有改善命运前景的人的心——的时候，这是一个没有得到经验和仔细分析支持的概括。从长远看，几个南亚国家对于共产主义方向更加犹豫不决。西方国家通过慷慨的援助政策也可能成功地巩固反共政权，虽然有时对民众的经济状况没产生任何有利的影响。

无论出现什么形势，原因都将是复杂的，并且几个国家可能都十分不同。贫困、不平等和缺乏发展在这一过程中没有任何预定的或明确的作用。令人遗憾的是，本当对被蹂躏的南亚民众有更多的了解并给予同情的西方作家，却认为自己必须迎合国内的反共情绪，以便有人会听其大谈建立世界各民族间更道义的团结的主张。

11 南亚的社会主义

132 当共产主义或同共产主义集团公开结盟在南亚任何地方(前法属印度支那以外)都还没有取得成功时,某种“社会主义”已成为锡兰、印度、缅甸和印度尼西亚的官方信条。社会主义思想在整个南亚其余国家实际上也往往受到尊敬。

尽管到处都在坚持社会主义,但是这个词从未有过严格的定义。其意义不仅在各国之间、而且在各国内部都大大不同,从而搅乱了公开讨论。这种混乱在较小程度上来自社会主义与“马克思主义”的联系,后者本身就是一个可以从不同角度理解的概念。因此,就出现了一种思想的妥协,在巴基斯坦和印度尼西亚的是“穆斯林社会主义”,缅甸的就是“佛教社会主义”,印度甘地派的是“萨沃得哈亚(Sardodhaya)社会主义”。经常有人宣称,社会主义理想内在于土生土长的哲学中,甚至乡村组织中。事实当然不是这么简单,从事于解释和证明本地社会主义形式的知识扭曲可能不过是文字游戏。

而且,对社会主义思想的坚持一直随时间而变化。每个国家都走过了一系列的政治历程。但是,无论事态的发展进程如何,社会主义概念已不断地用来表达一种模糊的激进诺言。选择各种措辞来指出所坚持的社会主义学说就是模糊的象征。即使在印度,这种思想讨论比南亚其他国家处于更高的知识水平，也使用了大量词藻来描绘要达到的这种具有许多不同意义的社会："社会主义社会"、"社会主义（或社会主义性质的）的社会形式"、"合作联邦"、"社会主义的合作联邦"或"无产阶级社会"，有时还补充一句：它应该"通过和平的和合法的手段"建立。 133

到处暗含的、模糊的左派倾向有一个共同的历史根源，即机警的知识分子对殖民统治的反抗。因此，它也同民族主义、特别是同平等主义思想紧紧相联。平等主义思想是亚洲民族主义的一个不可分割的组成部分。几乎在所有情况下，南亚的社会主义思想都是作为独立运动的一部分来传播的。对它的接受，不需要有列宁或霍布森（Hobson）那样高深的学问。大规模的外国投资的存在，以及控制管理部门和银行业务的外国人享有的特权，增强了对殖民主义及其资本主义的反抗。弗尼瓦尔（J.S.Furnivall）对这些影响下出现的推理思路有过令人信服的评论：

> 我认为，他们（殖民地人民）对共产主义理想有更多的同情，因为他们已看到了太多的资本主义实践。从经济个人主义来看，他们对于社会主义方向作出本能的积极反应，并非必然如此，而是对被无限制的资本主义——或者，如果你喜欢这个词——殖民主义所破坏的重新纳入社会当中的社会主义的反应，虽然也不排除是对国家控制生产、分配和交换的教科书式的社会主义的反应。

对贫困和停滞的强烈不满导致南亚国家的知识分子指责私人企业——无论是外国的还是本国的——未能促进经济进步。在这种背景下，大多数民族主义运动领导人自然不仅要求政治独立，而且要求摆脱他们所认识的殖民资本主义结构，并且寻求另一个可供选择的经济组织体制。

在马来亚、印度尼西亚等几个东南亚国家，包括锡兰在内，社会主义已受到随着不稳定状况而来的再调整过程的影响。在这种不稳定状况中，这些国家发现自己在西方霸权撤退之后，政治权力
134 掌握在本地人集团手中，而经济权力往往保留在少数外国人手里。在这些国家，有时出现了国家接收所有权和管理的要求。但是，这种"社会主义"经常只是以本地人取代少数外国人。

以印度为例，社会主义经常被等同于计划——当然是根据我们称之为现代化理想的那些假定目标来说的。无论如何，一直有人认为，没有计划社会主义就不会实现。或者，社会主义被简单地理解成达到"美好社会"。在大多数情况下，社会主义只是关于现代化思想的一个相当模糊的术语，坚持强调平等是基本的计划目标。毫无疑问，对印度许多社会主义的追随者——尤其是并不赞成国民经济结构广泛变革的那些人——来说，这就是社会主义的意义。

但是，这种公式化的说明并不是西方人在谈论亚洲社会主义时所指的那个意思。到此为止，社会主义首先意味着支持国有化，更一般地说，是支持国家所有制和国家管理较大的经济部门。

首先应该注意，在南亚经济中运用社会主义，国家所有制和管理如果被考虑的话，也只限于非常有限的国民经济领域——公用事业、现代大工业、采矿、大种植园、银行、保险，在某种程度上还有商业，特别是与外国有联系的商业。农业、手工业、小工业，无论是

现代的还是传统的，概不视为社会化的潜在目标。相反，在这些广泛的经济活动领域，所有制和管理的分散化在印度是奋斗目标，正如巴基斯坦、泰国、马来亚和菲律宾一样。在南亚，关于让这些活动留在私有部门，支持个人企业家的政策取得了一致看法，就像关于需要合作，一切都包括在“民主计划”之下存在一致看法一样。惟一的区别是，在声称信奉社会主义的国家里，这些政策被假定是社会主义的。

另一方面，在南亚，同样取得一致同意的看法是，公用事业一 135
般应属于国有，但是，只有在社会主义国家这一政策路线才称为社会主义。自独立以来，南亚建立的金融机构多半是国有的。为了能有独立的货币和投资供应——这些货币和投资供应能够被加以管制以便为其发展目标服务，南亚地区每个国家都建立了中央银行。但是，所有国家也扩大了从前殖民者手中继承下来的私人银行体系。在整个南亚地区，由于建立了国家进出口机构，政府对贸易和商业也频繁地进行干预。这种对商业与企业的干涉经常是由对外国人，特别是对华人和印裔经纪人的偏见促成的。在某种程度上，华人和印裔经纪人存在于所有的东南亚国家。并且，在南亚地区大部分地方，国家实际上被迫接管了主要食品供应项目，因为除了缅甸和泰国以外，通常存在着食品供应缺口。因此，有许多不同的与社会主义无关的动机促使国家在贸易活动中承担了更多的责任。

即使存在上述那些活动，在南亚大多数国家中，社会主义问题并没有出现在关于经济的最大规模部分的讨论中，并且和这种讨论无关。剩下来的是现代大工业，其中包括采矿，林业和种植园。

大制造业仍然是南亚经济中非常小的部门，即使在印度也是如此。不过，在社会主义讨论中赋予大工业以特别的重要性有两个原因：第一，如果该地区一些国家，尤其是人口众多且增长迅速的最穷国家，在执行发展计划中要有任何成功的希望的话，更大部分的劳动力最终必须在农业之外的部门就业。如果大工业能够最大限度地受到国家经营的促进，这将成为扩大政府干预的一个确凿论据。第二，某些类型的大工业被认为是“基本的”，通常具有的含义是，它们使更多的工业企业——“基本的”或“非基本的”——成为可能。那么，在计划中，对政府来说，它们就相当于影响经济发展速
136 度和方向的工具。在整个南亚，除了马来亚以外，已经出现了以某种形式组织国有工业的尝试。

政府干预工业的问题在任何地方都被假定是至关重要的。对这个问题的答案恐怕将标明一国走向激进主义还是保守主义的路线。人们所能进行的选择被认为是自由的，这取决于政府是决定走向“社会主义”还是走向“自由企业”社会。南亚国家独立以后能够以三种方式进行工业国有化。它们能够：

(1)继承公共部门中的企业；

(2)将私人企业国有化；

(3)建立新的国有工业企业。

南亚各国除了少数例外，在公共部门中，从前殖民政权手中几乎没有继承什么工业企业(泰国从未被占领为殖民地)。

对南亚地区私人拥有的工业企业的国有化至今触动的还仅仅是外国人拥有的那些企业。在缅甸，这种情况已经发生了。该国

大型采掘业曾为外国公司占有。印度尼西亚也是如此。但是，在后者，这是以一种模糊的方式进行的，这种方式就是多半企业让外国人控制管理，或者作为大体上与社会主义无关的政治措施；在一些情况下，所接管的企业已被退回。

在公共部门正在扩大的三个国家中，印度已经宣布，促进公共大型工业是其社会主义政策的一部分；但是巴基斯坦和菲律宾是正式的自由企业经济。在后两个国家，国家经营工业立足于两个理由：缺乏足够能干的私人企业，以及通过增加稀缺物品的供应和创造外部经济来增进私人企业利益——就像国有公用事业一样。但是，印度也提出了同样的理由，一般是作为它打算称为社会主义的政策论据而提出来的。

只有在一个方面，印度能被认为比巴基斯坦和菲律宾更信奉社会主义：后两个国家认为政府经营仅仅是过渡性的，它们已宣布，而且打算只要有可能就把国有企业转变为私有企业。它们已 137
经部分地实现了这种想法。

鉴于前文所述，似乎有充分的理由淡化处理将公共部门与私人部门之分视为社会主义与自由企业之间意识形态选择的这种问题。在南亚各国，经济政策与产业发展成就方面的差别与其思想体系并没有密切联系。

当西方学者推测印度是否将允许许多私人企业存在时，他们关心的是将来的行动而不是现在的政策。印度私人企业界有时表达的忧虑基本上也是这样。就本身而言，关于发展中社会主义经济的官方政策宣言中几乎没有提供这种担心存在的基础。自独立后长期以来，这种宣言和看法在印度多如牛毛。虽然政策宣言已倾向于更加激进，但是，实际政策却已允许私人企业更多地进入为政府保留的部门。印度最近的困难及其对外援依赖的增加必然呈现为这种趋势的强化。

公共工业部门较高的投资增长率不应该引起人们对私人工业企业前途的担心，只要这些投资集中于重工业。广义地说，它们像公用事业投资一样，可视为对私人企业的促进因素。害怕这种公共部门将加强政府控制私人企业的权力也是不现实的。首先，其增长在克服稀缺性的范围之内是自由化的，并且，一旦控制了铁、钢和其他重工业产品，政府就不怎么需要控制其他产品的生产了，因而可以为私人企业提供更多的机会。最后，政治趋向于保守，这个事实也应该抚慰私人企业的担忧。

有两件事我们可以肯定：第一，尤其是在印度，现有的行为格局产生了它自身的势头，并形成对突变的相当大的抵制作用。第
138 二，已确立的社会主义思想及其实际解释将继续影响将来的发展。不过，思想见解普遍被赋予过度的重要性。因此，巴基斯坦的私人企业前途在该国和在西方国家，受到更少的怀疑或讨论，尽管巴基斯坦将来的路线可能比印度更不确定，因为政治生活模式在巴基斯坦几乎没有像印度那样建立起来。但是，必须再次指出，对南亚任何国家政策方向的预测都是极端冒险的。

12 民主计划

“民主计划”(democratic planning)是在南亚国家流行的一个 139
词语。它有多重含义，其中最主要的含义有两点：第一，推行“民主计划”意味着制定计划和用计划协调政策不但要取得公众的支持，而且在准备和执行计划的过程中应该有他们的积极参与。第二，广泛推行“民主计划”意味着这种大众参与和合作应当是自愿的，因而国家的各种政策能够在没有严密地组织或强迫的情况下得到贯彻执行。在通常的讨论中，这两种含义一般是同时兼有，并且它们和我们在第9章谈到的其他思想观念交织在一起。

要求大众参与的道理很简单。抽象地说，经济发展最终要求人们思考、认识和行动的方式发生改变。就单个的个人来说，他们将必须改变对于生活和工作的态度；特别是他们将必须更努力、更有效率地工作，把他们的才智投入到更有生产性的用途中去。就集体而言，为了使社会进步，从而改善他们的生活和工作条件，他们将必须更多地合作。这种理论的背后想必是这样一种信念：一旦大众认识到他们的悲惨状况，并被告之如何通过国家政策来改善其处境时，他们将作出积极的反应，支持采取这些政策并参与贯彻这些政策。要求大众参与是“民主计划”的宗旨。“分散化”这个词语常常当做“民主计划”的同义词来使用，它尤其是指在一个国家的单位组织内部实行政治自治。其基本思想是:在同一地区或地方的人民中间,或者在同一行业或职业的人民中间进行有组织的合作。

这种合作在大型私人企业中常常是容易做到的。但是,民主
140 计划的要旨被认为是努力促进那些差不多还属于私人部门的农业、手工业和小型企业中的合作。其中的主要理由是:在一个国家内部,每个地方的人都会为共同的利益进行合作。只有在这种情况下,计划才会真正成为民主计划。

但是,如果接受上述的说法,我们又面临着若干悖论(dilemmas)。第一个悖论是:由于受贫困和传统的束缚,大众也许难以理解或难以接受发展计划的理性主义思想(更不消说通常是隐含的更多平等的要求)。一位非常同情南亚人的希望的西方作家莫里斯·津金(Maurice Zinkin)在他的《自由亚洲的发展》一书中写道:“(民主政治家的)困难,在亚洲大多数国家,恰好就是全体选民的愿望与偏见阻碍了发展道路。他们喜欢社会静止不变,喜欢手艺受到保护,喜欢孩子没有文化,喜欢猪不被吃掉,喜欢牛永远活着,喜欢再生产不受控制。阻碍亚洲国家发展的偏见、信念和观念的清单(实际上在西方国家也是如此)是无限长的。”这段文字是他在好久以前写的,其措辞是严厉的。

在一定程度上,计划者认识到了这个困难,并且特别强调通过民众参与计划来教育他们。在这方面,计划者往往对这个问题的难度和解决这个问题所需的时间过于乐观。不过,如果没有这种乐观倾向,民主计划的思想意识就将崩溃。按照这种思想意识,计划应当在人民的支持下制定,并且通过他们愿意参与和合作来贯

彻执行。但是,计划不能等待支持。这种支持本身是由计划的教育过程所形成的。

第二个悖论是:一般认为,民主计划应当在民众的利益方面创造更大的平等。据认为,经济和社会平等会保证民众自觉自愿地支持计划,因而无需强迫,计划也能被贯彻执行。但是,政府代表机构左右着计划的拟订和执行,而选举这些机构的权力掌握在特权集团手里。因此,为了获得更大平等导致了大范围的失败。我 141
们稍后再来讨论这些悖论。

一般认为,实现民主计划的实际途径是通过各种方式在多数领域建立制度化的合作(institutionalized cooperation)。这里的"合作"一词含义非常广泛,它包括许多不同的并且经常是交叉重叠的制度安排——从地方和区域自治机构到信用与其他合作社,村社发展方案,农业分支机构,工会,等等。

这些思想和方案主要是在西方意识形态的影响下形成的。实际上,殖民政府曾经试图促进合作社的发展,甚至试图建立地方和区域自治,即便是村社发展也不全是一种新思想。不过,要求在它们的国家或地区建立合作社和乡村自治是一种古老的传统,这一点在南亚各国是共同的。这些思想重复了黄金时代神话的幻想,虽然这些思想包含有真理成分。因为每一个不发达的、非市场的经济总有某种类型的和某种程度的合作和地方自治,无论这些合作和地方自治怎样不同于南亚各国现在试图引入的基本制度类型。

在西方国家,尤其是在南亚领导人希望模仿的那些国家,高度发达的地方政府结构加上促进各个集团共同利益的准公共组织和准私人组织，在社会基层的压力下——这些压力常常是反对用来压迫它们的国家权力——已经发展壮大了。至于地方自治和省级自治，那是西方国家建立其上的、并且不断完善的，已为大众广泛接受的一种制度模式。

但是，南亚各国为了动员广大民众支持计划和发展，亟待需要建立现代国家的基础结构。它们不能等待这种基础结构在社会基层自发地出现。实际上，如果现代国家的基础结构不能通过国家干预产生，那么就几乎没有任何发展的希望，这种发展或许在以后能够产生适当的自发反应。除了通过政府政策创造出制度的基础结构，以及通过国家干预促进这种基础结构成长之外，别无他途。
142 这就提出了一个极其重要的问题：民主计划的思想不是一个松懈全国努力的幻想吗？这是严重的问题，还有一些同样严重的其他问题。

在共产党国家，革命胜利以后，制度的基础结构通过政治命令创造出来了。这种基础结构曾经是、现在仍然是主要用来从中央到地方和各部门传达命令。正如我们在第 9 章指出的，南亚国家的计划思想在某些方面更接近苏联的计划思想，但是南亚各国政府并没有创造出极权主义的、坚如磐石的国家。然而，制度的基础结构必须通过国家干预创造出来，否则，它就不能发展。那么，重要的是，这种基础结构一旦创造出来，它是否会流行起来，并且自身是否有进一步发展的生命力呢？民主计划的希望就在于此。

即便在制度的基础结构方面，南亚欠发达国家也注定成为计划的第三世界。它既不同于西方的模式，也不同于苏联的模式，这一点是显而易见的。

在试图创造这样一种制度的基础结构过程中，印度在计划和制定规划这两方面都一直处于领先地位。公众围绕这些努力进行辩论的水平和深度一直很高，并且印度也对计划执行的结果、特别是对乡村发展规划进行了最深入的评价分析。

印度从一开始就强调它称之为全国范围的服务和村社发展，这是一种旨在提高生产率和生活水平、改善农村人口的工作和生活态度的综合性努力。村社发展规划是用巨大的热情和怀有迅速成功的期望制定出来的。但是，许多由不同的机构所作的评估研究早就指出，这些期望总的来说过于乐观。印度大多数农村的变化并不大。

为了促进合作，印度致力于发展信用合作社——这种努力早在殖民时代就开始了。这些合作社的数量已经大幅度增加，它们提供的资金在总资金中所占的比例已经从3%上升到20%以上。不过，乡村仍然处在放债者的控制之下，合作社运动遭受着与殖民 143
时代一样的病痛。多数合作社基本上是名存实亡。其他许多合作社并不是真正的合作社，它们并没有从合作社成员那里筹到钱，它们主要是作为借贷资金的出纳代理机构在发挥作用。多数合作社无力偿还债务，其管理常常是腐败无效率的。印度的计划部门也鼓励合作社运动进入其他领域。但是，“多重目标的合作社”，特别是农业合作社，存在着与信用合作社同样的缺陷，这些合作社取得的成功甚至更小。

最近几年，印度强调为地方自治提供法律基础。从乡村行政委员会开始，到地区一级的由地方选举出来的议会的三级金字塔建立起来了。人们希望这些制度对计划及其执行、地方的日常行政管理和税收承担越来越大的责任。然而，这些乡村行政委员会尚未对民主计划目标的实现作出多少贡献。

总之，印度制定的旨在实现民主计划的政策真正是无所不包。但是，对这项工作重要性的评价绝不能让观察者对问题固有的严重性视而不见。首先，鉴于初始状况，希望这些民主计划的努力取得迅速进展是不现实的。不过，事实上，当潜在的失败危险很大时，迅速变革如同变革难以实现同样重要。不幸的是，这不过是印度和其他南亚国家在努力实现其民主计划的过程中所面临的几个悖论之一。

第二个悖论与规划的范围有关，特别是表面上包括整个国家的规划是否比专攻几个地区的规划更好。在印度，后者可能会保证某些地区获得更快的发展，但是大多数地区会停滞不前。

第三个悖论涉及生活方面，这是乡村发展规划主要关注的问
144 题。最近，迫切需要更多的农产品使人们普遍赞同把提高农业生产率作为首要任务。但是，由于生产率低是与教育、卫生状况以及观念联系在一起的，所以，这种当前流行的观点可能将被证明是错误的。

简单的事实是，印度急需通过改变一切不良状况促进广大农村获得迅速发展。对于一个高度欠发达的国家来说，发展计划集中于现在发展的某些方面或集中于几个地区，以及满足于慢慢发展，都是不恰当的。印度的劳动力现在每年大约增加 2.5%，如果

不想扩大城市贫民窟和贫穷的城镇的话，这些劳动力必须留在农村。

印度的经济学家最初在制定计划时，选择村庄作为他们建立发展模型的最基本的单位。他们的信心是基于这样一种信念：在村庄中存在着一种村社感情的遗风。他们认为村民们对其所在地区的问题有清楚的认识，并且在相互交往中比西方人更有社会精神。还有一个更值得怀疑的假设：在村民之间存在着真正一致的利益。

但是，实际上，印度农村发展规划一直试图实现的自治和合作的类型明显背离了过去或现在的实际和观念。新的规划试图引导村民成为理性的人，让他们寻求变革和改善；而传统的自治和合作充其量是维护现存的关系。

印度村庄是不平等、利益冲突和抵制变革的堡垒——所有这些都是由停滞造成的，并且反过来又加剧了停滞。这种停滞是民主计划的政策必须克服的。然而，把村庄看做是利益一致的一个单位的浪漫观念如此之强，以至于印度学者中几乎没有人敢于对它提出挑战，甚至没有人对这种观念有效性的依据提出挑战。村庄是否应当作为基本单位予以保留肯定是值得怀疑的。或许从一开始就把村庄合并为更大的单位才能把要求变革的力量动员起来。

民主计划背后的基本思想是，它应当是一种“由下而上制定出来的”计划，而且应当通过人民的自愿参与和合作把计划变成现 145
实。英国的计划就是因为不愿意或不能够谋取人民的全心全意参与而经常受到批评。人们相信,独立的印度会开辟一条新的道路。因此这就产生了悖论。因为在停滞的南亚乡村,这种自愿参与不会像西欧那样自动地出现。赤贫和人口高速增长排除了渐进发展的可能性;而选择快速发展又完全无法发展,甚至还倒退。

当然,为了帮助建立乡村领导机构,国家必须干预。但问题是,这是否会像一场真正的民众运动一样激发出自治的力量。在参与创建那些会改善生活状况的新制度的过程中,政府并不希望人民随心所欲,而是要人民跟随政府制定的行动路线。这就意味着一场巨变以及强调自愿参与只能使问题更为棘手。实现这种社会和经济革命的工具必然是行政机关,它必须加以扩大、训练和重新定向。既然这些政府没有像某些国家那样有狂热的和守纪律的政党干部,这一要求就尤其正确。因此,自治和合作不应当是“自上而下”的,而应当根据人民的意愿产生。这种人们经常反复强调的思维定势很大程度上是自欺欺人的;沉湎于这种欺人之谈不大可能使乡村发展计划合理有效。

南亚许多自治组织主要是按照西方的模式建立起来的,建立这些组织的目的是让它们成为人民维护自身权利的工具,印度的自治组织尤其是这样。但是,这些组织通常由中央政府委派的官员来管理。工会的情况就是如此。在南亚各国,主要是在大规模的产业和种植园中设立工会制度,至于把农业工人组织起来还没有列入议事日程。在一些国家,政府领导人已作出努力,在劳资斗争中帮助力量弱小一方的工人,特别是在资方受外国人控制的情
146 况下。另一方面,一直存在着这种看法,即罢工这种劳资谈判的撒手锏会阻碍经济发展。结果,经常口头上为独立的和有自己主张

的工会这种西方思想高唱赞歌，而实际上政府的努力却转向通过调解和仲裁迫使工会限制工资并进行合作，这就使得南亚国家的大多数工会在意识形态上几乎与苏联的工会没有什么区别。

但是，创造自治、合作和民众参与的机构而不改变基本的社会和经济结构的所有这些努力本质上都企图回避平等问题。回避平等问题的企图很大程度上导致了改革政策的失败。我们在这里把这个问题作为一个悖论提出来——实际上，这是民主计划思想和政策的基本悖论——因为在印度和其他南亚国家的政治和社会状况既定的情况下，人们很难理解一种造成很大差距的政策怎么会被贯彻执行。

在印度，多数信仰甘地思想的领导人坦率地承认在乡村中存在着普遍的不平等。他们甚至认为需要进行一场废除种姓等级制度和土地私有制的彻底革命。但是他们却主张不采取强制手段来实现这种革命。尼赫鲁认识到了这种思路的弱点。他认为，不是要真正变革社会秩序，而是要把重点放在现行制度内的博爱和仁慈上面，既得利益则保持不变，不论现有的利益格局如何。

在讨论乡村发展和民主计划的实际措施时，人们经常强调自治和合作制度应当包括所有的乡村成员。他们希望民主过程的结果是使社会对穷人和弱者给予特别的关注；特权阶层失去特权，并与没有特权的阶层进行真正的民主合作。这种思想可以说是印度的官方信念。当人民能够被组织在一起共同工作时，这种思想得到甘地的非暴力社会变革的信仰的支持。但是，在官方讨论中，有人公开对这种思想表示怀疑。加德吉尔(D. R. Gadgil)在他的《经 147

济政策与发展》一书中，把这种甘地主义说成“不过是信仰复兴精神”。他认为，甘地思路的失败“主要在于没有认识到在进行新的社会调整组合之前，需要彻底废除旧的制度和阶级格局”。

在印度特定的思想状况下，政治家和知识分子精英不难提出要求更多的平等和废除乡村不公正的响亮口号。但是，提出这种口号的那些人没有几个支持实现这些理想的实际措施。由上层指导发展与他们的理想背道而驰。但是，正如理查德·本迪克思(Richard Bendix)在《发展中的政治社会中的政府：印度案例》一书中所说的，村民们被要求现在而不是将来进行合作，“而现在，他们牢牢地被严重的经济不平等和严密的村社联盟分离着。事实上，‘民众’并不具备实现全乡村范围内的团结和组织的能力，只有在乡村社会状况得到转变时，这种组织才有可能在遥远的将来出现。”

下面这个事实更为重要：乡村发展措施本身主要是给那些生活状况较好的人而不是给大多数人带来好处。虽然这种趋势与目标相反，但是，如果在此之前或与此同时没有采取措施、打破阻挠实现更大平等的现行制度的障碍的话，那么在不平等社会推行发展政策就自然甚至需要出现这种趋势。整个行政管理制度促成了这些趋势。

行政制度本身具有强烈的等级制度再生性，再多的说教也改变不了，至少不会迅速地改变这种制度。福特基金会的道格拉斯·爱英斯明格(Douglas Ensminger)是一位在致力于印度村社发展中起着主要作用的美国专家，他警告制定规划的文职官员不要有等级制度观念。他抱怨说：“人们常常把乡村工人看做并当做低级仆人，而不是当做合作者，”“行政等级内现行的等级制度是实现村社规划的主要障碍。”

人们也经常抱怨多数行政官员不是由社会低层晋升上来的社会障碍和偏见。但是，仅仅通过观察行政官员本身的行动和态度 148
不能对这种失败作出充分的解释。即使他最富有献身精神并且是精力旺盛的人，能够真正指望他深入乡村唤醒贱民反抗剥削吗？毫无疑问他会被逐出乡村，最好的结局是由于不能胜任而被免职。他不是代表政府去发动一场革命，而是去办一些实际事务。为了做到这一点，他自然要同有产阶级和统治阶级打交道。他可以和他们在一起共事，他们也愿意容纳他，因为他们会从他的努力中得到许多利益。最低阶层的人把他看做仅仅是政府的代理人，绝不是他们中的一分子，这同样是顺理成章的。这种情况的必然性说明了贫穷的村民被排斥在发展规划之外的原因——除非他们作为潜在的志愿劳动者和几个小钱的接受者。它也说明了为什么这些后果这样微不足道并持续存在。大规模的迅速发展特别需要经济上落后的集团有自己的抱负，但是现有的政治、社会和经济背景并没有促成这种变革。

面对这种悖论，西方观察家的心情非常矛盾。他们之所以赞成村社发展规划，部分原因是他们支持其保守的、基本上是反共的势力。然而他们也经常感到，保守力量过于强大，要避免革命，南亚国家必须改革不平等的乡村结构。他们后悔在土地改革和租佃保护方面进展太小。然而，对这个问题提出的关键性批评少得可怜，在讨论村社发展规划时平等问题被故意回避了。显而易见的是，在大多数讨论民主计划各种方案的著作中，外交问题一直是主要内容。

“自愿”的悖论是由于普遍混淆了这个词语三种不同的含义而常常弄得模糊不清。

第一种含义是：民主计划需要人民的参与和主动精神，这种参与和主动精神不是在遥远的将来，而是尽可能早地在为自治和合作创建新制度的过程中出现。从根本上说，计划问题就是如何引
149 导人民在改善那些导致一个国家欠发达的不太令人满意的状况过程中进行参与和合作。

第二种含义是：整个计划和发展过程应该在民主政治结构中进行。南亚各国，甚至那些已经废除了各种形式的政治民主的国家，也自称其制度在下列意义上是“民主的”：这种制度符合人民的需要与愿望。

第三种含义是：应当依靠说服和调解而不是强制来寻求人民的参与和合作。印度显然是依靠前一种选择。在某种程度上，这种选择对外国观察家来说似乎都是异乎寻常的，无论这些观察家是西方国家的还是共产党国家的。南亚其他国家也作出了类似选择。所有这些方面都被严重地疏忽了，政府政策总是用胡萝卜而不是大棒来行事。

可以看出，这种偏好在逻辑上或事实上都与其他两种含义不同。它显然与政治民主不吻合。所有这些国家没有让公民承担多少义务，甚至强制推行比西方民主更无效的东西。这种避免强制当然不合乎“自愿”的第一种含义。这种放弃建立和执行规则而不是促进合作，助长了大众的玩世不恭和漠不关心。如果他们认识

到政府不能带来更大的平等,情况就特别如此。

真正的并且非常棘手的悖论是:如果没有严格的社会纪律,南 150
亚国家几乎没有迅速发展的希望。而这种悖论却被自愿理想的模糊言词所掩盖着。其一,如果没有严格的纪律——而没有强制支持的管制,纪律就不会出现——一切关于乡村发展的举措将大都无效。大体上说,在一个国家能够达到的政治民主程度的结构内,纪律就会发挥作用;其二,没有什么东西比缺乏纪律更危及民主的了。但是,南亚国家的政治和社会状况阻碍了制定赋予更多责任的法规,甚至制定了法律,也不容易得到执行。

然而,无论是形成本地区思想意识的知识分子精英还是外部观察者,辨清概念,避免用不切实际的、混乱的措辞掩盖真正的困难,这应当是可以做到的。按照如何通过政府政策有目的地、逐渐地消除有效改革的限制和障碍,以及在最理想的情况下,如何完成改革而不放弃公认的民主思想的基本信念这些结论,这样做具有实践意义。

上述几个悖论是有内在联系的。它们都源于自愿悖论,这个悖论反过来用我们称之为“软弱的国家”的社会状况的复杂性来加以解释。我们把南亚国家说成是“软弱的国家”,其含义是,在整个南亚地区,政府对公民提出的要求出奇地少,即便是那些无法回避的义务,也没有得到完全履行。这种低水平的社会纪律是今天的南亚国家和发展初期的西方国家之间最根本的差别之一。

人们有理由相信,南亚国家在前殖民时期有类似于西方中世纪和中世纪以前时期的义务制度。在南亚国家,这些义务体系保

151 证了道路、运河和其他村社设施的存在。在西方国家,用来保证义务所需的村社纪律和保护性纪律年复一年稳步加强;今天,每一个人,无论是穷人还是富人,都同样受到社会控制制度的约束。南亚国家还没有发生脱离原始的、静止的乡村组织这样一种类似的演化过程。而殖民主义制度通常促使古老的乡村组织衰败,而不会创造出另一种形式的乡村组织。在印度,甘地创建了一种不合作的哲学和政治策略理论。在那些没有甘地式人物甚至没有大规模自由运动的南亚国家,不服从和不合作不过是对强加给他们的殖民权力结构的一种自然反抗和抵制。其遗产是一套无政府主义态度。这种态度怀有从反殖民权力过程中演化而来的思想和感情力量。在新近独立的国家,这种态度现在转过来反对他们自己的政府。

从西方人的观点来看,解决普遍的、严重的无纪律的有效办法似乎是政府应当尽快建立一种合理的社会规则体系,并加以监督,使它们真正得到贯彻执行。确实,这好像是发展计划的最重要的内容。然而,有许多原因使这种说法不适用南亚国家。首先,南亚各国有一种历史遗产,这就是殖民主义制度造成的反抗政府的态度,这种态度并没有随着民族独立而消失。建立"强大的国家"不但受到这种态度和乡村制度的阻碍,而且受到统治者的阻碍。而且,南亚国家没有一个行政当局准备采用新的规则,即使这些规则并不具有革命的意义。早在殖民时代就在社会较低层盛行的腐败正在蔓延泛滥,它使中央政府的命令大打折扣。

在这些阻碍因素中也存在一种重要的意识形态成分。南亚新独立的国家普遍接受了西方民主福利国家和共产党国家的平等主义思想。为了被剥削阶层的利益进行的改革大多是在立法和司法两个层次上受挫，这个事实必定正好促使那些热衷于献身平等主 152
义理想的政府成员和知识分子精英慎重选择穷苦大众要求实施的措施。

然而，毫无疑问，如果没有一切阶层乃至乡村的社会纪律的加强，要促成迅速的发展是极端困难的。因此，所有的计划都不提及这个问题是令人不安的。即使在印度，计划已经引起越来越多的人的关注，一系列计划确实考虑到了这类各种各样的相关问题，但是人们还得非常严密地审视计划，以便找到需要给村民规定义务的一些依据；就是这些依据也不是令人信服地提出来的，并且没有得到贯彻执行。总的来说，强化纪律的要求在公众讨论中被回避了——实际上比在甘地时代回避得更多，因为甘地常常责备人民懒惰、邋遢以及普遍缺乏秩序。而今天的总体格局是祈求一种新社会“精神”。

13 私人部门的经营管制

153 过去,南亚各国为发展而推出的计划是作为财政计划来制定的。许多计划确实包含呼吁立法或行政措施的内容。这种立法或行政措施可望改善公用事业,实行土地改革,支持生育控制,或对构成社会框架的态度和制度进行其他重大结构变革。但是,由于这些变革与公共支出的联系只是偶然性的,而且不管怎样,只考虑了成本而没有考虑收益,因此,它们实际上并没有纳入计划主体。

此外,还有我们称之为对私人部门"经营管制"的整个体系。我们把政府为影响人们某个特定方面的经济行为所采取的所有短期政策措施都包括在这一体系内。即使经营管制与长期改革有相似之处,它也不同于长期改革,因为经营管制是政策手段。为了保证经济年年月月持续发展,在变革的前提下尽可能与计划的目标保持一致,有必要合理利用这些政策手段。

虽然各种旨在引导制度和态度发生根本变革的政策常常在计划中加以充分讨论——即使这些政策没有合理地结合起来,但是经营管制及其应当采取的方式通常一字不提,甚至对利率和其他信贷条件、国有企业应对其物品和劳务收取的价格、价格管制、配给、私人经营和投资许可这类最重要的问题,也几乎或根本没有给予重视。特别是关于怎样实现控制的合理协调,从而使各种控制手段共同指导实现计划的发展工作这个关键问题，计划对此只字未提。这意味着计划是不可“实施的”。控制并非真正是事先计划好的，而是不得不以特别方式临时应付。几种控制视为可互相交 154
替，或者一种控制使其他控制成为必不可少的，从这个意义上来说，我们当然没有把控制作为一个体系来分析。从计划的观点看，这个问题自始至终应视为所有各种控制对发展的全部影响。

我们把经营管制分为两大类：积极的和消极的。积极控制旨在刺激、鼓励、促进和诱导生产、投资或消费。这类控制包括：旨在阐明商业形势和鼓励投资的教育运动；以优惠条件向私人部门提供技术帮助、补贴、免税期和信贷；国有企业产品按管制价格分配；实行进口管制和保护外汇储备。相反，消极控制指的是靠威慑手段妨碍或限制生产；对股票发行、投资和生产进行行政限制；拒绝提供外汇；对生产品和消费品实行配给；征收消费税等等。

尽管在一般的用法中“控制”一词具有消极的含义，但是由于缺乏更确切的词，我们还是坚持用它来描述一个国家经济生活中所有经营方面的国家干预。这里，要记住的比较实质性的限定性条件是，控制往往既是消极的也是积极的。例如，国家对外汇分配和进口的管制对某些进口商来说是消极控制，而对其他进口商来说是积极控制。这在保护国内生产者免受外国竞争方面当然通常是积极控制。

两种控制的另一个区别与其如何实施有关。如果其实施涉及行政当局所作的个别决策，那么，它们就称为相机抉择性控制。但是，如果根据一条特定规则自动实施，或者依靠价格控制、关税或给予某一行业补贴而又不致在公司之间造成厚此薄彼的歧视现象，那么，控制就被定为非相机抉择性控制。这个区别大体上与许多关于这个论题的著作中描述的“直接”或“有形”控制与“间接”控
155 制之间的区别相同。有时，基本管理规定十分明确具体，如果严格执行，根本就没有相机抉择的余地。但是，这种情况在南亚实不多见，只要行政机关一插手，一般总是有相机抉择的机会，因而也就有歧视的可能。

同西方发达国家相比，南亚国家——由于存在一些重大差别——十分严重地依赖相机抉择的行政控制，与自动实施非相机抉择控制恰恰相反。但是，由于南亚缺少德才兼备的行政管理人员，相机抉择控制因而格外难以适当有效地实施，对它们的依赖就比较危险，甚至道义上的信赖也是这样。考虑到这一点，我们得出这个价值前提：总的来说，最大限度地运用非相机抉择控制是可取的。

南亚计划中经常有笼统的阐述，赞成自动实施非相机抉择控制，通常是借助于影响价格机制的政策措施。然而，实际做法十分不同，计划者显然把运用行政相机抉择控制当做标准程序，实际上是将其视为计划的精髓。特别是，你会发现，南亚具有较激进倾向的经济学家和政治家们认为，政府动辄使用相机抉择控制的行为特别具有“社会主义”特性。这种思想混乱在许多西方作家的笔下得到了反映，他们在南亚多如牛毛的行政相机抉择控制中发现了社会主义、甚至是“马克思主义”思想转变的迹象。商业界对政府干涉商业不断提出强烈批评，但这种批评又出奇地保持了克制，并且显然并不是为了引起重视。其原因是，商业界特别是大企业基本上非常支持实际采用的相机抉择控制体系。

首先,我们谈一谈南亚经济中最大的部门——农业部门中的控制。独立后,新政府发现其农业部门中规范的市场很薄弱,甚至 156
不存在,非相机抉择的价格控制很少奏效,甚至不适用。农业部门还存在家长制和独裁主义的遗风,农民希望由官方出面组织和指导他们的活动。但是同时,他们也表现了与生俱来的敢怒不敢言的反抗倾向。还有日久养成的习惯:尽量逃避惩罚。殖民时代,西方官员习惯于把村民看做是无秩序的、懒惰的、没有抱负的孩童,必须加以照顾管理,同时又不过多介入,尤其是不卷入社会问题。相机抉择的行政控制是由这些官员及其下属直接实施的。

接替西方官员的土生土长的政治家自然要步其后尘。新政府接管的国家是"软弱的国家",这在乡村地区和农业方面尤为如此。在这种情况下,其含义是:独立政府发现自己甚至比殖民政府受到更多的限制,无法实施非相机抉择的控制。

但是,土生土长的政治领导人上台执政隐含着非常巨大的差别。他们和该地区的全体知识分子精英共同致力于推动预示着根本变革的发展。鉴于乡村地区的条件,政府感到不得不对村社生活施加更多的影响。由于缺乏有效的市场,而且价格刺激注定依旧微弱,如果要发挥这种影响,相机抉择的行政控制就是必不可少的。所有南亚国家都回避了对任何阶层的村民都规定明确责任的消极控制。这意味着.乡村进步政策必须限于积极的相机抉择控制。合作社和自治组织成为提供包括从指导到各种补助的积极诱导的工具。在前一章,我们已经讨论了这些政策措施,并指出了在没有土地所有制和租佃结构变化的情况下,这些政策措施怎样倾

157 向有利于村庄不太穷的人，因而加剧了乡村地区的不平等。

积极的相机抉择控制，特别是各种形式的补贴，还有另一个效果。随着控制增加，监督行政官员的需要增加了，因而对监督者监督的需要也增加了。僵化教条、繁文缛节和官僚主义容易成为计划和改革的标志。毫无疑问，由于需要甚至更多的歧视性抉择，农业部门中日益增加的大量积极相机抉择控制，往往降低行政管理的效率和公正性。无能和腐败又必然容易毒害通过地方参与合作和自治机构来促进民主计划的运动精神。这着实是一个不可能以理想方式解决的困境。当态度和制度陈旧，而更多的根本性制度改革由于政治原因无法实现时，借助价格政策和其他自动实施的非相机抉择控制执行发展政策，几乎寸步难行。消极控制是难以实行的，因为它们也缺乏政治和心理后盾。

有关南亚经营管制及其实施的大多数讨论都集中在现代工业部门。这个小部门中的企业，无论是私人还是政府所有和管理，像殖民时代一样，往往都是更大的传统经济中的飞地。其劳动供给或其他生产要素的供给，以及产品的需求都不是在完善的市场那样的条件下运行的。它们也往往保留了传统制造业的许多特征。因此，裙带风和"关系"起了很大作用。不过，就是在这个现代部门即通常所谓的"有组织的"部门中，价格政策和其他非相机抉择控制可望比较有效。我们假定计划者和政府会充分利用这个机会，因为它将最大限度地降低相机抉择式的国家干预需求，以实现计划目标。然而，事实是，即使在这个部门，相机抉择的行政控制也发挥到了极致。

在第二次世界大战期间以及战后初期，所有西方国家都被迫对初级产品和价格实行管制，并用配给、许可证等手段来支撑这种管制。拥有殖民领地的西方国家在殖民地也采用了同样的管制。因此，战后上台的独立政府往往继承了它们的大部分相机抉择控制；无论如何，西方战时的管制为它们提供了模仿和进一步发展的模式。总的来说，西方国家都试图尽快地停止这种管制。 158

但是，在低弹性的南亚经济中，对相机抉择控制的需要仍然大得多，且更持久。即使在有组织的部门中，市场条件仍然需要政府经常采取相机抉择控制，其程度大大超过了西方国家认为的必要程度。因而，这种类比表明了南亚实行的控制体系的基本原理。其基本理由是：首先是该地区的贫困和欠发达——这反映在一国经济中商业企业的传统性质之中。其中，瓶颈和过剩比供求平衡更为寻常。其次是对促进和指导发展的兴趣。但对相机抉择控制的依赖到了已经实际应用它们的程度，这不能认为是必要的。

在大多数南亚国家（马来亚和泰国除外），一个重要的瓶颈是缺乏外汇，如果有足够的外汇，解决有组织的工业部门的短缺所需要的进口就会比较容易。缺乏硬通货——用它能购买外国产品——不可能通过价格政策和其他非相机抉择控制，诸如关税、多重汇率或进口附加费得到实质性的解决；也不能指望用贬值的办法大大改善外汇状况。无论汇率是多少，像印度和巴基斯坦这样的国家都必须牢牢地坚持进口管制。若不这样，它们就将抛弃计划武库中的一件最重要工具。这些进口管制在允许进口的产品性质与数量方面实际上是相机抉择的；否则，将没有足够的外汇用于 159
进口必需的消费品和发展经济所需的产品。

这种进口管制的一个附带作用是，对国内产品生产提供保护，防止外国产品进入该国。进口管制越紧，保护程度就越高，通常意味着产品的重要性较低。这种反常作用能够通过禁止某些产品——政府认为这些产品是完全不必要的——的生产来防止，以及通过对其他产品生产征收过高的关税来防止。

这种非相机抉择的控制一般不用，而且从未得到充分应用。这样做的附带作用是，批准进口许可的文件成了值钱的个人礼物。除了这一点外，不愿使用非相机抉择的消极控制也使得通过复杂的相机抉择控制体系抵消显然不合理的保护效应成为必需。

在印度，公司发行新证券受政府控制。工业领域的所有重要的新企业，其地址或制造产品的变化，都需要政府许可。政府还有权调查任何工业企业的经营情况，如果政府的指令没有得到遵守，政府可替换企业管理班子。依照必需品法令，印度政府可以调节所有食品和原材料的生产与管理。印度关税委员会规定受保护行业所有产品的价格；而且，如果它愿意，还可以把利润限制在投资资本的8%～12%。印度还赋予国家贸易公司垄断重要初级产品进口和营销权，目的是保证“按合理的价格公平营销”。

结果是，如果没有行政当局的事先批准，任何重大的商业决策都无法作出。实际上，无足轻重的决策也几乎无法进行，否则就可能受到政府的责难。所有这些政府授权的消极相机抉择控制当然从未得到充分运用。如果不是这样，有组织的部门的每一部分在任何真正的意义上都不能称为“私人的”。政府或行政当局的决策
160 时常改变实际运用的这些控制的范围。但是，只要存在外汇短缺，只要不愿使用非相机抉择控制来控制局势，那么要在这方面有所

成就就是十分有限的。

在巴基斯坦，尽管计划报告和政府发言人屡次宣称相机抉择的行政控制应该放松，应该更多地依赖价格机制的作用，但是，实际情况大体上仍与印度差不多。锡兰一直在朝这一方向发展。缅甸和印度尼西亚，由于其政治时局的激进倾向，以及标志着其近代历史特征的起义和内战的原因，在相机抉择行政控制方面甚至走得更远。马来亚和泰国实行的消极相机抉择控制相对较少，不过，它们的积极控制——例如，准许一些新企业免税——在很大程度上是政治和行政相机抉择的事。应该指出，像锡兰一样，所有东南亚国家都采用了相机抉择的管制，部分原因是歧视少数民族和外国人，偏爱多数人团体。这一目标不可能通过非相机抉择控制去实现。

在印度式的经营管制体系中，实施一整套控制的结果是必须实施其他控制。这些控制通常也必须是相机抉择的。要使固定价格有效，就需要实行分配和配给，往往还需要对供给方面进行具有更深远影响的干预。这样，在每一个相机抉择控制体系中就存在自我维持和扩大的趋势，尤其是在经济经受国内供给不足和外汇短缺之苦的情况下。

南亚所有的经济计划都是从发展需要推动的观点出发的。更具体地说，人们感到私人企业尤其是生产性投资，需要促进和刺激。即使在印度这样的国家，政府宣称公共部门的增长是计划的主要目标，这种看法也是很普遍的。

例如，在制定公共部门产品的价格时，一个主要考虑是，价格 161

应该维持在低水平，以鼓励私人企业；用各种免税办法来鼓励新的商业冒险活动；宽松的税收管理也起着同样作用；有组织的资本市场的利率维持在低水平，往往低于发达国家，尽管资本非常稀缺；还成立了特殊信贷机构，经常以优惠信贷资助借款者。

尽管最初认为私人企业太少，需要加以鼓励的看法是正确的，但是，对私人企业的鼓励实际上已经到了必须抑制的程度。这是因为，供给，特别是外汇供给并非用之不竭，而是十分有限的。这种鼓励大多数是由积极的相机抉择控制提供的。行政相机抉择通常用来决定谁将得到公共部门的服务，谁将以特别利率得到金融公司的贷款，当然还有谁将获得外汇。由于积极控制过于强大，因此需要消极控制。像积极控制一样，消极控制被赋予行政控制的性质。在促进和限制企业的过程中，政府和行政部门直接介入私人企业的方方面面。

这样，就产生了一种奇怪的情形。虽然人人都在谈论鼓励私人企业的必要性，虽然大量的积极控制根据这一考虑予以制定，可是大多数官员仍然不得不借助上述各种消极相机抉择的控制工具，把大部分时间和精力用于限制或阻止企业。这就像开车时加速器已经推到了最高档而制动器仍被紧紧地踏住一样。需要在相机抉择基础上采取广泛的消极控制，这在很大程度上是过度应用积极经营管理的结果。要强调的重要一点是，如果超越实际限度地鼓励私人企业，那就需要庞大的相机抉择行政控制官僚体系对其加以限制，特别是当积极控制主要是相机抉择性的时候。

162 如果取消或放松部分积极控制，那么一些消极控制的必要性就会减弱。相互冲突的控制普遍存在意味着需要增加控制，而且其中相机抉择的控制比相反情况下要多。从发展的观点看，这是特别不适宜的，因为南亚国家最严重的障碍之一就是缺乏德才兼备的行政官员。

我们描述的这种情况无疑大部分是由于缺乏协调，即由于计划的缺陷造成的。计划者以及甚至更多的计划执行者天然地喜欢把目标定得很高，但又不提供足够的非相机抉择限制实现目标，这就导致了充斥内部冲突的控制体系，其结果就是必须增加控制，并且是相机抉择性的。

相互冲突的控制格局的结果是，能够避开控制的商人坚持获取超额利润。这些利润“太高”，因为它们高于吸引所希望且有望的企业与投资量所需要的水平。它们是价格体系不能调节到给予企业家“恰当”的吸引力的结果，说它“恰当”是从计划完成的观点来看的。而且，“太高的利润”并未十分有效地为税收所吸收；即使在边际税率很高的情况下，南亚税法也出现一些易于逃税的漏洞，大规模的偷税漏税司空见惯。

对于必须在多如牛毛的控制中找到出路的商人来说，情况一定显得过分复杂。他们确实抱怨政府干预激增，有时甚至是大声疾呼。但是，观察家都能注意到，这些叫嚷是无力的，实际上是言不由衷的。首先，私人企业家对这种情形已经习以为常，以至他们把它看成像气候、像印度司空见惯的种姓等级统治和其他许多生活条件一样理所当然。另外，私人企业家个人可能不愿意反对某项具体决策，因为他知道，他必须不断寻求掌权官员的支持。但 163
是，主要想法当然还是利害关系如此之大，麻烦再多也值得。这意味着，所有那些能够突破控制的人在维持这种格局中都有既得利益。

另一种格局也是明显的。任何相机抉择的行政控制体系，与经常宣称的意图恰恰相反，往往有利于那些已经在需要某种许可的领域里如鱼得水的人。已经置身商界者消息更灵通，同官员的关系也较好。如果政府需要，他们也更乐意提供建议和合作。

所有这一切往往限制竞争，有利于垄断和寡头垄断，纵容既得利益。在这种情况下，这意味着，立足已稳的企业特别是大型企业，深受实际采取的经营管制体系的青睐。这与公开宣称的政策目标自相矛盾。而且，现行体系往往给新厂商的诞生和小厂商的发展设置了障碍。

如果大企业在维持这种控制格局中有既得利益，那么实行控制的官员和政治家在保持这种格局中也有既得利益。我们已经指出，他们凭借这样一个事实获得权力：如此之多的控制是相机抉择。由于这些控制没有纳入计划，支配其运用的指令因此往往是模糊的，所以这种权力就更大。实施管制属于行政判断问题，而且往往有充分的理由作出有利于立足已稳的大型企业的决策，所以他们能够问心无愧。

但是，在种姓、家族、经济和社会地位以及更笼统地说的"关系"这些传统上具有重要意义的环境中，串通勾结的风险很大——它遍及上自首都的上层阶级，下至乡村。结果往往是明目张胆的腐败。实际上，相机抉择控制的盛行导致勾心斗角。正如受遣赴印度尼西亚的美国经济考察团所写的一样："贪污受贿问题是直接控制的连体双胞胎。"

不应低估南亚的相机抉择控制体系在导致道德沦丧方面所起 164
的决定性作用。当战时的西方世界不得不依赖过多的相机抉择控制时,甚至连那里也普遍存在着黑市和腐败,尽管有十分优越的行政机构和管理人员。南亚存在一种具有累积效应的循环因果关系,因为行政官员和政治家所在的腐败机构有兴趣保留并建立相机抉择控制,给自己中饱私囊的机会。

在西方世界,价格机制已日益成为人民通过民主制度选择政策的工具。这个机制运行的条件不断变化,从而更好地适应日新月异的世界所存在的那些倾向。在这个过程中,国家对事态的发展逐渐施加了较大的影响——远远大于南亚国家。用约翰·肯尼思·加尔布雷思(John Kenneth Galbraith)创造的术语说,南亚国家都是"运行着的无政府国家"。但是,这种影响在西方是尽可能地借助于价格和税收政策及其他非相机抉择的控制来施加的。南亚的控制体系与共产党国家的政策的相似之处甚至更少,共产党国家没有私人部门要管理。我们再次面对着这个事实:南亚国家是计划的第三世界。

本章的分析立足于这样一个价值前提:经营管制应尽可能地是非相机抉择式的。这个价值前提是从现代化理想中派生出来的,它代表了这样一种观点:南亚国家从自身利益考虑也应该努力使自己更像西方国家——如果它们不赞成将私营部门国有化,而且不变得像共产党国家一样的话。但是,应该承认,南亚国家对相机抉择控制的依赖部分地源于需要。市场支离破碎,甚至不存在,对价格刺激反应迟钝,都削弱了非相机抉择控制的效用。

但是,不一定要赋予相机抉择控制如此巨大的优势。如果经

营管制的计划和协调工作得到改善,实行非相机抉择控制的余地
165 就大一些,特别是可能避免政策冲突造成的那些控制。但是,确实存在强大的力量竭力维持相机抉择控制结构。其中一种力量就是独裁主义和家长制的思想和态度遗产。另一种力量是行政官员、政治家和大商人的既得利益。

南亚经济政策的其他方面都不像这样既缺乏科学的分析,又缺乏对经验事实的系统而具体的了解。经营管制不是有计划的,显然也没有协调,其应用方式通常没有予以详细地揭示。我们所努力去做的就是凑成一个"理论",为深入研究提供一个逻辑上协调一致的问题体系。

14 腐败——原因和影响

腐败在亚洲的重要性突出地表现为这样的事实：在政权崩溃 166
的任何地方主要的、决定性的原因往往是政治家和行政官员中间普遍存在行为不端，结果是不法行为蔓延至商人和一般公众中间。南亚各国政府对这个问题至为关切，因为积习很深的行贿和不诚实做法为独裁政权铺平了道路。独裁政权由于揭露腐败和对冒犯者采取惩罚行为而证明了自己的合法性。军事接管依托的理由往往是消除腐败。假如新政权没有铲除腐败，那么，这就为下一次某种政变准备了理由。显然，腐败程度对该地区政府的稳定有直接影响。

然而将腐败作为研究课题还几乎是禁区。这个问题在有关政府和计划的学术讨论中很少提及，甚至西方专家也很少提到，这暴露了我们在研究中称之为外交式的一般偏向。忽视态度和制度问题就使一些令人尴尬的问题得以回避。南亚的社会科学家，无论是保守的还是激进的，都特别倾向于走这条坦途。当这种做法受到挑战时，就被某些势不可挡的断言说法理性化了，即：所有国家都有腐败；由于殖民时代和前殖民时代遗留下来的根深蒂固的态度和制度，南亚各国有腐败是自然的；南亚需要腐败给复杂精细的商业与政治机器添加润滑油，或许腐败根本就不是什么大不了的事。这些辩解是不恰当的，显然站不住脚，并且大多数都是错误的。这些说法往往出现在谈话中而不是见诸文字。

167 腐败问题虽然还不是研究的主题，却是南亚能够阐述自己思想的那部分人考虑很多的问题。特别是在保留了议会民主和公众讨论自由的国家，报纸会用很多版面，政治集会将拿出很多时间用于谈论这一问题。在所有国家，当谈话自由轻松的时候，经常转到政治丑闻上去。开展反腐败运动、通过立法、建立监督机构、指派特别警察调查有关行为不端的人的举动，时有所闻。官员，多半是较低级的官员，有时受到起诉和惩罚，偶尔也有部长被迫辞职。但是，所有这些国家能够阐述自己思想的人相信，腐败是猖獗的，并且有增无减，特别是在高级官员和政治家中间，包括立法人员和部长大人们。大张旗鼓地努力防止腐败和断言正在对付应该处理的腐败，尤其是在触及高层人物的程度方面，看来只是传播了悲观怀疑。

由上可见，有两个因素已昭然若揭：或许可以称做“腐败民俗学”，即人民相信腐败和与此相伴随的情感；以及可以任意贴上“反腐败运动”标签的公共政策措施，即建立旨在加强各级政府官员廉政的立法、行政和司法制度。两者都清晰可见，应该容易记录和分析。

腐败民俗学本身包含了一些重要的社会事实，值得深入研究。这种民间看法对于人们怎样处理私人生活、怎样看待政府旨在巩固国家和指导及促进发展所作的努力有决定性影响。它容易使人认为，任何一个掌握权力的人都可能为了自己的利益、家庭的利益或自认为应当效忠的其他社会集团的利益来利用权力。与此相关，值得研究的一个问题是，腐败民俗学在什么程度上造成了对有组织的社会的微弱忠实感。如果腐败变得理所当然，愤恨就会基本上变成对于有机会通过不光彩手段营私之徒的羡慕。从另一个
角度看，这些关于腐败的看法，特别是尽人皆知的犯科者能够继续 168
腐败而逍遥法外，就容易加强这种观念：这类悲观怀疑的反社会行为是正常的。因此，腐败民俗学本身是有害的，因为它使人们对腐败盛行特别是在高级官员中间盛行产生一种夸大的印象。

由于正如印度、锡兰和菲律宾的大众辩论十分公开一样，所有南亚国家街谈巷议盛行，所以各种犯罪案件的真相不难弄个水落石出。当然，主要研究任务是确定一国腐败的一般性质和程度，腐败对政治经济生活各个层次和各个部门的侵蚀以及可以识别的趋势。接下来是对研究的问题进行初步的筛选分类。本书所说的看法既立足于个人观察，也立足于广泛阅读议会记录、委员会报告、报纸和其他出版物，甚至同当地有识之士的谈话，包括同西方商人的谈话。甚至在美国，对腐败问题已有几代人深入而富有成果地进行了研究。这一事实应该驳斥所谓从这一现象的研究中不能学到什么的看法。

首先，关于腐败的一般程度，毫无疑问，南亚国家比西方发达国家或共产党国家高得多。如果要同殖民时代的情况作一比较，南亚和西方观察家的通常看法是，腐败现在比殖民时代更加普遍。尤其是人们坚信，它在较高职位的官员和政治家中间已经越来越广泛流行。至于南亚各国政府的不同行政部门，一般认为，公共工程部门和政府采购机构特别腐败，这些部门和机构的官员控制着

进出口许可证、征收关税和税收、管理铁路使其正点运行。显然，官员什么时候被授予自由行事权力，就往往什么时候有腐败，甚至有时候蔓延到法庭和大学。

169 在议会和官方对腐败所作的研究中，特别是对于印度的腐败的研究中，对于争夺南亚市场的西方商业界所起的作用，常常是不约而同地保持沉默。当然，西方商人从未公开讨论这一点。但在同我们的私下谈话中，许多人坦率地承认，他们不得不贿赂高级官员和政治家，以达成商业交易。他们必须经常打点大小官员，以便使他们的企业能够平安无事地运转。这些贿赂据说构成他们在南亚总营业费用的很大一部分。

在试图确定行贿受贿事实，特别是高级官员和政治家索贿受贿事实时，研究者面临一个特殊困难。贿赂很少是直接交付的，通常通过一个中间人。这个中间人可能是一个本地商人或一个低级官员。许多西方公司发现，使用专业行贿者或疏通者作为代理人更方便——且较少令人反感——然后再由这些人向对于生产和商业顺利进行给予合作所必需的人行贿。更普遍的情况是，当一笔生意要做成时，掌握最终权力的某一官员通常会通知这个西方商人，一位部长或一位高级官员希望得到一笔一定数量的钱。即便本地商人也偶尔与这种索贿者有间接关系。由于整个事情是保密的，所以，中间人是否会将这笔钱据为己有，完全不得而知。的确，他也许是在利用一个清白无辜人的名字的分量来提高交易的吸引力，并增收赃款。这当然是腐败民俗学可能夸大高层腐败程度的方式之一。

腐败民俗学,反腐败运动中的这些看法和情感所引起的政治、行政和司法反响,几个国家在不同时期腐败大行其道,以及现在的趋势——所有这些社会事实,都必须同南亚其他情况联系起来,从因果关系方面弄清其来龙去脉,并给予解释。

当我们说南亚的腐败比西方发达国家更为普遍时,我们是在
暗示民德的基本差别——何地、怎样、何时谋取个人利益的差别。170
对与西方现存的同样意义上追求利润和市场竞争的愿望进行刺激,在南亚极端困难。但同样困难的是,南亚试图消除从西方大体上已经受到抑制的一些来源——公共责任和权力领域——谋取私利的愿望。西方人不认为是利润来源的某些行为,在南亚通常可以待价而沽;它们有"市场",尽管当然不是西方意义上的完全市场。这些差别可以相互解释。实际上,它们是前资本主义的、传统社会的残余。在南亚,经常是在没有物品和劳务市场,并且经济行为不受成本和收益的理性考虑所支配的时候,"各种关系"就乘机而入。在这种背景下,贿赂官员被认为与古老社会所认可的礼品和贡物没有区别,并且这种贿赂也与任何社会层次所给予的与义务相联系的恩惠没有不同。

南亚各国传统上是"复合"社会。在那里,基本忠诚是对于家庭、村庄或基于宗教、语言、民族或种姓地位所结成的集团,而不是对于地方范围还是全国范围的整个社区。受到坚定原则和惩罚措施支撑的对于国家的广泛忠诚,是现代西方道德观念的必备基础。靠着这些坚定原则和惩罚措施,一定的行为反应可以同个人利益的考虑划开界限。在南亚,对这种较小集团的比较强烈的忠诚酿成了裙带关系,而裙带关系本身就是一种腐败形式。一般来说,它

纵容了道德败坏。腐败盛行是软弱国家的另一方面,一般意味着社会纪律低下。

但是,这是静态的看法。它不能说明为什么腐败正在蔓延和增长几乎到了言必称腐败的程度。赢得独立和从殖民地状态向自治的过渡本身引起了极大的混乱。政治家的作用大大增加。同时,殖民政府的行政官员应召回国,几乎没有留下持有较为严格的
171 西方道德观念的称职的本地行政官员。用于对私人企业控制的形式增加了官方相机决策权。腐败的蔓延又给予腐败的政治家和不诚实的官员以强大的既得利益,使他们力图保住这些可采取自由行动的控制权。官员尤其是中下级官员的低工资,使腐败有很大吸引力。所以,腐败就卷入了因果循环之中。鉴于人们开始意识到腐败的蔓延,并且知道没有采取反对腐败的有效措施,腐败问题更是变本加厉。成熟老练的人们正在滋长一种观点,即腐败像通货膨胀一样,是发展的不可避免的附属物。其结果是传播悲观怀疑,降低对行贿受贿的抵抗力。

腐败行为对任何实现现代化理想的努力都是极其有害的。腐败盛行造成了发展的强大障碍与抑制。人心涣散的腐败与巩固国家的努力背道而驰。它降低了人们对政府及政府机构的尊敬与忠诚。它经常助长计划中的不合理,限制了计划的范围。用腐败行为赚钱的常见方法是在官方职责中以蓄意阻挠和拖延相威胁。这使南亚的行政管理车轮减慢到毁灭性的程度。渴望避免耽搁就产生了“加急费”这种普通商品。行贿者经常可能并不要求官员作出任何非法之举,只不过是想加快政府机构的文件传递和作出决定

的速度。

西方学者普遍持有的看法即南亚的腐败加快了繁琐的行政程序,显然是错误的。更为经常的是,当南亚事务观察家批评南亚官僚政治承袭的缺点时,他们看到的情况是禁止把腐败说成原因。像参加关于这种官僚政治的生动讨论的许多人一样,他们避免把他们的观察同腐败盛行、对腐败问题的不断指控以及个别官员在保留繁琐程序(如果该官员不诚实,这些程序使他有更好的机会接受贿赂;如果他诚实,则这些程序可能有助于保护他免受怀疑)中 172
的自身利益联系起来。不管正确与否,当人们坚信腐败是普遍的时候,则某个官员的廉洁性就随之受到贬抑。而且如果他抵制腐败,就可能发现难于履行职责。

例如,我们曾一度住在新德里,那里的首席警官同我们很友好。我们曾经向他抱怨出租汽车司机无视所有交通规则的习惯。我们问:“您为什么不命令警察执行这些规则呢?”

“我怎么能呢?”他回答说,“如果一个警察走近出租汽车司机,司机会说:‘滚开,否则我要向人们讲你向我索要了 10 卢比。’如果警察随后指出他并没有这样做,司机的反驳可能是:‘谁会相信你?’”

当人们认识到南亚腐败问题非常严重的后果时,能对此采取什么措施的问题就提出来了。在印度,桑瑟南委员会(Santhannam Committee)的重要报告已经分析了造成违法乱纪机会的行政程序,并提出了改革建议。该委员会要求建立更简单和更准确的政治与行政决策规则与程序——这些规则与程序影响着私人和企业——以及更严密的监督。

该委员会的一个主题是，相机抉择的权力应该尽可能缩小。它指出，低级文职官员的报酬应该提高，他们的社会和经济地位应该改善，应该更有保障。保安机构包括特别警察部门应该得到加强。法律和程序应该改变，以便惩罚腐败官员的行动能够更快地、更有效地执行，也应该采取措施对付私人部门中那些腐蚀公务员的人。该委员会还建议，所得税报告和估计应该公开，更一般地说，宣布公共文件为机密东西的做法应该受到限制。它提出，应该禁止商业企业为政党提供捐献，进行真诚的控诉的个人应该受到保护；另一方面，如果报纸妄发没有证据的指控，也应该受到起诉。

173 该委员会承认，腐败是一个长期问题，需要坚定的决心和许多年的持久努力才能解决。重要的问题是：当该委员会称之为“整个道德价值和社会经济结构体系”的东西必须改变时，政府是否将根据该委员会提出的办法采取行动，以及这种行动在全国范围内有效到什么程度。

在这些国家，腐败是如此深刻地蕴藏于传统社会的制度和态度的残余中，几乎凡事都增加了个人利益的刺激和机会。在考虑这些国家的改革前景时，公众对腐败的强烈抗议应该看做是一支建设性力量。这一点是正确的，即使是当这种反应基本上只是某些人出于嫉妒，这些人已经全然不再顾忌斯文，只要有机会，自己也会毫不犹豫地贪赃枉法。由于那些能够从腐败中得到个人利益的人是极少数，所以公众对腐败的大声抗议应该是对打算真心改革的政府的支持。

英国、荷兰和斯堪的纳维亚国家200年前都曾经腐败丛生，但是现在腐败现象却屈指可数。这些国家正是在重商主义和现代福利国家之间的这段自由时间内发展成为强大国家的，其中的一个基本因素是道德的明显加强，特别是在较高的社会阶层。同时，伴随着较低阶层的薪金改革，它往往是通过把习惯性的贿赂转变成合法酬金来完成的。

毫无疑问，南亚国家能够从研究一百多年前这些西方国家进行的改革中学到一些东西。然而，在初始条件上有一个根本区别。在政府活动降低到最低限度期间，这些欧洲国家就达到了政治和行政管理的相对清廉。当国家再度大规模干预经济时，它已经具有高质量的政治和行政管理制度，只需给予保护和维持即可。另一方面，南亚各国必须在这样一个历史时代反击猖獗的腐败：在这 174
个时代，国家的活动正在激增，相机决策控制权正获得优先地位，甚至这个优先地位超越了所需要的限度。这再一次表明，南亚是计划的第三世界。

第四篇

劳动力利用

15 “失业”与“就业不足”

人们普遍认为南亚国家的特征是劳动力极端利用不足。劳动 177
力的平均产量非常低下。之所以低的部分原因是，大量劳动力被闲置，不是完全闲置，就是每日、每周、每月或每年的大部分时间闲置。但是，即使在劳动力发挥作用的时候，其生产率通常也很低。这是许多条件促成的结果，其中之一是劳动效率低。

对劳动的这种浪费，通常从“失业”和“就业不足”方面加以讨论。南亚的“失业”和“就业不足”人员加在一起，被认为构成了未经开发的生产潜力的蓄水池。这一点，习惯上的解释是缺乏对带薪雇员的需求，对自雇者和农民来讲则是缺乏生产性工作机会。根据假定，一旦给予这些人工作机会，他们就将抓住机会。“失业”和“就业不足”都被认为是非自愿的，而对低劳动效率视而不见。

在主流经济理论中，大规模的“失业”和“就业不足”被视为南亚各国贫困的基本原因。同时，这些国家所拥有的大量未加利用或利用不足的劳动力被认为具有生产潜力，能够创造资本和增加生产，因而使提高收入和消费水平成为可能——简言之，是一种能够用以消除贫困的潜力。因此，计划的首要任务是，通过把“失业”和“就业不足”人员用到生产性工作上去，来排干劳动力蓄水池。

将兴趣集中于“失业”与“就业不足”，集中于工作和工作机会

的创造,基本上始于第二次世界大战以后。在关于南亚的早期文
178 献中,最为关心的问题通常是殖民政府和私人企业家遇到的劳动力持久短缺。和殖民地时代情况相比,南亚经济问题的现代讨论出现了急剧倒转,或许只有在这一点上而无出其右者。劳动利用的基本问题,现在被看做向"失业"和"就业不足"的民众提供需求和工作机会,而在不久前还被视为吸引足够数量的为工资而工作的劳动者并提高其工作效率问题。

这种戏剧性的逆转发生在南亚国家获得独立、开始为发展计划而努力的时候。计划者自然把闲置的或非生产性的劳动一方面看做是贫困和生活水平低下的祸根和原因,另一方面又看做是发展的潜在资源。实际问题就是要想出能够更充分地使用劳动力的方法。在这一点上,他们曾受到西方国家思想趋势的有力支持。当时,自第二次世界大战结束以来,充分就业也被西方国家宣布为经济政策的主要目标和政府的责任。西方经济学家及其南亚的同行——由于他们对西方概念有透彻的了解——把超新型的失业观点不折不扣地应用到南亚。

共产主义者坚持认为,资本主义国家没有也不能解决失业问题。这种看法并不是劳动利用或利用不足的另一种观点。其影响只是意味着战后的方法在南亚得到了加强。因此,仔细观察作为构成西方"失业"和"就业不足"概念的基础的主要假定在南亚的适用性问题,一直并不令人鼓舞:超过固定工作标准的劳动闲置是非自愿的;存在一个劳动力蓄水池,可以通过增加需求和扩大工作机会予以开发;劳动效率未予考虑。

像在其他许多方面一样,殖民时代关于劳动市场的经济思想

从起源上看是重商主义类型的。根据16世纪和17世纪从雇主角度来看的劳动观点，廉价、驯服和有纪律的劳动的充足供给被认为符合公共利益。重商主义者并不是头脑简单、道德败坏的悲观怀疑之徒，而是像殖民时代在南亚掌握权力的殖民主义者和商人那 179
样，是作出论证和行动以促进他们视之为公益事业的人。总的来说，现有证据表明，殖民时代成长起来的新企业——无论是种植园、采矿，还是城镇工业——都经常受到劳动力短缺的困扰。无论如何，新兴工业一般没有遇到大量的、要求就业的劳动过剩。因为从这个角度看，农村本身也没有产生大量现成的、等待开发的劳动供给。

补充劳动力所经历的困难——以及雇主和政府坚持新企业为落后经济提供了进步机会的看法——给我们称之为重商主义分支的政策带来力量和支持。政府和雇主的做法有“事实”背景。对他们来说，这大概看起来与实际情况相符，并且建立在经验基础上。各种思想意识对那些持有这些思想意识的人来说，总是显得简单、无可辩驳，而且是来自事实的结论。

在殖民时代的农业部门，停滞的传统经济中当然有很多闲置劳动，特别是在自给自足的农业经营者和乡村工匠中间。人们凭传统倾向办事。从一个西方人的观点看，他们受贫困本身的制约，往往在正常工作日的大部分时间内无所事事；即便在工作时，也不够有效率。虽然人民大众很穷，但他们显然并不迫切希望通过增加农业中的劳动投入，且更不用说向带薪就业提供劳动来改善自己的命运。然而，在新的充满活力的经济部门中，曾经严重感受到劳动短缺。

曾经有一种殖民理论为这种现象作出解释。其主题是:本地人倾向于闲散和慢慢悠悠,他们不愿意寻找带薪职业,是没有欲望、经济视野十分有限、得过且过、自给自足、无忧无虑的性情和偏好悠闲生活的表现。人们认为他们对提高自己的生活水平不感兴
180 趣。在上述各个方面,他们被假定与欧洲人生性不同。这往往牵涉土生土长的人与欧洲白人之间的种族差别。

这种解释也掺杂了其他一些事实。人们普遍看到,炎热而且经常潮湿的气候使持久的艰苦劳动令人厌恶,并引发惰性,工作态度也与社会制度中各种历历在目的因素有关。对社会和宗教习惯与禁忌强加给体力劳动的许多限制,在殖民时代有过许多评论。人们常常观察到,营养不足和生活水平低下一般也降低了紧张工作的耐力和能力。

尽管现在差不多完全避而不谈,而且除非是以十分委婉的方式之外从不公开表露,但是,这种态度,特别是民族劣等论,仍在南亚各国工作的欧洲人中间广为流行。持有这种信条的当地血统的上层社会人士也大有人在,尤其是那些后来在政府部门里升居高位或成功地当上了现代化大规模企业主的极少数当地人。这就为系统性研究提出了一个重要问题,因为在当地人与欧洲人之间并无二致的这种俗套信条下面——这一点现在已得到国内外强大的政治与外交利益的赞许——还残存着反映我们称之为"殖民理论"的一整套畸形态度。这种理论与美国若干年以前对待妇女以及对待新近的移民或黑人的流行观点如出一辙。

在殖民时代,这种理论为殖民权力结构提供了貌似有理的自我辩护,加强了"白人的负担"这种普遍观念,即治理那些理论上不

能治理自己的人的流行思想。殖民理论还拥护这种思想:对于提高当地人收入和生活水平无计可施,因为他们的困难处境是气候和永恒的社会与生物的事实的结果。这个结论由于殖民理论的另一个要素而可以更问心无愧地接受下来:认为当地人懒惰、一无所求却乐在其中,或许比受雄心驱使而竭尽全力却往往以失败而告 181
终的欧洲人更快乐。众所周知,社会经济地位特别低下的人特别快乐这种说法,是特权集团对不平等程度惯用的辩护手法;同样,关于快乐而无忧无虑的黑人、幸福而心甘情愿的妇女以及心满意足的奴仆等等的幻想,无不历历展现在我们面前。

所有的知识像所有的无知一样,往往为特殊利益提供了机会,并找到了理由。我们的观察经常向无知大开方便之门。承认这一事实当然并不意味着我们所有的观察和推理都是错误的,但的确意味着我们的观察和推理应该慎之又慎。

我们已经概述并将在下面进一步讨论的战后劳动力利用问题,是对殖民时期的主导理论的公然反对。实际上,战后方法早被打下了很多遭遇公开反对的烙印,这个事实对于研究今日的南亚并理解主要早期观点很重要。

殖民理论从西方人的角度看待南亚的情况,并用西方标准衡量那里的态度和行为,因而形成了居高临下、令人屈辱和咄咄逼人的特征。但是,从所运用的观点和标准看,旧方法和现代方法没有根本区别。不仅那些仿效西方世界的南亚知识分子,而且那些积极反对西方的更加好斗的民族主义者,在从"失业"与"就业不足"角度来讨论劳动利用时,都必须应用西方标准。提出殖民理论旨在既解释南亚的贫困,又解释那里缺乏进步。现在希望推动进步的南亚知识分子,因而漠视殖民理论中强调阻碍进步的所有成分。

由于历史的偶然,在与南亚国家获得独立并开始为自我发展制定计划的大致同一时间,失业问题成为西方经济理论和计划的
182 核心内容。在对该地区不发达、发展和发展计划问题突如其来的兴趣之中,西方作家几乎机械地倾向于用他们熟悉的术语思考问题。南亚的经济学家也受到相同的影响,因为他们是以用西方术语进行思考的方式培养出来的。而且,西方国家的战后方法所承担的感情负担,通过与社会政策问题上的激进主义密切联系,无疑增加了对南亚知识分子的吸引力。

然而,更重要的是这个事实:西方的新方法驳斥了殖民理论中所有有异议的成分。当然,它对民族问题不置一词。或许,模糊的怀疑依旧存在,即民族和生物低劣论的殖民主义假设可能有些道理,但是,无论在科学层次上还是在通俗层次上,这种态度不再是声称可以解释南亚人的天资和能力的殖民理论的一部分。不同组群的人之间在所遗传的精神特征上的均等,现在被认为是理所当然的,在现代方法中从未受到挑战。这无疑是走向更大合理性的进步。

但在同时,所强调的不同于西方的环境论据也被摈弃在外了。例如,气候的差别在温带从未具有重要的经济意义。今天,在考虑不发达与发展问题时,气候几乎完全不在考虑之列,虽然它在殖民理论中曾经具有引人注目的作用。无论南亚国家还是西方国家,对劳动利用中气候的影响或控制这种影响的可能性,简直没有作过任何研究。战后方法在其增长模型中对营养、收入与生活水平

及其与劳动投入和劳动效率的关系也未给予足够注意。即使当这些因素在南亚背景中得到考虑时，也只是从人们的福利角度，而不是从人们的工作能力和准备状态或工作时的勤奋与效率来考虑。

在西方国家，失业被理解成一个人没有工作但正在寻找工作 183
的状态。因为有劳动市场存在，当就业空缺出现时，工人就会知道。从计划的角度看，失业和伪装失业代表了“劳动储备”，可视为只须等待工作机会的“现成供给”，它能够通过增加劳动的总需求动员起来。如果我们能把南亚的闲置劳动看成失业储备，构成可以主要通过扩大工作机会的范围而得以开发的现成劳动供给，那么，南亚的计划问题就可以大大简化。

如果我们能够合情合理地无视劳动效率，这个问题将进一步简化。在西方，劳动力根据技能划分成几个部分。工作日的长度、一周和一年的工作天数，均由集体协议或立法来确定。除了例外的、反社会的情形外，在这些标准化条件下，假定那些没有工作的人想找工作。

南亚的问题在所有这些方面显然不同。南亚存在大量的闲置劳动的本身，逐渐养成了一种抵制可以提高劳动效率的措施的态度，这一事实使问题更加复杂化了。在一些地区，效率被视为对就业有害。忽视劳动效率，把浪费劳动的责任归咎于缺乏对劳动和工作机会的需求的倾向——它暗含在战后方法中，影响了制定计划的各个方面——为许多棘手的问题提供了借口。

人们思想中关于就业问题的进一步混淆，源自殖民时代以后对人口增长率加速攀升的意识。我们稍后将表明，它对就业的意义并不是人口增长最重要的方面。至少在最近几十年的视野内——这正是一切计划的视野——劳动力的规模不取决于为了降低生育率所能采取的措施。不过,人们通常把人口部门主要看做是一种必要的象征,即为迅速增长的劳动力提供就业。

184 研究劳动利用问题的战后方法,包括若干关于经济和社会事实的假设。这些事实在西方世界十分现实,但在南亚并非如此。从下面三个假设可一望而知:

(1)劳动投入可主要作为量来加以讨论,而不必特别注意其质,即劳动效率。

(2)总劳动投入低即劳动闲置,可视为“非自愿的”。

(3)因此,由“失业”和“就业不足”所代表的闲置劳动,在这个意义上构成了“现成的劳动供给”。提供工作机会是消除闲置所需的主要条件。

暗含在战后方法中的这些假设,是从南亚国家大多数特有而且与之密切相关的环境条件中抽象出来的——无论是物质的、技术的、制度的,还是广泛的、态度的条件——特别是从下面这些环境条件中抽象出来:

(a)气候因素;

(b)低下的营养和健康水平;

(c)制度条件;

(d)由制度造成、反过来又会加强制度的态度;

(e)从上述(a)到(d),尤其是(c)和(d)产生的劳动相对非流动性,以及所有市场特别是劳动市场的高度的不完全性。

在形成理论经济学的讨论并反映在模型和计划中的一般思想

模式中，又进一步假定：

(4)在经济讨论中，政治、行政和组织问题大多能够避开。

(5)闲置劳动未能被工作机会吸收的一般原因在于互补性生 185
产要素的供给不足。

由于不但投资和流动资金有限，而且土地和其他互补性生产要素，诸如经理、技术人员和熟练工人数量有限，增加它们的供给需要投资，所以，大规模非自愿闲置——根据战后方法，就是“失业”和“就业不足”——的原因可归结为：

(6)国内储蓄和外国流入的资本不足。

顺理成章的补救办法是在经济中注入更大剂量的资本。因此，与资本投入和提高总产出有关的各种经济模型之间的联系得以确立。

有了上述诸项假定，现代方法的各个要素就可以组合成一个连贯的思想体系。在南亚，简单地根据就业和“失业”建立的西方模型加上一个附属物——经济的就业成员理论——据认为更加符合该地区无论农业还是其他方面的条件。这个学说和所作的其他假设的一个含义是：

(7)“失业”和“就业不足”一起，都可视为不仅构成劳动储备，而且同时也构成储蓄储备。它们可以在无需增加总消费的情况下发挥作用，而就业产生的成本——诸如工具和其他资本设备——能够得到控制。投资总量能够无需求助于有组织的资本市场而得到增加。

这里概述的战后方法，是高度简化的浮雕式方法。这种方法不能使对南亚现实的洞察力适得其所，因为在浩如烟海的文献中，

这种现实是作为偶然的限定性条件和保留意见而出现的。不过重要的是，尽管存在这些限定性条件，这种粗线条的方法还是指导了
186 经济讨论、术语的定义、统计资料的收集和分析，以及发展计划的拟订。

我们略作思考就会明白，这些基本假设不适合于南亚的环境。南亚社会尚未经历过经济进步、一体化、标准化和理性化过程。上述过程作为总量经济分析的起点，使得这些假设在西方相当有用。

作为印度统计学会的创始人和领导者，马哈拉诺比斯(P.C. Mahalanobis)教授主要负责通过统计研究说明劳动力利用问题。他注意到，在政府和公共当局或在有组织的私人大型企业中工作的，大约只有 1 300 万人享有先进国家通常的那种就业。他说，“失业”这一技术性概念，严格地说只能用于这 1 300 万人的情况(总劳动力为 1.6 亿人)，并不适用于其余的在家庭或小型企业中工作的 1.47 亿人。

即使这样，马哈拉诺比斯还是试图用战后方法估计印度的失业和就业不足程度。这就涉及若干不现实的假设：流动的劳动市场；技能和效率的标准化；机会的普遍认识；以及工人的闲置真正是非自愿的，以便闲置劳动的供给是在等待工作机会，并将踊跃抓住工作机会。他提供的数字当然是没有意义的，其他关于“失业”和“就业不足”的统计资料也是如此。

在西方国家，现成的劳动供给和劳动储备通常大致等于同一个东西：失业人数加上偶尔处于外围的伪装失业。通过增加对劳动的需求，主要是扩大对物品和劳务的总需求，能够把这种储备调

动起来。在南亚,现成的劳动供给仅仅代表实际劳动浪费的很小一部分。劳动的大量浪费——无论是劳动完全没有利用,还是只有部分时间利用,或是以近似毫无价值的方式利用——是该地区 187
经济生活的明显事实之一。就此而论,重要的一点是,劳动力的这种可用而未用部分,几乎不能通过打开总需求的阀门使其人尽其用。劳动的利用不足大大超过扩大需求所能够动员的供给。

相反,大部分劳动力都深植于气候、社会、文化和制度的母体之中。这个母体不仅往往使现有的劳动利用的低水平持久化,而且抵制迅速而直接地适应新的生活方式与工作方式。在一个使生活水平和劳动效率持久低下的制度结构内,完全或部分闲置,或从事非生产性工作的劳动力,不可能视为构成现成的劳动供给的蓄水池。其就业状况甚至不能根据自愿和流动劳动市场的理性观念来考虑。当人们探究关于这些事实的已知问题时,如果不加批判地把适用于西方国家的合理假设照搬过来研究南亚国家,就完全没有用武之地。现代方法中假定的现成劳动供给因而被严重夸大了。这里,劳动利用不足的性质是不同的,问题是长期的。"充分就业"是一个遥远的目标,而不是通过保持态度和制度不变的总量措施就能达到的。其中,有组织的市场的有限范围使劳动利用不足的总量衡量方法更加脱离现实。

当我们使用现成的劳动供给这一概念时,我们是在提出一个相当直截了当的问题:在带薪劳动市场上和自雇为主的部门中,劳动力需求的增加将会使多少劳动投入出现?从实质上说,我们感兴趣的恐怕是确立一个相当独立于外界观察家的准则的行为事实。但是,即使这种一目了然的简单问题,在南亚也不允许作完全不假思索的回答。答案取决于工人本身的反应。而工人本身甚至可能很难想象这种变化了的事态,他们会发现,接受新的工作、工作更长时间或更紧张地工作是有吸引力的。

188 当我们把注意力转向可供计划者支配的劳动储备时,问题在南亚甚至变得更复杂。这里,我们是在试图以一个关心降低浪费的旁观者的观点来把握劳动的浪费问题。在计划者的观念中,劳动储备是在调动了各种政策措施之后,计划者可用任意处理的追加的劳动供给与投入。这些政策措施将直接或间接地产生一系列效果,包括工人态度的某些变化,以及以态度为条件的一些制度变化。计划者工作的行为准则,因而不同于那些在现有劳动力行为中所显示的和可观察到的准则。

因此,劳动储备概念变成了一个高度假设性的量值,取决于所有有计划的政策措施的方向和强度。应该对数以百万计的人加以诱导,直接通过教育、宣传、领导、控制或强迫,间接通过增加资本投资、改进生产技术,以及改革有关土地所有权的制度结构这些方法来改造变化了的工作条件,以改变他们对待就业与工作的传统态度。依照这些动态的政策,现有的劳动供给、工作的时间长短和效率本身就成为所采取的政策措施的函数。

把南亚国家的劳动利用不足看做劳动储备的一切尝试都暗含着一个政策假定,劳动储备的量是所应用的政策措施的函数。它不能以"客观的"方式定义为仅仅与事实有关并独立于政策假定之外,因而不能用经验肯定下来并予测量。一般地说,有计划的政策措施越是影响深远和有效,它们越是明显地集中注意增加现有劳动供给、投入和效率的特定目标,我们就应该预期有更多的劳动储备。

这里我们阐述的命题是这样的:在南亚的条件之下,由于逻辑的和实际的原因,劳动储备必须以动态和政策决定的方式来表达。
计划者的储备不能仅仅指某一单个时刻,而应该假定为指一段时 189
间,在这段时间内,政策引导的变化能够奏效。另外,这段时间内的劳动力自然增长情况应该纳入分析之中。此外,切合实际的政策不能惟一地指向增加总劳动投入,还必须瞄准提高劳动效率。作为最终目标,计划者和决策者必须力争通过在较高劳动效率水平和更高的劳动生产率水平上充分使用劳动来吸收总劳动储备。从这个意义上看,南亚国家计划者和决策者可得到的劳动储备显然比现成的劳动供给大得多。

实际上,人们对政策措施与我们称之为经济分析的主要问题——总劳动力利用之间的函数关系研究得非常少。现有文献中充斥着一些不着边际的说法:在收益增加时,农民的田间耕作能节约多少劳动;如果生产合理化了,在其他许多职业中能节约多少劳动。这些说法的一般含义并没有什么错误。它们所意识到的基本真理是这些国家计划和决策努力背后的知识力量。但是,除非补充一个南亚国家实际情况中所需要的具体政策措施的详细说明,否则,它们就没有明确的意义。

总之,那些赞成战后方法的人试图以静态方式把劳动储备定义为既定时点上的存在本身,与任何政策假定无关。至于那些为工资而工作者,通常的做法是把那些闲置但能够假定为需要就业的工人看成是劳动储备。但是,主要任务是定义和测量"就业不足”的数量。就业不足又被理解为农业自雇者和其他家庭企业中受到遏制而形成的剩余劳动，他们全部或部分闲置，或以很低的生产率水平工作。这一点无疑是由下述信念引起的：战后方法需要
190 调整以适应南亚迥然不同的情形。用一个西方失业讨论中的比喻来说，这种剩余经常被称为“伪装失业”。

关于这个论题，虽然有很多变种，但是“就业不足”思路背后的基本观点却是静态的：它假定在资本设备、生产技术和制度结构不变的条件下，劳动组织本身只有微小变化，即使“拿走”部分劳动力，也能够得到相同数量的总产量。这个静态定义必须建立在一套外在准则的基础上。在某些情况下，它们是建立在农场经营的基础上，劳动的使用比较密集。在另一些情况下，已经假定每年只工作一定小时数或天数就符合充分就业。有时没有交代清楚使用了什么标准及是否假定要完全保留静态条件。

这种思维方式与社会科学尤其是经济学中的传统一致，是“使概念客观化”并获得有政治意义而无价值前提的结论。就南亚国家的劳动利用而论，采用这种做法的诱惑是很强的。一方面，工人闲置，而他们投入工作时又非常缺乏效率。在这个意义上，实际上存在大量的劳动浪费。另一方面，处理劳动利用不足的对策触及爆炸性的政策问题。例如，关于税收、土地和租佃改革以及强迫劳动制度的讨论，显然高度充满了既得利益和感情。我们所批评的这个学说，试图以一种久经考验的方式，通过施展一个逻辑上行不通的花招而显示其“学问精深”：定义和测量劳动浪费，而同时对怎么做一无所知。

把对事实的观察置于这种理论上的强求一致也导致了对现实

的严重扭曲——立足于战后方法的所有理论共有的扭曲。近几十年来,设计“就业不足”概念的尝试已经失败——这个概念根据静态比较来定义劳动储备,以便能够精确地衡量南亚各国的劳动浪费——劳动浪费的情形在早期曾被描述为“人口过剩”。我们能够尝试进行经验研究的是现成的劳动供给。即使劳动供给不能精确 191
地测量,这个概念也至少是连贯的、清楚的。它涉及人们在不同情形下将要或可能采取的行为方式,并不受推测的假设约束。

我们还知道,如果计划是用来诱导激进改革政策的话,从计划者和决策者的角度看,南亚各国的劳动储备不像西方那样,它比这种现成的劳动供给大许多。这是南亚经济生活中最重要的事实之一。但是,在战后方法的框架内,它不能确定或测量。在这个问题上,战后方法是静态的,并试图抛开价值前提来发挥作用。一方面,在政策措施与劳动投入和劳动效率之间,另一方面,在一个时期内和一个特定情形之下,战后方法必须对它们两者的函数关系予以现实的研究。

我们已经拒绝了战后研究劳动利用问题的方法,所以也把“失业”和“就业不足”概念作为不适合于南亚现实的提法而予以抛弃。这样,我们现在求助于另一种方法——我们相信这种方法逻辑上是一致的,并且适合于对南亚实际状况的研究。

在这个研究中,我们将使用术语“潜在劳动力”或“劳动力”,意指处于工作年龄的人口。这种劳动力的年龄界限必须由与该地区习惯相一致的现实假设来决定。在政策讨论中,这个假设也应该根据随后将予说明的价值前提考虑可能诱使这些习惯发生变化的方式。

发展水平及其变化速度可用潜在劳动力的平均生产率来说明。计划问题就是设计政治上可行而且实用的政策工具，以诱导尽可能多和尽可能快地提高平均生产率的变化。劳动力的生产率能够靠更多的劳动投入总额来提高，并取决于：

192 (1)出勤率，或正常从事某种工作的那部分劳动力，至少以全年计。南亚国家出勤率低于世界上任何地方，尤其是由于各种原因，南亚一些国家的出勤率出奇地低。

(2)出勤者(根据上述定义)工作的时间长度，按照每年工作周数或月数、每周工作天数和每天工作时数来衡量。

这种定义使我们能够以下列方式测量劳动力的闲置程度。按照一个假定的工作长度标准，通过劳动力全部出勤所能实现的劳动投入总额就可以计算出来。然后，可分两步将闲置程度确定下来。首先，从实际出勤和时间长度得到劳动投入，它与在假定条件下所能实现的最大劳动投入之差能够确定。其次，这个差额数能够表示为假定可以达到的最大劳动投入的比例。

在战后方法中，闲置被假定为非自愿的。这种自行选择方式暗含在“失业”和“就业不足”概念之中，对研究南亚劳动利用问题于事无补。人们可能不去寻找工作，因为他们相信找不到，这反过来又必然是因为缺乏有效的市场，以及生活在停滞和大体与世隔绝的社会中所造成的见识有限的结果。而且，社会与宗教习俗和态度在使一些人完全不愿意工作、而另一些人只有在自雇或在家庭企业才愿意工作方面，起了强有力的作用。即使那些处于工作年龄、准备为雇主工作的人，也可能只受雇于本地，或只服务于某个特定雇主，或只干某些类型的工作。因此，他们的流动性可能受到可以工作的地点和做什么工作的限制。

一个要点是，假定目前现成劳动供给的大小能够定义和肯定的话，合理计划的范围不应局限于那些对工作机会作出反应的人。
计划的目标也必须包括提高生活水平，特别是改革制度和态度，以 193
便更多的人愿意和能够参与劳动，每年工作更多的小时，更多的天数、周数和月数，并高效率地工作。

除了劳动投入量以外，第二个主要变量是每单位劳动投入的平均产量。它取决于若干因素。

(1)劳动效率。这代表劳动产出的质的度量。当下述从(2)到(5)的一切条件为已知时，我们将把它定义为工人的生产率。这样定义的劳动效率，取决于工人的体力和耐力即健康状况，这又取决于现有的保健设施；此外，还取决于营养水平和其他生活水平，取决于工人的教育程度和在现有技术水平上的职业训练，取决于工人的生活和工作态度，这些则又取决于气候、生活水平、习惯和制度。

但是，生产率水平也受到一系列条件的影响，这些条件不能简单地理解为工人的素质。它们是：

(2)劳动力的职业分布；

(3)自然资源；

(4)资本资源的数量及其配置；

(5)技术。

因此，劳动的利用程度取决于三个方面：出勤率、时间长度和效率。总的来说，战后方法只专注于其中的第一个比率，并且是以一种片面的和不切实际又抱有偏见的方式；而所有三者对于理解南亚的劳动利用都是不可或缺的。此外，还必须意识到这三者是互相联系的。当同时存在许多闲置的劳动时，更一般地说，当劳动供应充足时，劳动效率通常较低。气候也可能降低工作长度和强度。同样，由于身体不好引起的体力不支和耐力不够也是如此，而身体不好又是由生活水平低下造成的。体格缺陷可能妨碍工作的参与，或使工人缩短工时；健康欠佳通常也降低了实际工作时的劳
194 动效率。改善劳动效率首先可能导致某些方面的部分劳动力闲置的增加。出勤率的大幅度提高可能意味着工作长度缩短和工作效率下降。所有这些因素都能改变。实际上，计划的目的就是以协调一致的方式获得所需的变化。

在我们的研究中提到的数量都只是行为方面的，应该能够予以观察和记录。但是，由于收集统计资料的工作受到不切实际的战后方法的指导，说明劳动利用不足及其若干成分——出勤率、时间长度和效率——的可能性受到了严重限制。

甚至仅就受雇于这些部门的一小部分劳动力而论，虽然表面上与西方的劳动市场相似并且能够登记失业人数，但是整个南亚的统计基础很成问题。在西方国家，失业人数的估计一般根据两个基本信息来源进行——失业补贴名册和劳工介绍所的登记人数。没有任何失业补偿计划消除了在劳工介绍所进行登记的积极性，劳工介绍所通常太少而且过于集中。

对大部分劳动力来说，根据“失业”所作的闲置统计毫无用处。

试图以“就业不足”来测量劳动利用不足遇到了上面提到的逻辑困难。更确切地说，“消除”农业和手工业中的劳动剩余的整个思路，是假定据称过剩的工人有处可去。这与老生常谈的、不假思索的先入之见不谋而合：工业化是不发达国家解决发展问题的主要办法，即使在相当短的时期内也是如此，因为工业化也向离开农业和手工业的劳动提供就业。我们将在后续的几章里说明，南亚的工业化即使进行得更为迅速，也不意味着在今后几十年里有大得多的劳动需求，甚至可能意味着制造业中就业人数的下降。

此外，我们将证明，直到20世纪末为止，无论普及节育的努力 195
如何，劳动力将十分迅速地增长。在任何可以想象的条件下，南亚的工业化都不能提供多少出路，所以，劳动力的增加势必主要在农业中寻找归宿。“消除”农业剩余劳动力的整个见解是不现实的。

16　传统农业中的劳动力利用

196　要使南亚的发展通过明智稳妥的计划取得成功，就必须对劳动怎样使用及其工作完成了什么有一个透彻的了解。西方的劳动利用、失业和就业不足等概念派不上用场。这些概念不仅没有说明该地区经济进步所面临的根本问题，而且实际上模糊了这些问题。

我们从农业中的劳动开始，因为无论农业怎样贫乏，这个经济部门还是为大多数人口提供了收入。而且，在乡村地区，使南亚最明显地不同于现代西方的经济结构特征非常醒目地凸现出来了。

远不像欧洲和北美，南亚当今的农业模式是该地区古老的制度的反映。在轮作占统治地位的地区，经济体制曾经是、现在主要还是自给自足的，农民从属于只生产维持一家人生活的必需品。在固定耕作区，无论是旱地还是水浇地，过去出现了很多层次的组织，生产出来的超过家庭直接需要的剩余产品，其中很多又作为贡品交给地方首领，地方首领又转而把另外一部分交给最高领主或国王。但是，无论他用剩余产品做什么，这种制度的重要特征是农家的一部分产量被无偿夺去。农民交了这些贡物，就被给予某种租佃权，并有得到首领或国王保护的某种希望。在贡物之外，农民能够自由处理其余的收成，但是不能处理他赖以为生的土地。土地属于村庄或首领，就像村庄周围的所有土地一样，无论是否耕种，都属于村庄或首领。 197

在立足于固定耕作的制度中，意识到这一点是重要的：村社中对土地的基本权利是既定的；村社可以从地理上定义为生活在一定地区的一个人群，它主要是一个社会和宗教单位。只有那些生长其中、具备其宗教和社会习惯的人，才享有可以为自己耕种土地的特权，享有正式成员资格。外来者被认为是农奴或劳工，他们被接纳为该集团正式成员可能要经历几代人，即便这一目标能够实现的话。即使在今天，印度部落成员和贱民仍在斗争，以在他们生活了几个世纪而仍然无权拥有土地、甚至无权使用水井和道路的村庄获得正式的成员资格。在印度尼西亚也是界限分明：村庄里只有最早的成员有权拥有农业土地，其他村民只能拥有他们房舍所在的院落。在印度尼西亚的许多地方，村社领导人员作为一个团体，仍有权力决定一个外来者是否能够获得拥有农业用地的一等居民资格。

抚今追昔，乡村结构中的连续性因素依然存在。但是，三个重要的变化力量，即欧洲殖民统治的干预、现金交易的不断引进和人口增长，已把传统农业模式塑造成当代形式。

毫无疑问，即使欧洲人没有到南亚来，传统土地结构的重大变化也会发生。但是，殖民统治确实担当了变化的重要催化剂。最重要的是，欧洲人曾经企图把西方类型的土地租佃制度放到南亚社会之中，即使这样做意味着粗暴对待传统体制中产生的占有土

地、从土地收取贡物和处置土地三者权利之间的区别。一般地说，不是熟地的村庄土地仍归集体所有，但通常有一个重要差别，即产
198 权现在已从村庄社区转归政府。它们不再是村庄土地，而是“属于王国政府的荒地”，开始耕种它们的人不管是否属于当地的村社，常常被认为是“非法的擅自占地者”。另一方面，对可耕地而言，欧洲人通常承认一个私人所有者，不管他是以前的贡物收取者还是土地的现在耕种者。

在欧洲人干预之后演化成的土地占有制的一个重要社会后果是，以前村民生活的内聚力大都瓦解了。村民生活中具有经常是复杂的、尽管是非正式的权利和义务结构。欧洲人干涉传统土地占有制的一个同样严重的经济后果是：南亚许多地方出现了大私人土地所有者阶级，他们的活动不再受习惯的约束。除地租以外，南亚地主常常在特定场合从佃农那里收取传统“礼物”、劳役和其他各种报偿。古老的占有制的这些残余因素，有时由于人口压力不断加大，造成压迫机会增多而变得更加沉重。

实际上，南亚的大地主甚至经常设法享受资本家式地主的垄断权利而又不放弃封建首领的特权。同时，他们几乎回避了这二者的所有义务。即使现在，他们一般既不投资改良土地，也不向佃户提供（除有时提供部分种子以外）所需要的流动资金。现在，典型的南亚地主不仅支付比美国或欧洲的土地所有者低得多的土地税，而且大都逃避因土地所有权而产生的所得税。

他们自己一般不从事任何农业劳动，甚至连监督性质的劳动也不插手。大地主过去是、现在仍然是很少雇用劳工来经营家庭农场。他们通常生活在城镇里，把耕种土地的差事交给收益分成

的佃农或其他佃户。他们很少自己去收租，一般交给当地代理人
操办。在许多情况下，这些中间人被授予永久性的收租权，把固
定数量的租金交给土地所有者，尤其是在印度和巴基斯坦。众所 199
周知，这个过程重复多次，因而形成了一个长长的中间收租人链
条。

通过创立个人土地所有权，欧洲人的干预造成了推动乡村结构变化的又一代理人——放债者——得以生意兴隆的环境。一旦土地占有制度适应了西方的私有财产概念，土地就成为可转让的资产，就能够成为贷款的抵押品，在过期不能支付债务的情况下，可以被没收或转移。

另一个因素加强了这些情况的分量——货币经济和市场化农业的局部扩散。这种货币经济的引入，在南亚广大农民中对刺激生产的提高或促进新的生产品种只具有有限的作用，但它对需求的作用却影响深远。同欧洲人的经济接触导致了一整套新物品的引进，而且是只能用货币来购置的物品。这些现象结合起来，在传统土地结构中引发了一系列引起骚动的事物。其中，放债者发挥了重要作用。

在自给自足经济中，放债者的活动只限于在农民因歉收而处于困境时提供生活费，或当需要办理婚丧嫁娶时提供金钱。但是，在市场化农业中，为种子、肥料和其他成本而支出货币就成为成功种植大多数商品作物所必需的经费。如果农民的粮食作物减少，以腾出土地种植经济作物，那么，他同样需要货币购买他所需要的部分食物。总之，他的现金需要变得更大。因为他的土地可以转

让,他有了现成的抵押品来源,放债者也就愿意提供比以前更大金额的垫款。

农民几乎不会想到,放债者也并不总是会想到,这些消费贷款用做市场化农业的贷款资金时,其所收利率是灾难性的。这并不是说南亚今天的农民总是把贷款用于生产性支出。在许多地方,200 放债者的信贷仍然以传统方式使用,特别是用于支持奢侈性的礼仪支出。放债者通过收取高额利率,或诱使农民接受超过承受能力的信贷,加快了对农民的剥夺进程。

这种对农民业主地位的侵蚀绝不是千篇一律地发生的。令人啼笑皆非的是,正是在市场化农业繁荣的地区而不是在较穷的自给农业地区,放债者逐渐损害了农民所有制。在印度富庶的旁遮普(Punjab),在下缅甸和南越的肥沃三角洲地区,在印度尼西亚的最富饶地区,放债者问题使其他农业问题相形见绌。在某些地区,甚至大土地所有者也被置于放债者的股掌之中,其结果是整个村庄整个村庄地被他们接管。

南亚的许多国家已对外国人拥有土地的权利和因此把土地转让给放债者实行了限制。但他们经常找到很多办法来绕过这些限制。农民常常允许土地登记在他们的名下,或者制定这样的租佣契约:负债的农民以很低的租金把土地出租给债权人,然后以高得多的租金再租回来。这样,债务人实际上转变成法律上属他本人所有的土地的佃农。

在乡村结构中,放债者的权力也不是惟一地来自他们作为金融中介人的地位。这种权力常常受到他们作为商人或地主的辅助角色的支持。作为商人和地主,放债者有相当多的机会把实际利率提高到名义利率以上。他可以随意地把农民出卖产品的价格压低，把农民买进的产品的价格定得很高，或者他可以操纵地租使之对农民不利。这种制度中最为盛极一时的是马来亚的稻田 *kuncha* 制度。佃农已越来越被迫提前用现金支付租金，这迫使他们只有借钱才能留在土地上。此时，稻谷商人以资金供给者的身份出面调停，他们经常也是地主或店主，佃农则必须提前以一个固定 201
数量的作物为保证来借钱，其利率常常等于100%，甚至更高。

在穆斯林地区，例如马来亚，本地人通常由于其宗教禁止从事放债职业而不能进入这种"商业"。在整个东南亚，放债大多是由华人或印度人进行的。他们中的许多人现在迫于保护性法律而至少是暂时地改从他业了，但是还有很多人仍操旧业，这使农民与华人和印度人的商业利益之间的关系成为东南亚最具爆炸性的问题之一。

除了欧洲人干预和货币经济的增长外，还有第三种因素促成了变化，即殖民时期大多数地区人口的迅速增长。这种增长可能意味着新农民出现时，耕地面积相应扩大。但是，即使在有这种可能的地方，占有权和态度的限制也阻止了耕地扩大。几乎每个地方的结果都是土地占有的进一步瓜分。这些因素由于传统的穆斯林和印度教教律而加强了，这些教律要求整个地产在所有继承人中间平均分配。

这些传统与放债者的压力结合起来，使农场越来越小。例如，在孟买附近波那(Poona)区的一个村庄里，1770年每个农场平均占有土地40英亩，到第一次世界大战结束时，已缩小到7.5英亩以下。在锡兰，农场的格局也变得支离破碎。其中一个额外因素是，许多继承人保留所有权，但他搬到附近的城镇里，让其他某个农民租借土地或按收益分成租种土地。同样的过程正以稍逊于上述极端的形式在所有南亚国家继续。在所有这些国家，土地仍然被认为是最安全、收益最高的投资，拥有土地所带来的威望也高。而且，经常有一种感情与在自己出生的村庄拥有土地联系在一起——由于经济的原因，土地价值不断上涨时，这种感情增强了。

人口增长和土地面积的这种不断缩小已导致了许多农民的不
202 断贫困。随着这些小占有者经济情况的恶化，他们变得更容易完全失去土地，越来越多的人口成为无地者。这种向无地变化的趋势当然以很多方式表现出来——不仅按照收益分成的佃农数量在增长，而且通过不断增长，完全被剥夺了土地的人转而必须依靠挣工资生活。无论其表现形式如何，它加剧了乡村地区的不平等，促进了更僵化的社会经济分层。经济两极分化的这些趋势因乡村手工业的恶化而扩大了。

强加的欧洲财产观念，农业中商业因素和放债者活动的增加以及人口的增长，当然改变了乡村结构。但是，断言这种趋势将导致乡村社会的“解体”，正像通常断言的那样，可能会使人误入歧途。实际上，只不过出现了一些调整，由此产生的社会组织形式与继承下来的社会组织形式有所不同。

关于南亚村庄结构问题，有两个广泛存在的误解应予消除：一是把典型的村庄看做由广大的贫困佃户组成，他们团结起来反对不在地主*(absentee landowner)及其本地代理人。另一个是把村庄视为自给自足的种田人家共同和谐生活的典型团体。确实有这种村庄,但南亚通常的村庄结构更复杂得多。较常见的是,它是一个由几个通过经济和社会关系网络联结起来的集团组成的等级体系。其中的一些关系来自强烈抵制变化的古老传统社会,另一些来自最近经济和社会发展中产生的新的尖锐利益冲突。

在几乎所有的南亚村庄里,都可以发现具有十分不同的利益的集团。在村社金字塔的顶点是土地所有者,他们又有三种主要类型:第一种包括大地主,他们是封建式结构的残余分子,其地位或者是继承的,或者是由殖民政策造成的。第二种由不从事耕作的小块土地所有者组成,土地租金对他们来说通常不是主要的收 203
入来源,而是其他收益的补充。这两个集团一般是不在地主,生活在无舒适可言而又令人心烦的村庄以外,但他们对村庄生活的影响令人望而生畏。第三种由实际上生活在乡村,在大多数亚洲统计中被归到"所有者兼耕种者"的土地所有者构成。

在这第三种集团内又有两种类型:一是农民地主,他们有足够的土地,能够出租一部分。另一种是一般农民所有者,他们只有勉强供自己和家人过活的土地,不过,他可能会雇用一名种田帮手并在农忙季节雇几个短工。为了使耕地面积达到足以维持一个家庭生计的规模,大量的南亚农民被迫以收益分成或其他契约的形式使用土地。因此,一般农民和收益分成的佃农的区别,在许多村庄

* 不在地主是指不在其土地所在地而由其代理人行使其土地所有权的土地所有者。——译者注

中被持有土地的反复细分弄得模糊不清。虽然各种类别的农民之间存在大量交错不清的情况，但是，在乡村结构中，那些没有土地并依附他人而劳作的人地位最低这一点是毫无疑问的。

不幸的是，获得农村中这些类型的明确统计分类资料是不可能的。官方不需要这样缜密的研究，一个主要原因很可能是行政当局甚至是独立后的行政当局，不想冒险激起因为发布这种信息而可能招致的对土地改革的要求。但粗略地说，人们一般认为，以工资作为主要生计来源的农业劳动力至少占农村人口的1/3。

将农村人口划分成我们所描述的基本类型远非仅仅是在作职业归类，它也勾画出一个社会的等级制度轮廓。在南亚各国乡村中，决定社会地位的价值标准依然是前资本主义的。拥有土地是社会地位的最高标志，而从事体力劳动特别是为某个雇主干活，是最低微的。从事管理工作的人享有可观的社会地位，而完全不从事劳动的人所享有的威望则更高。雇工的地位大大低于独自从事
204 手工劳动的人，而那些拥有土地但自己不从事耕作的农民却有着最高的声望。但是，工人的收入未必低于按收益分成的佃农，实际上工人的收入可能超过了收益分成的佃农的平均所得。之所以出现上述情形，正是因为为工资而工作的人的较低社会尊严使支付略高的经济报酬成为必要手段，以吸引足够数量的劳动者。

在印度，农村的结构依然受到种姓制度的强烈影响。虽然种姓并不决定社会地位的排序，但它确实影响到拥有土地的权利和对所有制的态度。一些婆罗门人由于宗教习俗而不从事耕作，却往往把这一点十分笼统地解释为对所有体力农业劳动的严重不满。由于这一原因，他们当中一些非常贫困的人将仅有的一点土

地出租给收益分成的佃农，或由农场佣人耕种。由于奉行如此严厉的种姓排斥，这些人可能会更深地陷入贫困，但这种信仰的正统示范表演却可能提高村民对他们的敬重。

一般地讲，每个人一生下来，他在乡村等级中的地位就已经确定，尽管在南亚甚至印度的任何地方都有在社会阶梯上升降的可能性。不幸的是，缺乏土地的收益分成的佃农和工人几乎没有地位上升的机会，除非政府分给土地。但即使在这方面采取瞻前顾后的措施，也会遇到激烈的阻力。地位的下降比较容易列举。通常这是一个渐进的过程。一个失去土地的农民，可能还有两只小公牛和一些流动资金。如果是这样，他可以凭借与有地集团的社会关系，在分成租佃甚至现金租佃基础上获得一小块土地。然后，作物的歉收可能迫使他把牛卖掉，靠打短工过活，甚至可能沦落到几乎是充当债主农仆的抵押制劳工集团。

出现过这样一些情形，尤其是在第二次世界大战后不久的年代中，一些穷人曾试图揭竿而起反对这种模式，不顾法律而自行用武力报复。但总体上，乡村结构呈现出惊人的稳定和拒变。这种 205
情况可以从以体力劳动为耻的观念得到部分解释。不论多穷的土地所有者也企图进行一些调整，用以减轻流离失所者的困苦。收益分成的佃农觉得与无地劳工没有利益关联。

不存在局外人可能预料的那种对放债人的愤恨心理。放债人并不总是不受欢迎的人物。虽然当放债人是非本地的少数民族集团成员时，他可能是而且往往是发泄狂热激情的目标，但他发挥的作用是受到欢迎的。债务人可能对放债人的借款条件牢骚满腹，但那些能够提供更优惠条件而取代放债人的各种信用机构压根儿就不打算提供服务，特别是对失去土地的人。

乡村本身内部纵横交错的各种不同利益往往互相抗衡，使天平在中间位置停顿下来，这一点也助长了乡村结构缺少真正的变动。例如，农民地主为在南亚许多地方提供数量可观的适销对路产品，他们有明显的理由支持农产品保持高价。但在另一方面，小农和收益分成的佃农无货可卖，甚至在青黄不接时需要购买补助粮，他对粮价也许持有与地主完全相反的看法。这两种人与无地劳工都不会持有相同观点，因为无地劳工当然从粮食低价中受益最大。在谈到工资率时，上述对立的利益也影响着无地农民。收益分成的佃农或租田佃农可能雇用帮工，在这种情况下，他自然希望支付尽可能少的工资；但是，当他把自己也抽空雇给一个邻居时，转而会要求得到最高工资。

甚至土地改革本身也未能造成支持者和反对者的分化。土地少得不必担心被没收再进行重新分配的农民和反对将土地授予农业工人的改革建议的那些人联合起来了。这些农民往往在农忙季节雇用工人，土地再分配会抬升工人的工资。一些非经济的因素也会使乡村中统治集团的成员联合起来，反对没有土地的工人们
206 获得自己土地的愿望。特别是在印度和巴基斯坦，除了最下阶层以外，所有其他人都齐心协力阻挠一无所有者得到地位与尊严，因为一无所有者的这种努力被典型地视为对种姓制度的无耻亵渎。

所以，南亚的乡村实际上已发展成为一个复杂的有机体，其各个组成部分之间已经形成了极度紧张的关系。虽然这些紧张关系以保持平衡的方式互相交织在一起，但可以想象，这些紧张关系可能会以使这个有机体发生爆炸的方式重新分化组合。这一现象也

许不会自发地产生，但却会在外界有力的冲击下实现。

南亚村庄的制度结构从古代封建制度到今天盘根错节的集团的演变，对南亚社会经济状况产生了深刻影响。

从已经介绍的情况可以看出，该地区的状况不适用于西方经济分析的惯用模型。这一模型暗含的前提是，大部分经济活动都是面向市场的交易，因此生产和交换能根据理性的经济核算进行讨论。在西方常用的维持或固定农产品价格以刺激生产或改进市场的方法，在南亚几乎毫无效果。虽然粮食作物可以卖给非农业人口，但是一般并不借助于价格体系中的经销关系。地主和放债人是榨取传统农产品的工具，这对提高生产效率不会产生激励作用。与此相反，所出现的这种方式，严重削弱了通过增加投入提高劳动效率、或者通过资本投资增加产出的形式提高生产率的刺激力量。

如果我们对农村社会中的重要成员即收益分成的佃农开始发挥功能的情况稍作考虑，南亚农业的“准资本主义”结构的不幸后果就可以栩栩如生地展现在我们面前。土地使用权的无保障性剥 207
夺了他们提高产出的积极性，甚至一些收益可以相对较快获得的投资，例如化肥的使用，不会在第一茬作物中发挥出全部功效。更为重要的是，地租的变化没有与净收益挂钩，而是以总产量为转移。这一事实意味着这种制度对精耕细作有一股强大的内在阻力。地主也没有强有力的投资动机，因为他在无需投资的情况下也能获得可观的收益。总的来讲，这些地主满足于他们的土地随便生产什么、能产多少算多少，而无意去增加它们的产出。

南亚往往有这种情形，土地转移给一个非农业主或者农民地主，意味着这块地将交给收益分成的佃农来耕种，他与原来的主人相比，在整修土地方面积极性更小，更无能为力，而新的地契持有者自己却漠不关心。与此同时，南亚乡村中的社会等级制度阻碍了通过有效地使用为工资而劳动的人来提高产量。由于和体力联在一起的耻辱，使得雇用他们压根儿就十分困难，雇主也不愿意难为他的工人。有些人宁愿凭借小得可怜的租地过着半饥饿状态的生活，也不愿为获得更高的实际收入而从事有工资的劳动。

综合以上分析，所有的因素都趋向于抑制提高效率和生产率的动机。这些因素还助长了一种环境，在这个环境中，收租人在没有提供得以增加剩余的资源的情况下，从农业中获取了剩余。这些因素还阻碍了仅仅依靠手头的劳动资源，甚至无需增加合作要素供给就可以实现的精耕细作。鉴于存在我们已经注意到的对有效利用劳动和提高农业产量的各种绊脚石，南亚的传统农民的表现已经相当不错，这一点或许不同凡响。

十分清楚，南亚传统农业的社会和制度环境助长了回避生产劳动的习气。另外，很难得到有关实际工作的人数，他们是什么
208 人，以及他们的年龄和性别的统计分类资料。南亚的有些国家，例如印度尼西亚和南越，我们完全不知道它们的人口规模。即使我们对参加工作的比率和影响这种比率的力量的认识不够完整，但看来有效从事工作的合格参加人员的比例很低，何况这一比例在该地区至少在某些国家可能还有下降的趋势。

世界上的所有农民某种程度上都会受到季节的影响。在一年

的某些时候，如种植和收获季节，农民的工作时间比其他季节长，工作也更繁重。在南亚的种植和收获季节，一些不是正式的农业劳动力成员也会被投入田间劳动。但是南亚所有从事耕作的人，在工作年度中有大量的空闲时间。一个研究殖民地印度的英国皇家委员会发现，大多数的耕作者一年至少有 2～4 个月的完全空闲。另一项在 20 世纪 50 年代中期所作的研究表明，印度农业劳动力每年有 4～6 个月的季节性失业。

显然，在自家土地上耕种的小农，以及仅在某些时候雇工的农民地主出勤率高。在许多情况下，为偿还债务而依附于某个地主的农场工人，在淡季可能被吸收到家务中去。

在南亚的部分地区，一个农业年度截然分成旱季和雨季。但是即使在农业生产受到季风控制的时候，工作方式也未必一定完全受季节摆布。气候周期对劳动利用的影响可以通过改变庄稼种植方式得到缓和。甚至在一些由于气候恶劣、庄稼种植方式难有一点灵活性的地方，在淡季也有许多有益的工作可做，以改善生活条件。乡村地区的许多方面，诸如住房、道路、卫生设施以及供水都急需改进。这些事情大多数只需要计划人员手中的一点点资本资源就可以办到。在西方国家，生活在北部气候区的农民，在劳动流动性不大的期间，可利用漫长、严酷的冬季改善住房和道路，修 209
理工具，进行一些传统的手工艺生产。他们较高的生活水平，甚至在 100 年前就依赖于这样的事实：西方农民是真正的多面手，训练有素，能从事多种家庭和农场的工作，因而对气候不怎么依赖。

所以，对大规模的闲置不能像通常假定的那样用季节性的波动进行分析，而是应当与生活水平、文化模式、阻碍改变作物种植方式的因素以及阻碍工作多样化的制度相联系。在制度形成的障碍中，重要的是文化方式，它要求一年中的相当一部分时间用做节日、假日、礼仪庆典，如果是穆斯林农民，则还有长达一个月的斋月时间。

印度前不久的几个领导人曾猛烈抨击过农民的懒散，甘地和尼赫鲁也都公开指责过他们同胞的懒惰。但是在印度或其邻国，关于对劳动效率低下和工作日或工作周都很短的批评，少得令人吃惊。这可能部分地因为这些民族不愿讨论自己的缺点，部分地因为近乎老于世故的理解，即认为不愿意工作和不愿意勤奋工作不是由于缺乏道德素质，而是由于明显地抵制变革的制度因素和其他因素造成的。在一些地区，气候的悬殊与低水平的营养、耐力和健康的综合作用，造成连特别长时间的休息也被觉得是必要的，或至少是合意的。在极其潮湿和酷热的月份中，几小时的体力活动就能使人精疲力竭。不过，气候条件不能为相对过短的劳动时间和过低的劳动效率承担全部责任，因为在美国密西西比河流域以西的大平原的大部分农业地区，高峰季节的温度和湿度叫人难受的程度并不逊色于南亚。

无效率和大量的空闲因另外一系列理由也可以予以原谅。大体上没有制度刺激去驱使人们工作和努力地工作。除制度禁忌之
210 外，一旦有了解决温饱的最低产量，工作动机往往就消失了。和天底下所有仅想维持生计的农民一样，这种态度不是完全没有道理。那些兴趣被限制在与外界隔绝状态的农民，没有什么鼓励因素让他们去获取额外收入，以便使他们的消费模式扩大和多样化。

这些因素的净效应是，劳动者们即使表面上十分繁忙的时候，

事实上也没有为产出作出十分有用的贡献。这是南亚农业生活中许多严酷事实的一个方面。然而战后方法通过“失业”和“就业不足”的概念模糊了这一问题。尽管战后模型的倾向是把资本和技术作为劳动生产率的基本决定因素,但我们不得不得出这个结论:资本和技术绝不是限制农业进步的仅有的因素。劳动者的努力勤勉大概是更为关键的变量。然而,劳动者的行为应该在社会和制度背景中,即在营养、健康和体力的标准低下,缺乏努力工作的激励因素中加以理解。

提高农业人均产出的问题,不能简单地靠制定独立提高劳动利用方面的某个要素的措施予以解决。如果这个方法仅仅是分摊工作和减少了工作的持续时间或强度,那么它对引导更多的工人参与工作没有任何好处。当乡村社会中的一部分人被迫更为努力和更长时间地耕作,以致另一部分人可以退出其部分或全部工作时,这种做法就没有成效。

即使在目前缺乏事实资料、对劳动利用的研究也不完全的状态下,仍可以得出一些有关困扰南亚农业的隐忧和阻塞农业发展的障碍的重要结论。

在任何情况下,产出、收入和生活水平都可以通过更大量、更密集的劳动投入得到明显改善。农业一向具有的制度特征非常有损通过更合理地利用劳动带来的更高生产率。租佃制度特别是收益分成制,是双重地不公正。这种制度不但倾向于强令将农业的“剩余”送给那些多半不愿提供能增加土地生产率的资源的土地所
有者,而且挫伤了那些实际从事农业劳动的人的积极性。 211

南亚的本地农业确实陷入了贫困的“恶性循环”，而打破这一循环的任务看来非常复杂而困难。

17 农业政策

南亚谋求长期经济发展的奋斗在农业方面成败未决。不但大 212
多数南亚人以农业为生，而且正是农业在南亚的经济中比任何一个领域更不依赖外部援助就能取得社会进步。

我们知道，依靠耕作为生的那些劳动力既没有得到有效利用，也没有利用到应有的程度。这个判断看来十分简单，其重要性被另一个同样简单的事实所加强。这就是南亚农业人口的日益增长，以及政府在节育工作上无论取得什么成功，在20世纪末或者在当今计划人员视野范围的任何时期内，南亚的劳动力将以2%或3%的年增长率上升，而且这些新生儿的绝大多数将滞留在农业中。

认为在今后几十年将加入劳动大军的大部分人能在农业之外被安置为生产性就业，这种常常挂在嘴边的希望是虚幻的。农村人口是如此之多，以至于其增加不会由于今后二三十年内从农村流向城市而大幅度下降。从制定计划的观点看，加快从农村地区迁移到城市贫民窟的速度，对于减少农业劳动力利用不足的状况，仍然并非良策。对于数以百万计的出生在农村的人，除种地外无业可操，也无处可去。

至少在不久的将来，对于计划人员来讲，存在一些对有效吸纳更多农业劳动力的前景似乎可以有所助益的因素。其中最主要的因素是南亚农业的产量极低，提高生产水平应该相对比较容易。213 笼统地说，低产量和未能利用提高产出的潜力只能用现行劳动习惯来作出解释。换句话说，就是未能有效地使用传统的和熟知的耕作方法。即使没有任何创新，甚至除了工作时间再长一点、更有效一点之外，无需任何投资，农业的产量也可望得到明显提高。这是通过管理调查所揭示的各地区间甚至个体农户之间的不同产量水平所证实了的。

产量的进一步增加必须依靠现代农业科学技术。但是我们必须记住，绝大多数现代技术是在西方发展起来的，并不总是适合南亚的耕作情况。这一地区的农业研究方面还有许多空白——例如，有关气候与土壤的研究，对那些已经使温带国家的产量得以迅速提高的技术进行本地化的深入的研究。进行这种研究必须要认识到，面向农业劳动力迅速减少的西方技术，不适合今后几十年内将迅速增加大量的、基本上利用不足的劳动力的南亚情况。

与普遍的信念相反，这种情况中的一线希望是，南亚农业劳动的实际情况现在不是"集约劳动"，劳动投入低而且无效。实际上，南亚农业是"粗放劳动"。亩产低的主要原因是劳动力利用不足，其含义显而易见：劳动力的充分利用和农业生产水平的提高，不仅是相互兼容的目标，而且的确是同一事物的两个方面。

南亚各国都已经充分认识到发展农业生产的重要性，但是除了少数几个国家外，这一地区的许多国家提高农业产出的努力进展并不顺利。显而易见，我们讨论所有南亚各国实行的农业政策，必须注意其特殊性。举个例子说，对于劳动的利用不足，特别是时间和效率方面，一般视为互不相干的事情，或不予考虑，没有将这一问题与农业的“粗放”和效率低下的事实联系起来。偶尔建立了 214
这种联系，但是需要改进劳动力使用的问题从来没有成为农业改革计划的主题。巴基斯坦经常讨论到在农业领域组织公共工程投资的问题。但是除了巴基斯坦，其他南亚国家迄今在这一方面没有作出大规模的努力。

不幸的是，制度和态度的问题同样被忽视了。事实上，现在越来越强调技术改革，概述提高产量计划的一般声明已完全放在对这些改革的描述上。这些改革的内容已完全容纳了大规模生产方案的一般内容。西方各国政府和南亚各国政府一样，继续支持敦促土地改革的联合国粮农组织会议的各项决议以及其他类似的政府间集会。但是这仅仅是一种姿态。美国虽然感到被迫对它所提供的粮食援助附加条件，但通常仅仅是殷切要求受援国着手技术改革，并将更多的公共“发展支出”从工业转向农业。

与此同时，少数制度学派经济学家反复强调被称之为“人的因素第一的方法”的重要性。他们的思想得到了具有实地经验的人们的支持。这些人知道，技术建议只能带来某种程度的结果，此后耕种者的合作便成了起限制作用的因素。许多碰巧触及欠发达国家这一问题的西方经济学家往往天真地认为，这些国家可以通过简单地提高农产品价格去刺激农业生产。研究过南亚农业生产情况的西方专家则比较谨慎，和他们的南亚同行一样，不怎么指望把价格支持作为提高农业生产的手段。

我们并不是在说，农业改革者完全不知道技术和制度变革的相互依赖性，而是说他们抱有偏见，有意贬低后者的重要性。在殖民地时期，政府不愿干涉本地人的生活与习惯，但在政府出于利益上的需要时，如在土地所有权、征税、为欧洲雇主招募劳工等问题方面，它们就置一切顾忌于不顾了。对传统农业结构中根深蒂固的劳动投入和劳动效率的阻碍因素进行正面攻击，被权宜之计和
215 费用上的考虑以及普遍的自由放任的殖民主义政策排除了。

具有讽刺意味的是，与过去相比，虽然毫无疑问南亚国家已将更多的精力投入到推进制度改革之中，但是独立以来上述态度大体上依然存在。赞成技术出路的偏见由制定计划的战后方法得到了强化，这表现为大量对问题的回避不但暗含在制度中，而且暗含在态度上、生活方式和生活水平上，以及对于资本投资能够提高产出的信念上。幻想通过应用现代科学技术制造“奇迹”进一步加深了这种偏见。这种偏见还得到了充当顾问的西方农业计划人员报告的支持。这些人虽然经常提到制度改革的重要性，但是通常将他们的评论限制在更为安全和据认为更为中立的技术改革题目上。这种强调可能仅仅反映了如下事实：这些专家虽然在技术事务方面训练有素，但是对南亚的态度和制度及其如何改变知之甚少。

一般说来，南亚近几十年农业生产的增长主要归因于耕地面积的扩大，而不是单位面积产量的提高。农业计划官员一致认为，进一步扩大耕地面积将受到可耕范围的限制，并且往往代价高昂。因此人们达成共识：提高单位面积产量应当成为任何旨在迅速转变南亚农业现状的计划的最重要支柱。

这并非因为没有更多的土地可供耕种。从概约的数量观点看,南亚国家的已耕地不超过全部土地面积的10%～20%。在印度次大陆,这一数字仅为2/5,虽然印度本身的土地大约一半已被开垦。联合国粮农组织提供的资料表明,东南亚的耕种面积至少可以扩大1倍。即使在目前所使用的技术条件下,大自然允许东
南亚农业工人在目前的就业基础上再增加2～3倍。在印度次大 216
陆,扩大耕地面积的潜力比较有限,但是决非微不足道,特别是如果采用不同于传统的方法的话。但在许多这样的地区,扩大可耕地面积意味着需要重型机器设备和花费巨额的资金,而且部分支出要耗用宝贵的外汇。

然而,如果大自然没有给南亚农业人口设置严格死板的限制,那么就是其他力量阻碍了耕地的充分利用。仅对高租金和低工资感兴趣的土地所有者,往往没有热情去扩大可耕地面积。这种情况在印度特别千真万确。在印度,这一问题由于高级种姓反对低级种姓家庭(或部落)到荒地上定居并获得土地所有权而变得复杂起来。一些国家的政府因担心增加土壤流失的危险,有时也不愿鼓励开垦村庄的荒地。

开垦离村庄较远的处女地就要重新定居,但是大多数南亚农民特别不情愿离开他们的家乡,不管他们现在居住的村庄已经变得多么拥挤。印度尼西亚苏门答腊岛的大片地区和一些较小的岛屿都可以用来定居和开发,但是开发的巨大费用加上政府在组织移民问题上的无能,使得这些工作处于令人失望的水平。马来亚一直在有条不紊地开垦种植园作物所需的新的土地,但这是一个缓慢和谨慎的过程。南亚的许多国家都对擅自占地者实行严格控

制。如果放宽控制，除修筑道路以外，很多地区只需很少的公共投资就能迅速开辟成农田。然而，这种迁移必须受到政府的保护，以防止富有的土地所有者和承包人派遣雇用的劳工去占领这些土地。

许多与扩大耕地面积的范围特别是未开垦土地的质量的全面评价有关的问题依然是未知数，大多数南亚国家的计划人员对这一问题的兴趣近年来已经消失。我们可以说，至少土地面积的最大限度还没有进行过彻底的测量。社会和制度结构以及传统的农
217 业技术不鼓励——在一些情况下还不允许——扩充耕地面积，而这些土地在其他的情况下可能早就开垦出来用于耕种了。

增加有效耕种面积的最廉价而最有希望的途径之一是减少牲畜的数量。不加控制的放牧是南亚家畜总数的质量和效率低下的一个原因。牲畜对空间的需求问题在印度最为严重，在巴基斯坦要稍稍好些，这两个国家所拥有的牛数已接近世界牛类动物总数的1/3。在这两个国家，大约每两个人就有一头牛。

专家一直在指出，在草场上放牧牛群的传统方法完全不适合于人口高度密集的地区。利用种植饲料的方法，仅需现在草场放牧条件下土地面积的一部分就可使同样数量的牲畜得到更好的营养。一位严谨的学者雷内·迪蒙特(Rene Dumont)指出，如果用种植饲料作物来代替传统的在公有地上的群落放牧，那么这些公有地的1/5就能提供超过以前所有那些土地提供的饲料量。

也有人早就提出缩小牛的数量规模。一个美国专家小组得出结论说，印度至少有1/3或许1/2的牛与所能供应的饲料相比是

完全多余的。当然,印度禁止宰牛不是单纯地基于宗教的偏见。牛是动力、燃料(粪便可供燃烧)、肥料和食物的潜在而方便的资源。但是农业专家们确信,更小规模但更肥壮的牛群必然增加现有耕牛所能提供的动力。福特基金会的一个小组甚至得出了这样的结论:"一定量的饲料喂养一头牛所产生的粪便多于两头牛食用同量饲料所产生的粪便。"在差不多所有东南亚国家,黄牛和水牛很少用于产奶或食用。牛奶的消费在城市已十分普遍,如新加坡和雅加达,但是大部分的供货是以奶粉或罐头的形式进口的。除了一些废弃的耕畜外,东南亚主要的食用肉类是羊肉、家禽,在非 218
穆斯林地区是猪肉。

用拖拉机和其他农业机械代替畜力,开始会很贵,但是随之而来的是更好的耕作效果。根据旁遮普一项农场管理工作的调查,如果组织得当,用拖拉机比用牛不会更贵,也许更加便宜。但是这种农场惯例的合理化在制度和态度的母体模型没有改变时不可能实现。在四分五裂的土地、低收入、占有制度既排斥购买机器又杜绝机器的经济使用时,合理化的工作不可能有很大的进展。如果这些枷锁能被打破,由于因果关系现象,采用拖拉机的累积效果将会非常之大。

许多计划人员对通过灌溉扩大南亚农业生产寄予厚望。水的稳定供应,不仅减少了对季风令人惊恐的依赖影响,而且如果农民愿意卖力气,还能够在一年内多茬种植。很多南亚国家为增加灌区面积,已经作了许多努力,而且更大的努力还正在计划之中。迄今为止,许多结果还不尽如人意,特别是大的灌溉工程。概括地说，农民对充分利用提供给他们的水利设施反应迟钝。实际的耕种者经常把灌溉看做是没有季风损失的一种保障，而不是用做增加产量和实施复种的手段，甚至带来肥沃淤泥的季节性洪水也没有得到应有的利用。

未能充分利用现成机会的主要责任应当归咎于继承下来的制度体制。农民往往不愿意利用他们可以任意支配的水，尤其不愿意改单茬为复种。他们对改变业已习惯的生活节奏表示愤恨，而在现有的土地结构中他们往往有充分的经济理由去抵制这种改革。当地主、水利当局以及雇工都坚持第二次种植的支付费用应
219 与第一茬种植一样，而第二茬庄稼的产量通常降低并且需要付出更多的劳动时，那么尤其是收益分成的佃户将最容易对整个事情表示怀疑。不过，当然也有灌溉大大提高了农业产出的明显例证，即使灌溉的优越性没有得到充分利用。

必须记住，灌溉作物经常需要大量肥料。十分明确的一件事是必须增加化肥的使用。南亚在这方面也是很落后的。例如，虽然日本的耕地面积仅仅只有印度的 4%，但是日本却使用了比印度更多的化肥，而且每英亩的谷物产量几乎是印度的 5 倍。重要的一点是，化肥与其他农用辅助手段一样，只有在全面改进耕种方法之后才会发挥最大效果。农产品的产出是一个综合性因素的产物，只有在同时采用灌溉、肥料以及其他有益的自然力，并且采用适合当地气候和土壤条件的剂量时，才可能得到最高的产量。这就明确地显示，需要复杂的研究作为对计划人员和政策制定者的指导。

与此同时，哪怕改变一项农业惯例也是困难的事。麦金·马

里奥特(McKim Marriot)下面的一段话,揭示了为什么会出现这样的情况:"让我来列举一些我那个村庄和其他邻近村庄的农民对改进小麦品种的反对意见。他们说,确实,如果老天高兴,一个人可以在播种政府改进的种子的土地上使小麦穗大粒饱,收益在重量方面很理想。一两个农民进行了尝试,但无意再试。种子商店的经营者是个令人讨厌的家伙。他以极低的利息率提供种子,但是他要求必须在一定的日子偿还,如有人在收成之后需归还其他的债务,这一点就办不到。最不合理的是,种子商店的老板要求种植和归还的种子必须纯正,不能与大麦、豌豆、绿豆和油菜籽混杂,而后面几类套种作物又是防止小麦因季节不济而庄稼绝收的保证。除了在管理借款和使用种子方面这些无法接受的条件之外,请看收获的庄稼!麦粒确实很大——又大又硬,妇女们用旧式的石磨没法子碾碎。用新面粉糅合的面团难以捏制,烤不成好面包。220
这种穷人非吃不可的新面包味道比好的旧面包差,淡而无味(当然,部分的解释是,这种面包不含有大麦、豌豆、绿豆和芥菜籽混合物,而过去的'小麦'中含有这些东西)。其次,请看奶牛群和公牛群:它们不喜欢吃新品种小麦的秸秆,如果种植这种小麦,它们会饿死。还有,这秸秆对修盖房顶也无价值,甚至在冬季烘手取暖火也不旺。"

发展的迟缓,甚至包括被认为条件特别有利的地区引进许多改善措施后的情形表明,南亚农业发展缓慢的原因,不仅是所有改进的工作在技术上相互依赖,而且往往在于耕种者对于改进所采取的冷漠态度。但是,不论什么时候人们接受了技术的改进措施,特别是如果和其他的改进措施结合起来,那么,态度将朝着使更大的进步变得容易起来的方向改变。普及教育与文化能够在这样的发展中起到催化作用。

我们在前面已经说明，南亚的农业多半是劳动粗放型的，而不是集约型的，存在着常见的人力浪费和由此而来的低水平劳动生产率。在反对改革的诸多疑虑中，有一条是，人们认定耕作的新方法将减少农场的就业人数。这是不符合实际的。先进的技术不会减少改善劳动力利用的机会；相反，将增加这种机会。事实上，所有技术改革的共同之处是需要大量的劳动投入。为此，必须找到动机的推动力。

南亚各国需要新技术，但是这些技术应建立在对当地的土壤和气候条件深入了解的基础上，在设计上应充分考虑到农业劳动力严重利用不足，并在今后几十年中还会迅速增长这一事实。依据我们的知识，必须强调的一点是，即使是机械化也不必与更少的
221 非劳动密集的农业经营惯例联系在一起，如同它已在西方国家的状况一样。一旦仔细审察了南亚的发展前景，就会看到，某些形式的机械化对农业发展是不可缺少的。

正如我们所反复阐述的，另一个并且是更为严重的障碍——不仅对机械化的普及，而且对我们已经讨论过的所有农业实用技术的改进来说——是耕种者不乐意采用会改变其工作和生活的新事物，而技术专家往往认识不到这种不情愿的力量。有前途的技术创新，需要深入细致的教育和培训计划，而开展这项工作的各项设施，在南亚到处都不敷使用。甚至技术人员招聘来了，也培训过了，他们也不能在田间进行工作，不能克服与怕弄脏自己的手相关

的落泊感，不愿分担乡村生活的艰难困苦，从而使工作失败。改革的热望和技术的合理蓝图都由于这一原因而落空，试图把将来类似的失败风险减少到最低限度将是愚蠢之举。

当今，许多增加农业产量的机会具有公共投资的性质，需要官方来“组织”。把问题简化成组织问题已经越来越成为一种激情。这是一种机会主义的手段。它已作为一种手段，用来绕过严重的社会和政治禁忌，绕过对接受革新和据称需要“组织起来”的村社行动的障碍。

在南亚各国获得独立以来的这些年代，各国政府都试图进行一定程度的土地改革，许多新政府也保证在掌权之后，要进行农业改革。但是，实际上作为政府立法形式重新分配的土地数量并不很多。大多数的南亚政权干脆有意回避了更为激进的土地改革。它们的干预实际上是限定在为所有或一些种植稻谷的佃农提供保护性的立法，加上鼓励合作和村社发展。

激进的土地改革方案没有达成一致意见应该从有关土地所有权利益的复杂性上加以理解。在甚至包括许多政府官员在内的城市中、上层阶级和农村地区非耕种者中，这两个集团的土地所有权 222
的广泛扩散，产生了权力极大的反对土地改革的集团，它们强大不是因为投票力量，而是因为集团笼络了大批有知识的人。

独立后这一时期主张土地激进改革的热情部分下降，还必须归结为政府巩固全国政权以及还要从继承下来的几乎乱成一锅粥的局势中开创出表面上秩序稳定的压力。但是更大的经济事务也促使它们小心从事。一般认为，土地改革带来的利益只能慢慢地显示出来，而新政府只关注眼前问题。还有，政府把政策的最优先次序放在工业化上；在一些势力强大的地区，人们担心激进的土地改革会降低工业化速度，因为在短期内，土地改革会降低可供养活日益增长的非农业人口的粮食数量。不管其他方面存在着多么严重的缺陷，遭受占有制和债务双重重压的农村结构确实提供了为从农业中的穷人中榨取可供销售的食物方面的有用手段。耕种者本来会消费掉自己农产品的绝大部分，现在被迫交出一大部分给土地所有者和放债人，后者则将粮食在城镇中出售。

南亚各国政府于是处于一种进退两难的境地：如果它们不进行土地改革，大幅度提高农业产出的企图将遭到挫折；如果它们大刀阔斧地实行土地改革，则冒着至少短期内可供销售的食品供应下降的风险。此外，那些能说会道以及政治上有权有势的阶层中的绝大部分人反对更加彻底的土地改革。即使他们在口头上拥护土地改革，他们也会试图修改已授出的权力并使之无效，或阻止立法的实施。

在印度和巴基斯坦，借助于英国对土地占有制度的修改而崛起的中间人，即半封建地主阶级，尤其成为独立后遭受敌视的对
223 象。起初，政府曾作出努力试图消灭这些地主，他们拥有几乎一半的独立前的印度的土地。但在这一雄心勃勃的计划开始实施之后，司空见惯的妥协和逃避的力量占了上风，许多中间人都通过把自己划分为个体耕种者的手段得以继续存在。

坦率地说，印度和巴基斯坦的废除中间人之举，并非打算实行耕者有其田，而是一项旨在恢复在英国早期土地开垦中失去土地

权利的"农民耕作者"阶级的政策。土地落入乡村中"从事耕种的"种姓集团和较高地位的种姓家庭的手中，这些人的收入传统上来自土地所有权，并依据殖民主义的占有法律获得特许的租佃权利。他们中间一部分在土地上真正耕种的人，在改革前就比一般收益分成的佃农更关心耕作的改进，这是因为他们产出的增加与直接地或立即增加租金无关。

作为半封建头领的中间人的统治已结束了。一般来讲，一个附带的结果是，乡村中的权力从旧时的不在地主阶级及其代理人手中转到由生活在乡村中的商人、放债者、农民和地主组成的中上阶层的手中。这为印度农业可能沿着资本主义的道路发展奠定了基础；但是赞成这种发展的人不打算支持土地占有制的进一步改革。另一方面，对于那些希望印度的农业沿着更为平均化的道路发展的人们，中间人的废除仅仅是农业改革的开始，甚至是重要的开始。即使在管理上的弱点和腐败可能给旧统治者在未来的一段时间施展一定的影响留下了可乘之机，但是，通过议会手段消灭封建大地主，在独立后的第一个10年是一个不小的成就。

考虑到对所有权设置的最高限度和土地再分配措施的后果，可以就南亚迄今的经验提出几条推测性概括。在农业结构中的财产所有权关系方面没有革命性剧变的干扰。乡村结构中由来已久的不平等现象很少被触动。这些措施没有达到它们宣传的预期结 224
果的事实，造成了农业中日益增长的灰心丧气的气氛。同时，政府在农业财产占有方面进行微调所产生的有益的经济效果还远远没有达到预期的目标。没有一个南亚国家有相当数量的佃户成为他们所耕种土地的所有者。所以，承租保障依然是关键的问题。所有南亚各国政府已颁布立法，对一些佃户，即使不是所有佃户，提供更多的保护，并限制土地所有者对收成的索取。

如果要使这些租佃法律发挥应有的作用，就必须既规定最高租金，又保证法律显然没有做到的保证佃户占有的可靠性，充分认识到这一点非常重要。还有，依法办事十分困难。这些法律在很多情况下不过是摆摆样子，漏洞百出，数量庞大，而且十分复杂，对于一个佃户来说，即使识字，理解它们也十分困难。独立后的印度，收益分成的佃户在通常方式下依然明显地处于十分不利的地位，他们通常比特权佃户缴纳高得多的地租，而且土地所有者出于特殊利益，阻止他们得到受保护的佃农的权利。结果，收益分成制几乎在整个印度和巴基斯坦继续存在。即使从严格的法律意义上说，收益分成的佃户受到了法律的保护，但是由于缺乏土地占有权的保障，他们在实施法定地租方面的地位不堪一击。

未能有效地将收益分成制的佃户纳入受保护的佃户范畴对农业的发展产生了重大的不利影响。不幸的是，在一个农业收益分成制盛行的经济和社会环境中，制止不公正的现象，不能仅仅通过把收益分成的佃户包括在受保护的佃户之列、用强有力的租佃法律或其他能够限制土地所有者从佃户身上榨取地租数量的其他法律等办法。在东南亚乡村地区，劳动力迅速增长不断提高对土地的需求，规定最高地租的法律实施起来，可能出现不幸的社会和经济影响。往往有这种情形，一个佃户想用大大高于自我支付的地租把他们的土地转租出去，在这种租佃关系的底端依然是收益分成制中的佃户。

225 在印度、巴基斯坦以及东南亚国家中租佃立法的另一重大缺陷是，司法权掌握在公务员手里，这些人往往缺乏工作所需具备的才与德。锡兰试行不同的方法，把租佃立法的管理交给由农民为此特定目的选举产生的地方委员会，但最初的情况是令人失望的。只有少量的佃户和土地所有者出来投票，而许多佃户弃权，他们可能是害怕受到土地所有者的报复，并不是自己不感兴趣。结果，选举在许多村庄里被迫取消。

由此看来，土地租佃法的失败不是因为这些国家没有法律，而是颁布的这些法律没有实行。大多数佃户是文盲，愚昧无知，这使他们容易成为土地所有者及其代理人的牺牲品。除此之外，他们受到了许多土地所有者既作为地主又作为放债者这种双重角色的困扰。当佃户对某一个土地所有者欠债时，他们必须忍受土地所有者对他们权利的侵犯。

佃户同样得不到农民的支持，因为农民是小土地所有者；也得不到雇工的支持，因为雇工与他们互不相干。佃户本身过于混杂，在南亚的一些地区，他们被种姓差别分得过细，以致难以聚集起来抗议对法律的侵蚀。更为典型的是，佃户通常对土地所有者怀有畏怯和敬畏之情，缺乏道义上反对他们的勇气，即使他们在犯法。司法官员对土地所有者甚至更为敬畏，也小心翼翼地不去反对他们。

在世界上的许多地方，作为农民抵抗土壤、天气和市场的影响的已经过实践证明的成功的武器是合作社。通过这样的组织，农民能成批购买所需要的种子和肥料，能够借款，收割时节能够相互帮助，能够通过合作努力在市场上为他们的产品争得更为有利的价格。不幸的是,南亚对各种类型合作社的尝试都收效甚微,一个基本原因是这个地区的许多地方存在着基本的社会不平等。

226 地方合作计划经常被提出来,好像这些计划是革命性的,其本身可以创造条件,从而导致村庄中的更大平等。不幸的是,这必然一直是幻想。土地改革和租佃立法计划,至少本意上是为了对财产权和经济义务进行根本的调整,合作方式未能对现实的不平等的权力机构进行正面的抨击。实际上,合作的方法是为了在不触动权力结构的情况下改善现状,从而在事实上回避了平等问题。一般的情况是,如果只有乡村中较高的阶层能够从合作机构带来的好处中受益,以及从政府给予的发展补贴中得到益处,那么,合作社的净效果就是在产生更多的而不是更少的不平等。即使宣布的目的是援助社会下层,上述情况也是千真万确的。

与合作运动一样,南亚的大多数国家试图推行的村社发展计划也受平等思想所驱使,而且重点也一直放在乡村等级制度中下层的需要和利益上。然而事与愿违的是:有一种趋势,特别在印度,不仅肥了乡村中较富裕的人,而且还肥了较富裕的乡村和地区。原来寄予独立之后着手进行的村社发展计划给整个地区带来巨大发展的希望已经蒙上了阴影。这些计划项目开始时的群众性支持已经基本上消失了。特别是对于那些从来没有给人以深刻印象的自愿的工程项目的参与,看来也已经衰落,尤其是在印度。村社发展不再被认为是帮助社会下层自救的方法。实际上,它已变成将政府援助输送到并不很穷的人那里去的手段。

虽然村社发展因在土地和租佃法及其实施上存在的弱点而受到损害,它本身也为其他改革努力增加了障碍,在印度,这些障碍起初就已设想到了。在农民土地所有者集团通过消灭中间人而得到加强时，农业的外延服务大力发展起来。至少，这一集团的一部 227
分成员认识到，通过农业的现代化可以赚到钱，为了农业现代化这一目的可以从政府那里获得慷慨的援助。由于吸取了这一教训，农民土地所有者比以前更不乐意为了那些穷苦村民的利益而瓜分他们的财产。

合作耕作制作为一种更为复杂的村社参与方法，已在一些南亚国家里试行。乍一看，合作耕作制在印度这样的国家似乎大有推荐的价值。依照合作耕作的安排，有可能将小而分散的财产合并成一个生产经营单位，土壤管理和土地使用的合理原则更容易得到应用。同时，较大的耕作单位为高产技术的引进和合理使用开辟了更好的前景，诸如灌溉、改良品种和肥料的使用，以及经济地使用役畜、拖拉机、工具和机器。

总之，合作耕作制往往被认为能转变南亚农村结构的整个制度母体模型，能克服长期以来对效率、提高生产率和更充分地利用劳动力的障碍。合作耕作的尝试仅在印度大规模地进行过。但印度处于当前状态的乡村不具备这种社会和谐发展所需要的适当环境。印度的合作耕作制普遍缺乏成功的基本因素是未能改变土地所有制的结构。迄今为止，合作的努力几乎对现状没有改变。即便是不在地主也支持印度的合作耕作见解，因为个人地契被保留了下来，由此他们可从政府的优先权和已经提供的援助中获得利益。但是，或许专心致志于合作制解决办法的最不幸的结果是，它转移了人们对基本结构改革这一棘手问题的注意力。

在最近15年中，所有西方和南亚的研究这一地区问题的经济
228 学家，都要求动员劳力去修路和架桥、铺设灌溉系统以及建设其他能够改进乡村基础设施的适宜环境。他们还指出，这些“投资”活动几乎不需要追加资源与所需劳动力相配合。但是他们都以集体行动为先决条件。而在南亚大多数地方，组织起利用不足的劳动力的每一项努力都已经失败或接近失败。现在事实已经证明，说服人们在没有切身利益的情况下去工作是不可能的。例如，印度的无地工人和收益分成的佃农在没有工资的情况下，为各项改革而工作就没有动机，而这种改革的种种有利条件将给拥有土地的社会上层带来好处。

人们经常听到这样的呼声，即必须在高层有强有力的领导人员，中层领导有更良好的纪律，去推行这些自助的项目。更为普遍的解释是，动员利用不足的劳动力的潜在价值在民主国家比在共产党政权国家受到更大的限制。这种说法往往带有思旧怀古的情调。人们更为经常地自豪地指出，不应当诉诸强迫，尽管这样做意味着只能取得较小的成果。然而一般说来，在大多数南亚国家，当然在印度更是如此，比西方国家更迅速地认识到，在唤起民众的集体努力方面，某些共产党体制更多地是依靠政权机构，此外还依靠激进的平等化和集中的教育、宣传以及由某个一心一意的干部实施的组织工作。

对于南亚来说，一个更为明显的困难是缺乏组织者。其瓶颈部分地是能在地方一级执行命令和指导工作的、有能力并在技术上受过良好训练的人员的严重缺乏。有时，人们认为军队是最后手段。实际上，印度被迫维持着一支庞大的军队，这支军队完全可

以为公共工程提供训练。在印度尼西亚，军队一直在用“平民行动”计划在公共工程方面组织和帮助农民。但是，即使军队或者受过军队训练的人在转向公共工程时，也会面临所有那些与乡村发展有关的人所遭遇的同样困难——乡村同国家和民族一样，存在 229
着不平等的农业结构固有差异所带来的深深分裂这一基本事实。

战后，关于振兴南亚农业奋斗的历史，失望的记载很长。或许，独立后惟一显眼的政策结果是加强了乡村中上层阶层的地位，相应降低了乡村底层中收益分成的佃农以及无地劳工的地位。这个问题的核心是遍及这一地区的经济和社会不平等的长期存在和对地位的荒谬可笑的全神贯注。

战后，一些事件的发展趋势的政治后果是影响深远的。证据表明，彻底改造农村结构的适宜时机已经过去。在大战刚刚结束后的岁月里采取行动，全面改革也许早就完成了。但是，如果认为当时同意对财产和租佃权实行根本改革可能取得胜利，那么现在就不可能了。零打碎敲完成的各项改革加强了乡村上层阶层的政治、社会和经济地位，而现政府就依靠这些人的至关重要的支持。

既然工作和赚取收入危及地位，而拥有土地和部分或完全脱离生产劳动可以提高地位，那么总产出必然会低于其应有的潜力。从另一方面看，如果纠正不平等的措施能顺利消除对工作的障碍因素，那么总劳动力的利用和总产量可望同时得以提高。与西方国家的情况不同（至少像习惯上判断的那样），南亚的状况可能属于这种情形：促进社会和经济的平等是达到显著的长期生产增长的先决条件。

用这种政策方法取得成功绝非易事，它取决于大量互补性的条件。但是，至少可以说，忽视不平等问题的农业改革政策不可能取得重要的、特别是长期的结果。这种忽视大概是南亚各国政府
230 迄今所发动的制度变革努力中最为严重的缺陷。即使纸面上似乎谈到平等问题，例如合作社和村社发展，而实际上却未能认真处理。

在可能振兴南亚农业的备选模式的诸多讨论中，重新分配土地一开始就被排除了，理由是它徒然制造小块的不经济的土地，并牺牲目前大面积耕种的效率。事实上，这些担心是过于夸大了。我们必须记住，在南亚农业中的所有权单位和耕种单位之间存在着巨大的差异。南亚的"农场"与北美或欧洲的耕种单位毫无相像之处。南亚的农场不是由经营者的一所房子、花园和用做贮藏农产品并为牲口和机器遮风避雨的一批建筑物所组成的经济单元。耕种单位无非是一块空地，更常见的是一些零散、狭长的小块土地，除了一口水井外别无固定投资，间或有一些梯田、排水沟或者排灌渠。

从劳动力利用的观点看，彻底的土地再分配有一个激动人心的可取之处。它带来一种保证，即通过克服盘踞在不平等的传统模式之中对工作的阻碍因素，为农村劳动力在心理和态度上的重大转变打下基础。土地的彻底分配可能鼓励获得土地所有权的人更为努力地工作，并利用农闲季节作些增加产出的改进事宜。更为重要的是，这个方法可能会克服盛行的收益分成制正在衰减的影响。与此同时，由于土地再分配而使土地减少的自耕农也会更加努力地工作，以弥补至少部分损失的收入。

还有人认为，土地再分配会引进没有种地经验的新的土地所有者，这会降低产量。但是收益分成制的佃农和其他佃农以及没有土地的劳工，即土地再分配中获益最多的这个集团，都是富有经验的耕作者。即使新的土地所有者作为耕作者不如被他们取代下来的那些人胜任，但是他们自己更多的劳动投入会大大超过较差资格的不利影响。正如我们前面指出的，发展农业尚大有余地，无 231
非是使用传统方法，或者是尽人皆知的方法，或者用增加工人来推动的方法，因为当耕种者是在自己拥有的土地上工作时会有更好的反应。新的土地所有者缺乏资本也不是强有力的论据之一，因为可以通过共用设备、真诚合作，以及包括在一个更为平等的社会和经济结构中更为可行的信贷活动来克服这个困难。

彻底的土地再分配当然不消除农业发展的所有障碍。许多障碍必须通过技术改进和更好地使用劳动力来克服，但土地再分配能够创造更好地吸收这些革新的气候。合作运动也可以得到同样的效果。如果合作耕作能形成更为名副其实的合作，那么合作耕作会有取得这种效果的更多机会。

但从长远的观点看，还存在另一个而且是更大的问题需要考虑。在缺乏保护措施的情况下，把土地再分配看做是解决南亚农业问题令人满意的长期方法是错误的。转移给真正的耕种者的所有权也容易受到当前盛行的同一势力的侵蚀。要使之成为永久的改进，彻底的土地再分配必须用同样彻底的勾销借债人的旧债来补充，禁止向放债人再借新债，并以立法禁止土地的抵押和买卖。这种措施显然会使彻底进行土地改革在政治上更难接受。除此之外，来自农业劳动力增加所产生的压力，也可能使用来阻止将来土地的小块化或支离破碎以及禁止土地买卖的法律化为乌有。就最乐观的一面看，彻底的土地再分配只能被认为是土地占有模式的一次一劳永逸的改革。借助于它的冲击效果，也许可以克服存在于目前不平等制度下阻止更密集地使用劳动的障碍。

如果认为将土地彻底地分给耕种者不仅仅在政治上是不现实的，而且还受到一些实际问题的困扰，那么土地的国有化可能是更
232 为可行的方法。土地国有化可以克服小块土地的支离破碎和分散化的问题，可以使土地得到合理利用和规划，水利灌溉的技术潜力也能得到更好发挥。但考虑彻底的土地合并选择，虽然其本身十分有意义，却与政治无关。这样的政策只有在共产主义革命发生后才会采用，而在南亚的结果不会像在苏联和中国那样成功。在苏联和中国，远在共产党政府掌握政权及其土地所有权巩固之前，就早已做了相当长时间的组织和准备。即使仅从理论上讲，共产党政权也没有为南亚农业病症提供可行的治疗方法。

我们十分怀疑能否设计出一种从各个角度看都尽善尽美的方案。然而，我们确信目前实行的农业政策以及最为显眼地讨论的各种可供选择的方案，都不可能导致如此紧迫需要的那种转变。我们踌躇再三，提出一个试验性框架，并在这个框架内设想出农业政策的新方法。第一步我们想到了印度这样的国家。

迄今，农业政策招致了最严重的两个问题：平等在现实中没有实现，其结果是人民变得沮丧而愤世嫉俗；与此同时，效率也没有得到充分的认识和回报。

在这种情形下，第一个结论是，政府必须制定明确的政策，并

保证政策的真正实施。由于对彻底的或相当有效的土地改革既没有政治意愿，也没有行政资源，因此第二个结论是，作出一项有利于资本主义耕作的慎重的政策选择可能更为可取，办法是通过允许和鼓励进步的耕作者获得其进取精神和劳动的全部报酬，同时从不同的角度和依靠不同的政策手段处理平等和制度改革的基本问题。

支持沿着资本主义道路发展农业的政策必须与自由放任主义严加区别。实际上，它要求大规模地改革现状。我们已在其他地 233
方表明，南亚本地的农业实践是集资本主义和封建主义经济组织模式中最不利的特征于一身的典型的准资本主义形式。

首先，真正的资本主义发展道路不能容忍消极和寄生的土地所有制，就某些人而言，他们消耗农业部门的剩余产品，但又丝毫不对生产作出贡献。收益分成制应当废除。消除滥用不在地主的土地所有权，以及常住地主的土地所有权中那些自称是耕作者而实际上却不是的情况十分困难。但是，通过税收体制，向不参与农事的土地所有者的收入课以重税，或通过法律禁止土地所有权转移给非农业人员的非乡村居住者等手段，可以防止许多这样的问题。

后一种类型的法律存在于许多民主国家之中，例如瑞典就是一个例子，尽管瑞典的不在地主所有制已经几乎消失。我们心目中的改革不会剥夺任何人的任何东西，而是取缔一些并不准备成为耕种者的人非法购买土地，尤其是禁止城市居民购买土地。实际上，下述情形是南亚各国权力情况的主要征候，是形成各种思想过程的反映：虽然遵循“社会与经济革命”和实行“耕者有其田”的传统模式的激进声明层出不穷，但是对这种直截了当而切实可行的改革路线尚未进行过严肃认真的辩论。

执行过程中存在大量的疏忽是不可避免的，我们对此也不抱幻想，但是这种方法比战后年代中推行的政策有更值得推荐的地方。一般说来，战后的农业改革政策把农业土地的规模作为基本标准。我们提议用土地的功能性使用（functional use）作为替代标准。如果大规模的所有权自身能提供真正的效率和高生产率，就不能被认为是坏事。效率和名副其实的工作参与的功能性检验可能比土地规模的静态检验要好得多。

234 真心实意地模仿在西方各国逐渐形成的、可控而有节制的资本主义实践模式，哪怕不能完全得到执行，也会学到一些相对于现行政策和实践的大量优点。

我们已经说明，在加强农业生产的目标与吸收更多的劳动投入之间没有必然的冲突。然而我们应该认识到，在一些情况下这样的冲突可能发生——例如，在不加控制地引进机械化的进程中。如果机械化对劳动的取代带来不良影响，那么它的使用可以由下定决心的政府控制加以制止。

真正的资本主义生产制度的发展不含有企图维持现状的内容，但是正如我们已经指出的，这种发展必须是相当彻底的土地改革，虽然在通常讨论的方案中存在不同的种类。这种发展应当这样设计：鼓励土地所有者成为耕种者，或者至少在某种意义上成为真正的农业企业家。尤其是，这样的政策必须引导到收益分成制度的逐渐废除。从相反的观点看，农业工人应得到在资本主义农业制度中受人尊敬的地位。毫无疑问，除非把厌恶勤奋的体力劳动、特别是对为薪金而受雇的工作的传统观念从经济制度和人们的思想中予以清除，否则，南亚农业的长期发展是不能实现的。

在进行这种类型的“土地改革”中，设计保护农业工人的措施与为土地所有者方面的真正企业家精神创造刺激因素同样重要。通过这些措施，这种农业体制即可逐渐获得“福利资本主义”的特征。这一计划中应予最优先考虑的是这样一个纲领：将小块土
地——以及尊严、生活的新前景和较小的独立收入来源——给予 235
没有土地的下层民众。即使在这一地区人口最密集的国家里，大片至少尚未开垦的荒地上的一小块土地分给没有土地的人也是可能的。在某些情况下，现有土地的附近也有可供分配的土地。目前耕种土地的模式无须严重打乱，有些地方甚至完全无须打乱。但在一些人口特别稠密的地区，某些重新安置是必要的。

依据这些设计思路起草的适度的土地重新分配方案，不像通常讨论并进行立法的土地改革那么彻底，但有两个要点是可取的：第一，这个方案通过允许农业结构中被剥夺了土地的人们生产一点微薄收入，向他们提供了最低限度的社会保险形式；第二，更为重要的是，这个方案向本质上是地位和尊严的制度和态度问题展开进攻。然而，在这种有限的重新分配中，重要的一点是，将不可剥夺和不受限制的拥有并使用土地的权利交到没有土地的人手里。如果乡村合作社想以各种方式控制它，如同印度的计划一样，那么方案的核心目的会遭到阻挠。非常有限的土地再分配不可能立即解决社会经济地位低下的人们的各种问题。这些人还需要从其他来源得到补偿收入，或者是农业劳动者为工资而工作，或者是乡村中其他类型的工作。然而，这些劳工会寻求不同于现在的地

位进行讨价还价。一旦他们的地位有所提高,他们可能采取更为积极的态度对待他们的工作。

在任何情况下,农业产出和效率的长期进步的取得,只有在引导南亚人接受为薪金而受雇是发展中经济正常的、健康的特征这一事实之后才有可能。毕竟,所有发达国家大多数人口是通过为他人工作而得到收入。同样,南亚人应该知道,挣工资既非无礼冒犯,也不有辱人格。但对这一课能有效地消化之前,有必要通过土
236 地所有权给予那些失去尊严的人们以尊严。事实上,这个建议相当于一种适用于南亚各国环境的非货币社会保险和社会前进体制。它会提供某种保证。事关进步的一个基本制度和态度的阻碍因素将被减弱,通向进步的路线将规划出来。如果这个建议能在农业发展上取得成功,将为未来更加正式的劳动组织甚至农业提供基础,使工人们保护和发展自己的兴趣。久而久之,随着收入水平的提高,社会保险现代形式如同西方国家和共产党国家已经发展的一样,也可能变得可行而有效。

我们勾画出的行动路线,要求对西方国家已经成功地推进农业发展的一些方法作出选择性适应,虽然要结合针对南亚态度和制度的特殊状况所制定的政策。它展现了"福利资本主义"农业方面的改进形式。我们所建议的方案,与全国范围的或联合国所讨论的改革方案相比,不那么炫耀。但是实际上,我们的计划会比任何在南亚执行的方案更加彻底,并可能在提高农业产量、促进经济和社会结构向更为平等的和流动性的方向发展方面更为有效。

在政治上,指引农业政策沿着这些设计思路前进的远景极不明确。南亚各国最为可能的发展不容置疑是当前道路的继续。在

“社会和经济革命”的旗帜下，土地改革和其他制度的激进性质的变革，将会继续给予讨论，偶尔会以某种形式颁布法律。不过，没有多少改革会实际完成，并且政府的政策和政府控制不了的发展，比如劳动力的增长所带来的结果可能产生更大的不平等。土地所有权未来的缺乏保障的状态还将继续维持，这个问题本身也会阻碍生产率的提高。

普遍盛行的激进思想抱负，如果实践中不见成效，其危害也不是一星半点：阻碍着切合实际的见解，也阻碍人们就实际合理的激 237
进政策进行辩论。然而这种政策是非常必要的，为避免灾难发生，这些政策越来越必不可少，从我们在本章以及本书其他章节的分析中可以看出，这一点应该是清楚明了的。

18 传统农业以外的劳动力利用

238 和农业部门一样，南亚经济的非农业部门也深深地受到殖民主义时代的影响。欧洲人带来了他们自己形式的轻工业生产，以及非常之多的农业加工业。这些工业的生产能力不是很大，但是确实易于对传统的城市手工业带来一定的压力。新的竞争不仅来自机制产品，而且来自在前殖民地时期就已经存在的统治者对民族手工业支持的相应减少。虽然手工业因此而衰退了，但是传统的制造业并未消失，它们仍在南亚各国中占主导形式，特别是在劳动雇用方面。

这些手工业往往呈现出本地农业的当今特点。当代的手艺人与其前辈一样基本上依靠手工干活，仅有简陋的工具。与农民一样，许多为市场而生产的手艺人都被放债者、原料供应商以及收购并推销其产品的经纪人所控制。许多南亚手工业企业都是家庭作坊。他们经常雇用劳动力来补充家庭人手的不足，尽管被雇用的工人通常构成劳动力的一小部分。在许多情况下，这些辅助工就睡在雇主家中，其地位和私人仆人相似，他们不仅帮助生产，还帮助料理家务。

现在可以看到的南亚大多数具有较高组织形式的企业，一开始就是由欧洲人或外国人（如中国人和印度商人）创建、资助和管理的。近来，许多这样的活动都被当地人或民族主义政府接管了，而且在某些情况下，南亚人自己也开办了一些相当复杂的商业企业。但是，西方的经济组织形式即使是在旧殖民主义飞地部分孤 239
立的状况下建立起来的，也不能完全与本地社会和制度环境的影响相隔绝。西方的经济制度和惯例传到南亚后，都要经历相当大的适应性变化，对南亚劳动力利用的影响常常与西方正常条件下所出现的影响大为不同。

首先，在殖民主义时期，欧洲人招募和雇用本地劳工的困难造成了异常的状况。某种伪装的强迫经常被用来动员为工资而工作的劳动者，工资往往很低，人们被迫背井离乡。这或许为雇主节约了一点工资，却造就了一支非常不稳定的劳动力队伍。在那些年代，工作时间漫长，工作条件也十分恶劣。自独立以来，许多南亚国家正式通过法律以改善这些状况。但是，整个南亚依然存在着法规所规定的条件与现实状况之间的巨大差距。只需随便检查一些随机选择的工业企业多数雇员的生活条件就会发现，住房、健康和营养的现有标准不利于提高效率，也不清楚政府对工作时间的规定是否得到了有效的贯彻。

笼统地讲，南亚的管理实践也没有能够创立一个有利于提高劳动效率的环境。在若干重要的方面，大型企业的企业家，无论是欧洲人还是亚洲人，都倾向于采取大的不在地主的态度。虽然这些人比典型的不在地主更愿意在他们控制的企业里投资，但是他们大多仍然不愿意从事实际经营活动中的直接管理。西方经济制度中本应由管理人员履行的许多职能往往被委托给有广泛自由处置权的中间人。

除了对经济中的现代部门的增长和扩张潜力所产生的影响之外，这种管理模式还对劳动的效率产生了影响，尽管是不太明显的
240 影响。在现代西方环境下，在提高工作条件标准化方面，工会运动作为一个有力的工具已经发展起来。但是在南亚，软弱成了现代制造业部门工会运动的主要特点。固然，这背后存在许多相互依赖的因素——其中，工人由于在经济上和社会地位上与雇主有着天壤之别，况且又有如此之多的失业者；至于雇员在谈判中处于不利地位，这必须部分地归咎于把责任委托给本地经纪人和工头的管理习惯。由于大权在握，这些经纪人对保持频繁的劳动力调动有直接的利害关系。经纪人的策略也会阻挠基础稳固的劳工组织的形成，因为经纪人——在不同的环境中或许可以运用他们不容置疑的才华去组织工会——通过保持现状可以维护自己的既得利益。

显然，即使在“现代”的或者“组织了工会”的工业部门中，支配劳动力利用并影响其运作情况的力量，与当今典型的作为西方分析模型的前提条件的发达经济制度的力量之间存在着天壤之别。尽管使用了资本主义的技术和组织形式，甚至组织形式比本地经济机构更加高度井井有序，现代部门也不能逃脱其更为广泛的环境背景影响。多数现代化企业尽管作为飞地存在，也不能完全脱离南亚的社会经济生活。

多数南亚国家在农业之外的经济活动还有一个第三集团，它有时被称为“非正规团体”，这个集团主要存在于城市地区。这个集团包括广泛的各种各样的活动，其中只有一个共同的特性：一套既区别于结构较为正规的西方化生产单位、又区别于乡村手工业

传统机构的属性。然而,它们大多数都趋向于长期维持传统格局,
比如生产单位强调家庭作为生产组织的核心单位。服务业在南亚
城市劳动力中所占的比例比各种城市产业在城市劳动力中所占的
比例高得多。在拥挤的零售商业领域,主要有流动的沿街叫卖的
小商小贩,他们占了零售商业的一大部分。虽然这一行业与东南 241
亚大部分地区一样,外国人遍地都是,但是组织得更好。所有这些
职业的特点是劳动投入低而不足。

一般地说,传统农业之外的大部分经济活动形式,缺乏作为现代西方经济特点的对劳动时间和效率的制度控制。虽然,组织得十分好的企业能够比传统制造业或其他具有松散组织形式的雇用多数城市劳动力的行业对工作表现实行更多的控制和纪律约束,但是对他们工作努力的效果仍然存在许多重要的制约因素。例如,在大规模的制造业中,普遍低水平的营养和健康大大妨碍了效率,更不必说恶劣的住房条件对体力和劳动力调动的影响了。一般来说,种植园雇员的身体状况要好一些,但是他们的情况与发达经济中的其他工人有根本区别,他们被拒绝给予有效的流动自由,甚至在不存在长期合同束缚时,他们中的很多人也会被困在不适合自己的环境里而没有转向其他职业的条件。

在这一点上,应该分清南亚和西方可能影响长期失业的力量之间的区别。在有组织的经济部门失去工作的南亚人简直承担不起"失业"的奢华。在一个不提供救济金的社会里,那些不能回到乡村或者靠亲友的施舍过活的人,必须在城市许多有点儿临时性的经济活动中找些活干。那些为数甚多从未被有组织的部门雇用

的劳动者也是这样。

不过，从长远的观点看，对获得非农业职业影响最大的还是城市人口的不断增加。如果这一趋势是因为城市的劳动需求增加，工人们只需被安排到这些新工作中去。但是，劳动力向南亚城市流动，部分原因是土地所有制的没落和传统农村手工业的衰退。
242 另一个原因是，城市作为逃避单调乏味的农村生活所具有的吸引力刺激了移民。南亚的计划人员认为，这种向城市的移民还将继续。有些人把这种情况看做是经济发展过程中的一种必然结果，认为西方工业革命时期也发生过类似的情况。但是，能否作这种对比是值得推敲的。在辩论城市必须提供新的就业机会时，官方思想已部分承认这个说法有理，如果失业量不以骇人的速度增长的话。要阐明这种移民的原因和影响，迫切需要作许多系统而详细的研究。不幸的是，预先假定农村向城市移民是工业扩张正常而健康的副产品的官方态度，没有为这种研究创造理想的环境气氛。

在一个重要的方面，即工作的持续时间方面，对总劳动力利用所作的分析，在传统农业之外比在其内部更为直截了当。在农业中对现行工作模式产生巨大影响的季节性，对农业之外经济工作时间长度的影响要小得多。在农业之外，制度环境具有更多的意义。在现代的有组织的城市经济中，工作日和工作周的时间长短正越来越标准化并受规章制度管辖。但是和西方国家的情形相反的是，在南亚制造业中，就要求缩短和规范工作时间来说，工人们自己有组织的抗议只起到很小的作用。自发的劳动组织十分弱小，不起作用。改进和规范工作条件的动议权主要控制在政府手里。虽然官方制定的规则急剧增加，但是执行的情况却参差不齐。

在没有组织工会的一些企业，工作时间无疑是很长的。许多手工业活动就是如此。手艺人经常负债累累，并且由于经济困境所迫，他们日出而作，日落而息，以工作时间长而闻名。然而基本的事实真相是简单明了的：经常无事可干，劳动力作为一个整体在
工作时的劳动强度、技能和勤奋程度一般都很低，而且普遍没有多 243
大的改进。这一事实已得到广泛承认，对此，南亚人自己也议论纷纷。

就南亚经济活动的制度环境来看，甚至在有组织的部门，导致劳动效率低下并且使这种情况持久存在的基本原因是不难理解的。劳动者不习惯于持续而勤奋的工作节奏，而管理层在逐渐灌输纪律方面通常放任自流。实际上，人们普遍感到，能提高效率的严格工作标准会威胁到工作机会，因而是反社会的。所以雇主们经常容忍懒散的工作表现，理由是这种方式为在其他方面孤弱无助和无以为生的工人提供了一种社会保险形式。只要工资等级一直很低，雇主们就没有强烈的吸引力去充分利用劳动力或坚持工作表现的高标准。通常，在为改善工作条件起不了多大作用的工会，在抗议业已形成的惯例方面则会随时变得活跃起来。这些态度构成了表明这些国家作为“软弱的国家”的一大特点。

在西方，雇主有更大的动机提高工作效率。高度机械化的运转要求某种不能轻易改变的工作节奏和速度，这些同样的工作程序一般不能在南亚产生同样的效果。当比较具有可比性时，似乎南亚的工人人均产出大大低于西方的平均标准。可是，同样的机

器往往在南亚各国运转得更慢，尽管通过实践来提高工人的熟练程度和技巧，这种差别往往可以缩小。出现这种状况是不足为奇的。一个不熟练的工人，尤其是身体状况在一般水平之下的工人，与更先进的国家的同行相比处于严重劣势。

在南亚的一些国家，对机器替代劳动的担心普遍很突出，并且对官方政策产生了影响。印度政府已经采取措施，力图减少由高
244 技术和低技术之间的竞争所带来的劳动替代。计划中为机器编制的预算绝大部分已转拨给了新的产业，这是一种置现有产业提高生产率的困难于不顾的办事惯例。西方的工业经历从来没有被南亚国家这种抑制劳动力有效利用的特殊因素复杂化。种姓地位、宗教和社会分层把人为僵死的东西强加于城市地区以及受传统束缚的乡村的职业流动。雇主为了适应这些偏见，时常被迫放弃工作模式的合理组织形式。其影响之一是，雇主没有提升一个有效率的工人或用其他方法鼓励这个工人的行动自由。除非雇主想冒严重的劳工骚乱的风险，否则他无法授予一个雇员超越其在传统社会中身份的地位。同样，工作分配或许必须迁就对劳动力的成见。

另一个因素即工人的职业分布，有助于解释那些有经济活力的人为什么平均生产率水平低下。从事服务业与商业的人数大大多于从事制造业的人数。拥挤的服务业和商业的效率一般很低。城市中人满为患，这多半是由新进入城区劳动市场的工人、而不是由暂时失去产业工作且训练有素的工人造成的。还有一个对效率起阻碍作用的因素，是政府一直需要雇用更多的人手，特别是从失业队伍中雇用那些受过教育的人。

本章提出的考虑，使我们有可能再一次观察南亚国家与那些典型的西方国家状况的悬殊差别。甚至在南亚经济结构中的现代部门也大量存在着与先进经济制度格格不入的环境。实际上，这一地区支配劳动力利用的力量基本上存在于现代西方的经验之外。影响和受其影响的制度与态度差异如此深刻，以致建立在就业的理性方法基础上和建立在制度结构将自动带来（按照较高的、245
标准化的工作时间规范来衡量的）勤奋工作的假定基础上的这种西方观念的计划与基本现实相脱节。这些制度和态度方面的悬殊差别，反过来必须以南亚经济环境为背景加以理解。在这种环境里，由于劳动报酬低下，这就鼓励了浪费和懒散。

极而言之，南亚地区的劳动力利用可以说是以"软化"和僵化的奇异结合为根本特征。一方面，各种制度压力联合起作用，导致工作负担的分散；另一方面，传统因素和现代因素共同起作用，限制了社会成员被视为合法的求职者。与此同时，许多惯例被容忍存在，使得上班族的勤奋努力沦为灰心丧气。这些力量的净效应是抑制了人均产出的增长。

莫里斯·津金(Maurice Zinkin)在其《自由亚洲的发展》一书中指出："假如这些社会希望富裕起来，他们必须把重点更多地放在工作上，更少地放在空闲和懒散上；必须大大减少请长假回家收割或结婚所导致的工厂旷工；必须更多地除草和耙地，更少地坐在树下的帆布床上；更多地学习，更少地在咖啡厅闲聊；更多的实际工作，更少的理论。"

另一位西方观察家沃伊廷斯基(W. S. Woytinsky)在其著作

《印度:觉醒的巨人》中写道:“印度的弱点的主要根源是人的因素:人们并不缺乏固有的能力或技术专长,但是缺乏首创精神,缺乏改善自身经济地位的兴趣,缺乏对劳动者的尊重……如果我们有可能将密歇根、俄亥俄以及宾夕法尼亚的所有工厂一夜之间迁到印度,而不去改变人民的经济态度,20 年后,这个国家还是和现在一样贫穷。另一方面,如果构成印度劳动力的 150 万雇主、自雇者和雇员的心理像被施了魔法一样,朝着现代工业国模式突然变化,20
246 年后的印度必将遍布现代矿山、电站和高速公路,人均收入必将增长多倍,尽管国内资本短缺。”

再说一遍,态度不会存在于真空中,而是植根于社会制度,并由社会制度所加强。认识到这一点是必要的。

受过教育的集团,其成员在劳动市场中保持着独一无二的地位,与其他集团若即若离。他们显示出即使没有有报酬的工作也能谋生的非凡能力,这主要是依靠家庭的接济和供养。虽然受过教育的人们表现出在城区之间具有较高的地区性流动能力,但是他们的功能性流动可以忽略不计。他们寻找的是非体力工作,而不准备接受会“弄脏双手”的工作。还应该记住,连一些只念了小学或者初中,不过略识一些字的人也自以为是受过教育,也要免除用手工作的义务。自独立以来,一些受过教育的失业者其数量有增无减。在 20 世纪 60 年代初期,印度这类失业者估计已达到百万之众。

根据合理制定计划的观点,对待体力劳动的这些态度显然于发展危害甚大。缺少按操作说明书和工作草图进行计算和工作的熟练工人，阻碍了建立现代工业结构所作的努力。我们应当注意到，西方国家（以及东欧共产党国家）普通工人受教育的程度一般说来不低于而是高于南亚大多数这种自称“受过教育”的人的教育程度。甚至研究生毕业的工程师也一心想坐办公室，对操作机器的工作前途不感兴趣，这种倾向加重了发展障碍。这种人力利用造成的浪费现象十分可悲。

但是，南亚受过教育的人的地位和态度方面的问题，远远超出了经济浪费这样相对简单的事务问题。至少同样严重的是，这个集团与他们绝大多数同胞以及与他们国家真正的发展问题的格格
不入，造成了更为广泛的社会后果。他们当中较有出息的人都被 247
政府机构和商业企业所吸收；在他们影响到大多数人口时，由于脱离了生存的严酷现实，降低了他们对发展任务的潜在贡献。每一位访问过南亚国家的人，都能在受过教育的高层人士中感受到这种奇怪的虚伪气氛。在受过教育的低层雇员和失业者中，更加缺少对国家利益的认同感。

怎样把数量与日俱增的受过教育的失业者与劳动界结合在一起的问题引起了极大关注，特别是在印度、巴基斯坦、锡兰和菲律宾。但是在实际改革的建议中，通常强调的是创造更多为受过教育的人接受的工作，即非体力工作。变革现行态度所需的力量，同样需要彻底变革整个教育制度，而这一制度深深地根植于南亚国家的社会结构之中。务实的改革者必须拓宽和改革学校教育，致力于打破掌握在上层社会手中的教育垄断状况。

19 工业化问题

248 要求工业化的呼声遍及南亚。当文化精英们宣称他们的国家欠发达时，他们的意思是说他们的工业少之又少。因此，南亚各国的发言人经常使用术语“前工业的”或者“次工业化的”作为“贫穷”和“欠发达”的同义词。根据这个观点，现代工业发展将为现在困扰农业以及从事非农业活动、组织松散的传统部门中未能充分利用的劳动力提供就业机会。工业化之所以被列为发展战略的关键问题，还因为它将全面刺激经济，并使之摆脱停滞。

南亚知识分子领导人如同他们的西方同行一样，认为发达国家当今高度的发展水平是工业革命带来变化的结果。对南亚工业化思想产生进一步重要影响的是近来苏联通过政府计划实现了工业高速发展。在共产主义思想中，工业化包含理论和计划，尤其是要求在每一个国家，实际上是在每一个大的地区，建立较为全面的以重工业为基础的工业体系。这种模式现在往往被当做欠发达国家必然效仿的对象而得到认可。实质上，南亚地区所有非传统主义的知识分子都受到了共产主义思想的决定性影响：把计划和指导下的工业化当做促成发展的手段。对于他们每个人来说，苏联计划工作取得的成功为之提供了规划自己的发展进程时乐于吸取的经验教训。这种共产主义的思想还有附带的吸引力，即真正摆脱殖民统治的政治独立只有通过计划下的工业化才能实现。

对历史的这种解释包含明显的现实主义，足以赢得南亚共产主义者以外的知识分子领导人的广泛认同，正如西方经济学家现 249
在几乎以同样的形式广泛接受的一样。比较笼统地说，这种共产主义观点在引起人们怀疑西方政府及其制定计划时对待工业化优先次序的态度方面也有很大影响。

刺激工业化思想形成的还有：对南亚传统出口供应的原材料的世界需求相对下降所引起的关注，以及人们越来越认识到人口加速增长意味着什么。南亚面临着农业根本难以实现充分利用劳动力的严重问题，农业劳动力也在继续高速增长。在现代工业中，实现生产能力方面较大幅度和较快速度的发展也应该是可能的，部分原因是比较容易克服阻碍有效利用劳动力的制度和态度。此外，工业方面不存在类似农业部门的土地可利用率这样的限制性因素阻碍提高利润。尽管南亚统计资料的质量和数量都不可靠，但是南亚现代制造业的劳动力利用和劳动生产率水平高于南亚经济其他部门，这也丝毫不必怀疑。

工业化的吸引力部分源于它有希望给落后的经济带来先进的技术，这体现在动力和机器上，特别是体现在重工业方面，也体现在生产消费品的行业。通常，南亚使用的机械最初必须从发达国家进口，一旦确定了工业化方向，选择技术的自由度几乎就不存在。不过调整资本和劳动力组合的比例仍有一些余地，这在诸如装卸、包装和运输原材料及成品的部门尤为如此。在南亚，这些工作很可能（且通常是）采用劳动密集型的，可以自由使用工人，甚至在直接生产过程本身是资本密集型的情况下也是如此。

在不远的将来，南亚地区的国家多半只有二者选其一，要么使
250 用高度发达国家的技术，要么完全拒绝现代机器。除了一种几乎未曾触及的可能：发展从发达国家进口二手机械的贸易。虽然西方贸易界已对这类贸易有所讨论，但是南亚国家对这种前景毫无热情，部分原因是二手设备的估价程序还不完善，部分原因是对不断获得零部件没有把握，还有一部分原因是让它们接受“次优”产品有伤它们的感情。

所有的南亚国家都面临着劳动力基本上缺乏技能、管理人才数量少且经验不足的挑战。这就加大了下面这种貌似合理的论点的可信度，即大规模高度机械化工业更适合于最大限度地利用现有技能和技术教育。这个政策似乎是合理的，只要还有一项政策迅速提高技能，克服有效使用技能的社会限制。另一方面，如果现代技术被用来回避长期限制经济发展致使劳动利用水平长期低下的社会和制度障碍，那么这样一种政策不一定始终有利。

高速工业化的部分根据建立在一个显而易见的结论之上：在南亚地区面积较大、人口最多的国家，到 20 世纪末劳动力将可能是目前规模的两倍，而如果相当大的一部分劳动力不从事农业以外的生产活动，那么平均生活水平的明显提高是不可能的。不论农业生产力取得多大的进展，这都将是事实，甚至在缅甸、泰国和马来亚，那里有较多的土地，提高生活水平的机会也多一些，但是从远景上看也需要工业大大发展，这样才能改善人口快速增长的环境。

这个简单的结论本身就为这些国家尽快地努力实现工业化提

供了合理的根据。虽然我们担心限制工业化发展的条件，担心近期提高劳动利用的有限潜力，担心其他许多方面也迫切需要发展，251
但是不能将这些讨论理解为意味着南亚国家应当放弃工业发展。相反，对各种风险和制约条件的分析，倒是表明了消灭阻碍工业化顺利进行的障碍的重要性和紧迫性。

在关于南亚及其他所有欠发达国家的发展问题的文献中，人们通常理所当然地认为，工业化必然对就业产生重大影响，甚至短期内就会产生。“创造就业机会”是南亚地区所有国家的计划人员特别专注的问题。然而，必须记住，这些目标是非常有限的，考虑到一般计划目标赋予“充分”或“较充分”就业的重要地位，就更为如此。所取得的成绩通常离目标相去甚远。

我们将要阐述的非正统观点是：南亚工业化对就业的影响在今后几十年内不可能很大。也就是说，要到该地区工业化程度非常之高时，影响才会很大。笼统地说，工业化对制造业的直接劳动需求增长的影响不仅取决于工业化速度，而且还取决于现代化工业在经济中已取得的地位。即使工业发展速度非常快，在相当长的时间内，也不会产生充分的劳动力需求，以至大大提高工业部门的就业百分比。劳动力增长太快，在现代工业挤垮传统的劳动密集型制造业的阶段，在相当长的时间内，最终就业影响甚至可能是负面的。这个问题的这些方面被忽视了，因为人们幻想工业化是医治“失业”和“就业不充分”的良方。

如果我们考虑一个假设的例子，以上所提到的关系就可以看得更为清楚：我们假设在计划初期阶段，1%的劳动力在现代工业部门就业，传统制造业尚不存在。我们还假设，处于就业年龄的人

口每年同步增长2%。在这样的情况下,现代工业就业增长率为
252 每年10%——这一增长率是十分可观的,南亚的任何国家都未达到这个水平——这意味着这个部门的直接就业只能吸收劳动力增长的5%。换言之,95%的新增劳动力将不得不到现代工业以外的某种经济活动中去谋生。如果这些假设成立,则现代工业吸收就业年龄人口全部自然增长的任务,第一年就需要吸收3倍于工业部门全年就业人数的劳动力,这是不合理的。当然,经过一段时间,需要增加的百分比必然会下降,但是在一个较长的时间内,下降将是非常缓慢的。

在这个假设的例子中,我们没有考虑对现有制造业可能产生的恶劣影响。当使用最先进技术的新企业生产出的产品同小企业和小作坊的产品竞争时,传统制造业将受到严重冲击。立足已稳的半现代工业也将被迫采取一定程度的合理化尝试。合理化通常意味着用较少的劳动生产一定数量的产品。通过制定计划,传统的制造业和现代化程度较低的制造业能避免大部分恶劣影响。可见,真正的危险是:在相当长的时间内,新的现代企业略微增加的就业机会将完全被早就存在的工业和传统制造业就业岗位减少所抵消。

如果新建立的制造业生产进口替代品或者产品面向出口,这类恶劣影响就不会发生。但是正如我们指出的,对于南亚国家,扩大出口是非常困难的。相反,生产进口替代品是新的制造业可以选择的,它不存在内部恶劣影响的风险。这个事实增加了它的吸引力。但是,如果新工业企业或扩大生产规模的工业企业直接与保留下来的传统作坊或其他非现代化生产单位展开竞争,工业化

对就业机会的综合影响在相当长的时间内可能是消极的。

工业化对劳动需求的恶劣影响的问题引出了其他几个重要课 253
题。它为限制新工业和实现了现代化的现有企业，使之局限在生产出口产品或进口替代品部门的做法提供了有力的补充论点。由于这些国家刚刚独立时都没有名副其实的现代资本品工业，因此重工业是特别安全的赌注。但是，甚至像印度这样的国家，由于刻不容缓的原因强调了重工业发展，也不可能将它所有的现代化努力都放在面向出口和生产进口替代品的制造业。

在这种情况下，计划人员和政府面临严重的两难困境。他们的长期目标是将工业发展作为实现整个国民经济现代化的手段，但是他们短期关注的是防止传统制造业严重衰退，特别是作坊，这与长期目标发生冲突。印度尝试摆脱这种困境的做法是：不仅把尽可能多的新投资集中在生产进口替代品的大企业，而且保护传统手工业，对某些与传统手工业生产形成竞争的大型制造业的生产线合理化改造加以限制。后一种措施特别受工人欢迎。出于对工人利益的关心，政府力求进行“没有眼泪的合理化改造”，即不剥夺任何人的工作，尽管正常的自然减员造成的空缺未被补上，工作人员规模可能缩小。

但是新企业不受这些限制约束。企业家们了解政府有意保护就业，知道如果日后试图裁减人员就有与工人发生摩擦的危险，这就使他们一开始就采用资本密集、节约劳动力的技术。这种做法导致了新老企业之间的技术差距。同时，如果政府的政策压制老企业的投资，差距还会扩大。

绝大多数南亚国家的计划人员并没有完全忽视现代工业化初

期可能对就业只存在少量直接影响，而影响余波可能相当大。可
254 是，对于人们普遍赞扬工业化，称颂它是吸收农业及其他部门未充分利用的劳动力的手段这一点而言，它几乎没有什么影响。但结论是，在缺乏普及作用的情况下，在工业化没有减少净就业人数时，它对劳动需求只能产生非常小的直接增长。如果现代工业的产品不是完全瞄准国内外开辟的新市场，那么，上述局面自然是现代工业开始扩张时的低起点和必然出现的回流效应所产生的不可避免的后果。

正如南亚各国的情形一样，当必须从如此不起眼的起点出发时，不能指望哪怕是大踏步前进的工业发展几十年之内就能直接为较大部分的劳动力增长提供就业机会，甚至为少量劳动力增长提供的就业机会也可能部分地或全部为回流效应所抵消，乃至有余。这一点必须予以着重强调，以便打消人们广泛怀有的不切实际的期望，以为一旦开始实施工业化计划就会出现职业结构的迅速转变。

如果说南亚的计划人员往往高估了新工业对就业的影响，低估了回流效应的可能性和影响，那么他们实际上也往往夸大了工业起步阶段散发的发展刺激力——希望工业化产生“扩散”效应。这种倾向导致了过分乐观，并分散了人们对可能吞没潜在扩散效应的刚性及限制阻碍的注意力。这种倾向是不难理解的。战后理论，正如南亚所采用的，助长了人们对工业起步的间接影响的不现实期望。

我们的论述是从下面的命题开始的：如果南亚国家，特别是印

度、巴基斯坦及其他人口一土地比较高的国家，不能通过现代工业或非农业生产性职业解决绝大部分劳动力的就业问题，这些国家在较长的时期内获得实质性发展是不可能的。但是也有一种广为流传的观点认为，如果没有大的延误，这种变化是可能的。而且甚 255
至在较短的时间内，兴办工业将发散出强大的扩张力，渗透整个经济体系。关于工业起步阶段释放的动力通过何种机制进行传递，几乎没有分析对此加以阐明，哪怕是抽象和理论意义上的分析。

对工业化立竿见影的副作用的浅薄看法往往建立在与西方经济早期经历的不严谨的类比的基础上。西方工业革命是从大量小规模产业，偶尔也从一些大规模产业开始的。这些产业获得成功又为另一批初创企业创造了条件，这批企业接着又刺激了其他新企业。累积性的发展触及经济和社会生活的方方面面。但是再细加观察，这样描述西方经济史显得过分简单和理想化。抚今追昔，很容易忽视伴随成功而出现过的不确定因素、挫折和延误。但是即使这样，西方一个半世纪以前面临的形势与南亚今天面临的形势相比，仍更易于产生强效副作用。

如果工业发展能按计划人员的希望得以实现，那么随之出现的一种扩散效应将是“必然的”。必须建设新工厂，必须在大部分地区扩大动力和运输、通讯设施，从而使原材料需求及其他基本投入增加。当然，这些新需求并非全部来自国内。但是某些刺激肯定触及地方经济。与此同时，工业化进程将为其他经济部门创造额外的发展潜力。从供给一方看，工业化也会通过降低成本——随着发展势头渐增而出现——产生扩散效应。通过所有这些变化，必然会产生新的收入。除非能有效实施进口限制，部分新增消费需求将首先通过进口而得到满足。如果控制了进口，大量的需求将依赖于地方消费品的生产商。

通过新的需求传播扩散效应是不难理解的。从本质上讲，这
256 是由新的国内投资和生产投资而引发的发展积累过程。经济发展进程一旦启动，必然趋于成为自行的永久发展。如果工业持续扩展是按计划进行的——实际上仅略有信心希望如此——那么有可能会增加投资。

然而，南亚经济的整体结构表明，有效扩散以增加需求带动发展的动力所受到的限制和阻碍是难以克服的。南亚欠发达国家的经济缺乏弹性，并且障碍重重。即使工业起步带来的所有经济刺激都能保留在国内经济中——实事求是地说，并非完全可能，有时甚至不大可能——扩散效应依然可能是微弱的。不过，通过明智的计划，阻塞和其他障碍能最终得到解决。

需求增加时，所有经济部门都需要具体的政策促进出现的扩散效应。新生的制造业面临着由于缺乏充足的市场而夭折的风险。供给不创造自身的需求，而需求不能产生自身的供给。但是，需求旺盛和供给增加无疑会激发努力，克服不足。所有的政策措施在生效之前，都需要一段时间才能得到实施。但是与此同时，发展的推进力可能已经耗尽。

而且，在南亚，我们不能认为经济发展刺激能自动地伴随着有利的行为反应——在西方国家可以比较有把握地这样认为。由于不断增长的供给和需求，全面的社会状况甚至是传播扩散效应的较基本的障碍。不能指望长期安于停滞状态的社会完全重新适应陌生的机会。甚至在组织程度较高的现代工业部门——它的市场

敏感度较高——反应机制也可能受到未能激励生气勃勃的企业家热情的制度结构的制约。

这就是为什么凯恩斯模式不能适用于这些经济的基本原因。
从总供给和总需求之间的关系考虑问题不那么恰当。比如，在首 257
次注入追加收入后不久，立刻引起物价上升时，南亚各国政府——特别是印度政府——使用直接或间接控制阻止一些企业启动。这样一来，它们就制止了如不这样就有可能出现的二次发展。这就等于无意地扼杀了扩散效应。但是，这些限制措施背后潜在的是：有必要确定“最高限度”，把总需求量限制在仅仅能够承受的范围内。

造成经济缺乏灵活性的瓶颈阻塞有多种形式。建立新企业时，运输系统经常出现紧张，熟练技术人员出现短缺。另一方面，新企业的生产能力往往不能充分发挥作用。有效的计划能减少许多这类障碍。但不能指望纯粹的总体计划取得预期结果。政策干预必须针对单个经济部门的具体障碍。

计划人员试图计算工业化在其他经济部门中可能产生的扩散效应面临的困难之一是：经济活动增加不一定导致就业机会的增加。例如，在服务行业，问题就特别复杂。这种可能发生的对劳动力需求的二次影响，能通过延长工作时间和提高工作效率轻而易举地得到。如果服务行业中的工人数量增加，很可能是由无业者或未充分利用的劳动力、特别是来自乡村地区的季节工造成的压力的结果，而不是来自工业化的驱动力造成的。

实际上，许多计划预期的主要缺陷是：含蓄地认为人口流向城市是劳动力需求增长的反应，而劳动力需求增长又被认为是工业化的产物。南亚地区所有地方的城市劳动力确实都在增长，但如果没有工业化，这也完全有可能发生。事实上，只要更充分有效地使用城市中的现有劳动力，那么就有可能保持远比南亚现在任何
258 一国工业化程度都要高的工业化程度，不需要招募农村来的新工人。城市化完全可能继续下去，但是这种城市化绝不是工业化的结果。

工业化除了通过提高需求和供给而产生这些影响之外，还存在着另外一些重要的扩散效应。工业化还可望逐步灌输理性主义、进取心、纪律、准时、流动性和效率等新的精神。

人们不仅在新的工业企业中，而且在其他经济领域都将受到鼓舞，变得更有机械工程头脑，掌握不熟练的技术，将会出现竞争性更强更完善的市场，形成高级商业和金融机构。一言以蔽之，工作的组织和人们对工作的态度将沿着提高整个经济部门工作效率的方向发展，障碍将更容易消除，必然而然的扩散效应的传播潜力将得到扩大，来自工业初创企业的刺激力将促使农业和传统制造业部门加强管理。所有这些美好的结果都有可能是工业发展的直接影响。人们的观点、态度和技能发生类似的质变，据信都不会从其他形式的经济发展中获得，比如从农业发展中产生。

诸如此类的外部经济是否会迅速在南亚地区出现并扩散，还是未定之数。首先，不应夸大新工业本身的作用。根深蒂固的习惯规矩在工作安排方面留下了烙印。例如，许多传统的节日将继续得到承认，日常工作安排可能因为举行宗教仪式而中断。由于大多数工厂甚至新工厂也不能安置空调，不利的气候条件会导致

停工，降低工作强度。

新工业之外的扩散效应就更加捉摸不定，而且令人怀疑。制度结构和普遍的态度也阻碍了有利于这类实质性影响的变化。实际上扩散效应在这些方面能传递到什么程度，取决于已经达到的 259
文化、社会及经济水平。当经济长期停滞不前、社会状况了无生气的穷国试图取得较高的发展水平时，它们将面临难以克服的障碍，各种潜在扩散效应容易遭到扼杀。

在拥有经过合理化改造和具有高度组织的现代工业的南亚各国，它们的有限经验有力地证明了这一教训。模仿西方经济组织形式的“小岛屿”没有给包围着它的传统停滞的“海洋”留下持久的痕迹。殖民时代，南亚发展起来的为数不多的现代工业对其他经济部门的刺激影响并不明显。它们仍然是孤立的少数。现在计划实施的工业起步存在一种显而易见的危险，也就是使这种殖民主义模式永久化。每一位睁大眼睛访问南亚的人一定会注意到：在离城市几英里的地方，还有那些城市本身的巨大贫民区内，原始的生活方式和传统的工作模式大行其道，而城内那边则是现代工业结构。

实际上，现代工业并不总是成功地永久改变工作态度或者改变它们直接雇用的劳动者的技能标准，特别是几乎没有提供培训，劳动力主体依旧缺乏技能。更有甚者，工作一段时间后，又回到自己的村庄的人，接触较复杂的经济活动组织形式和较正规的工作纪律对他们的影响通常是短命的。

经过通盘思考不难发现，工业化思想未能提供令人信服的理由，证明实行工业化将产生有利于经济进步的制度和态度变化。

大致的推断进一步表明，如果希望扩散效应有力而持久，那么各领域的具体政策——甚至远在工业部门本身之外，或者甚至是称为经济因素的地方——必须得到执行。

260 综上所述，可以得出超出了工业部门范围并涉及整个国民经济的几点笼统的结论。

由于这些国家的劳动力快速和加速增长，大大提高收入和生活水平是没有希望的，甚至从较长远的观点来看，防止迄今已达到的水平下滑也是很困难的，除非绝大多数劳动力能在农业部门之外，特别是在现代工业中得到有效利用。但是，即使现代工业以很快的速率增长，也不能吸收今后几十年中自然增长的大部分劳动力。在工业化的最初阶段，甚至很难保持各种制造业的劳动力绝对规模不减少。只有到稍后阶段，现代工业才能开始增加对劳动力的需要。

但是，南亚国家不应放弃它们的工业化奋斗。相反，当工业化达到高得多的水平时，它也只能逐渐产生重要影响。这个事实表明，这些国家应尽快尽早地实现工业化。但是，它还意味着它们在进行工业化奋斗的同时，应当辅以强有力的政策措施，提高其他部门包括在所有部门中最大和最为重要的农业部门的劳动利用和劳动生产率。

几乎不能寄希望于自动产生于工业起步的扩散效应的功效。一般而言，能在多大程度上促进变化和改进的刺激因素，这取决于群众教育和改变刺激因素根植其中的态度和制度的能力。如同殖民时期一样，南亚国家现在面临着这样的危险：创建仍将是被包围在经济停滞不前的海洋中的、较为高度组织化的西方式工业小岛屿。

当然，把工业化奋斗重点放在出口和进口替代方面是合理的，因为这种方法最大限度地降低了现代工业发展对传统制造业的回流影响。但是，显然这种形式的工业化不足以彻底改变这些国家的经济结构并真正推动发展。实际上，如果不对其他经济部门采 261
取直接干预政策，工业化只会加剧殖民经济经验的飞地模式。

单凭工业化本身提高较受传统束缚的经济部门的劳动利用，尤其是在农村地区，几乎是无能为力的。这些问题必须通过促进改革的具体政策加以解决。这些改革要想取得成功，就必须在卫生保健和教育改革方面大力推进。这种措施之所以必要，不仅是为了弥补其他经济部门缺乏大量产生于工业起步的自动扩散效应，而且是为了能够支持工业化运动本身。必须使这种因果循环得到完善和联接。尤其是，除非日益增长的消费品——特别是粮食——能生产出来，并可供销售，否则现代工业部门不可能繁荣发展。

这些问题的重要性和普遍性自然提出了轻重缓急问题。往往仅就不同经济部门争夺同类资源的情况讨论这个问题、把储蓄总量和投资总量看做是意义重大的和可用明确数量表示的做法会产生误导。这种思想反映在不顾资金来源，而把增加工业企业中的投资与为农业、教育、卫生和社区发展的支出混在一起，并把它们并列地放在“投资”和“发展支出”这类计划中。这传递了错误信息，即国内储蓄和国外提供的资金可以互相替代。例如，国内消费下降不能创造外汇——特别是在像印度、巴基斯坦这样的国家，当前，除了生存所需的基本物品，只有极少的消费品是进口的。

战后方法本身还产生了另外的一种错误观念。许多政策措施——特别是有关乡村地区——要求对卫生保健和教育进行制度改革并作出积极的努力，但是只需要有限的资金，这些资金往往可以在农村地区本身筹集，而不必增加现代工业部门的负担。实质
262 上问题很清楚，在不伤害其他经济部门发展的情况下，促进工业发展仍有相当大未曾开发的机会。在制定全面规划的国家中，最为严重的缺陷之一是没有制定更有雄心的计划，而且在很大程度上未能在其他领域中作出与工业化运动同等坚决的努力。

毋庸置疑，几乎没有遇到既得利益抵制的工业化运动，往往成了其他领域未能较有力地推行改革的借口。这些国家需要的是能引起大量阻碍其发展的条件同时发生变化的计划。从根本上讲，计划人员的任务是用刺激发展的方法来协调所有这些变化。当目的和目标有轻重缓急之分时，很容易忽视这一点。

20　手工业和小型工业的状况

作为经济政策必要措施的工业化并非没有遇到挑战，与之对 263
抗的传统思想不主张工业革命，相反，它力求保护和巩固传统经济组织形式。然而，这两种思想都反对殖民经济的经历所造成的后果。支持工业化思想的人，他们主要批评殖民主义列强的政策——或缺少政策——阻碍了现代工业的增长。而另一方面，传统主义者因为古老的手工业不断衰败而坐卧不安。依其观点，那是由于进口制成品、部分地也是由于稍后阶段当地进行机械产品的生产造成的。

与现代工业化的拥护者相反，他们强烈要求：发展乡村手工业应当成为经济和社会的改良和国家自给自足的主要途径。

这种传统主义思想以多种不同形式存在，不适合进行简明的概括。然而形形色色的传统主义者有一些共同的信念。他们认为，应鼓励乡村手工业，应采取一定措施在农村和全国范围内促进自给自足，应用怀疑的眼光看待现代工业产品——特别是进口的消费品。

这种传统主义思想在印度得到了充分的表达。那里的手工匠，与南亚其他地方的同行相比，在殖民主义时期遭受了更坎坷的命运。印度乡村经济遭受的损失所得到的补偿比其他地方少得

多。僵化的种姓结构缺乏对变革进行成功调整的适应性。在解放运动中，通过乡村手工业实现乡村复兴曾成功地作为宣传武器，这
264 也是形成传统主义者思想的重要因素。作为民族主义斗争的一部分，印度人不仅要拒绝西方的产品，而且排斥西方的方式。Swadeshi（印地语，意味着喜欢自己国家的产品）被提升至道德准则。

超越拒绝欧洲产品和经济行为模式以外，这种思想对印度经济生活的未来模式有着积极的影响。这就是莫汉达斯·甘地的永久遗产，他的思想在当今印度传统主义者中仍然具有强大力量。这种思想含有某种仇视机器的因素。甘地也将现代工业化看成乡村手工业之敌。他认为，城市化是吸取农村膏血的魔鬼。

形成传统主义者思想的另一个重要组成部分是自我雇用在精神上优于为工资工作的观念。在南亚，特别在印度，自我雇用具有特殊美德的观点由于社会结构的刚性而更加坚定。在这样的社会结构中，拿工资的劳动者受到轻视。这种传统思想的特殊变异形式不能完全被认为是名副其实的甘地的遗产，因为他也曾站出来反对种姓制度，并强调所有劳动都具有尊严。

与独立以后制定计划的思想体系一样，Swadeshi 意味着拒绝被动地接受现时经济状况。得益于这种精神准备，独立后的印度在制定计划方面几乎没有遇到自由放任主义的反对。令人啼笑皆非的是，Swadeshi 开始为国家经济计划提供思想体系支持，而且不容置疑，它也是以独裁方式制定计划的原因之一。

在南亚的其他国家，也出现了一些同样的问题，但是这些国家的传统思想要比印度弱一些，其支架不是甘地的思想。可是，确实

出现过支持加强传统手工业的思想，特别是在争取独立的时期。如同印度一样，回归民族服装也成为民族主义运动的一种策略。此外，第二次世界大战期间，日本的占领给传统手工业的新生——特别是在服装生产方面——注入了新的力量。进口中断和占领军 265
的需求也刺激了当地某些制造业的产出。

一旦实现独立之后，传统主义的支持者不得不转而面对较为严肃的国家计划限制，国家计划必须适应家庭式和小规模工业。致力于现代化的政府也得作一些让步迁就传统主义者。但是，人们往往忽视了：保护和促进手工业企业的发展并不总是与强调工业化的合理计划的目标相冲突。

我们曾强调过，即使尽快建立现代工业是完全合理的，它也不可能长期创造许多新的就业机会，而且一段时间内还可能意味着：鉴于制造业较广泛意义上的就业形势，工人人数出现净减少。而与此同时，人口却在迅速增长。在这种情况下，除非采取措施增加和提高农业和包括乡村家庭企业在内的绝大部分制造业的劳动力使用和生产力，否则，经济可能仍停滞不前。

对乡村手工业产品的需求主要取决于农业收入水平。即使农业政策比南亚各国迄今实行的政策都更为成功，经济政策仍必须保护并尽可能地提高乡村手工业者的地位。由于出口和进口替代方面的工业扩张不会对传统主义者希望保护的制造业产生恶劣影响，所以以此为方针的工业化目标和保护家庭工业两者之间存在着基本相容性。

有两种方法可以保护家庭工业免受现代工业的竞争。其一，计划人员可以用限制竞争的方式引导新型工业的发展，与此同时

给家庭手工业以补贴，帮助它降低成本。其二，政府提供新设备并组织乡村手工业者成立供销合作社，加强对他们的保护。制定这
266 些政策的理由是，它们有助于绝望而缺乏经济保护的集团比较容易地进行调整，以适应新的形势。

这样的政策遇到了很大的困难。就家庭作坊业工人本身来说，今后几十年根本没有希望进行大规模调整，特别是到本世纪末劳动力将高速增长。而且，随着工业化的进展，抵制现代工业的难度会加大。现代工业产品成本降低，质量提高。与此相辅相成，还有一个事实：随着收入增加，对现代工业产品而不是对手工作坊产品的需求必然会增加。不过，作为部分计划，可以万无一失地调动、促进工业化朝着一定方向发展的动力，减少手工业内部的竞争，甚至给予补贴以维持现状。

在南亚政策讨论中，由于提出了对“小型”工业也应支持的观点，因此，赞成保护和补贴手工业的这个不折不扣的论点就变得复杂乃至令人费解了。通常，人们认为这个论点应限定在乡村区域。许多传统主义者逐渐趋于支持这个观点，实际上他们呼吁支持“乡村手工业和小型工业”。

自然，这一学说与甘地主义的原意相去甚远，虽然甘地主义的拥护者不同意这一点。我们知道，小工厂雇用工人并且采用先进的技术生产现代化的产品。有关小型工业的确切定义没有一贯的说法，但十分明确的是，小型工业大于家庭企业，有时要大得多。

然而，当许多传统主义者把小型工业逐渐认做是家庭作坊和大型工业之间可接受的中间环节时，这种将小型工业与家庭作坊

联系起来的思路是:工业应“分散”,或更具体地讲,工场应分散在乡村地区。但是,在南亚各国,小型工业不仅遍及城市,实际上是大城市,而且政府支持的计划也支持这样做。不具备发展完善的动力和运输体系,在乡村地区发展工业是困难的,而在这个时候去 267
改变城市发展工业的正常趋势则是鲁莽的。但是这并不排除将来在小城镇甚至乡村发展工业的政策。虽然这样的政策目标已经得到重视,甚至过分地强调过,但是南亚没有一个国家在实现这些目标方面取得了引人注目的进展。

这也是所有南亚国家从一开始就提出的论点,即小规模企业值得扶持,这是因为与大型工业相比,资本投资会少得多。但对此也存在令人信服的异议。研究表明,在某些但不是所有的情况下,即使较小的企业实现了机械化和现代化,资本—产出比也低于大型企业。不妨说,用于小型工业的“资本”实际上是用来购买机械设备的,这些机械设备往往可以在国内生产,而不用耗费外汇。类似地,用于小型工业的资本绝大部分可能是流动资金,这笔资金在材料和产品积压或未兑成现金之前处于“待命”状态。但是,即使把这些因素考虑在内,有关节省资本的论点似乎也没有多大的分量成为支持小型工业的基本理由。

帮助小型工业还有其他令人信服的原因。来自较小工业的扩散效应大于大规模制造业。在较小的工业中,更多的劳动者可以从操作机器和管理机器的过程中获得经验。除了实现地区工业化平衡这个问题以外,南亚国家还面临实现大规模与小规模生产单位之间平衡的问题。

如果一个国家的经济是由屈指可数的大型企业和大量的农场

以及手工业构成的话，那是非常不适宜的。在大工业这个层次之下应合理地存在着一批小型企业。大小工厂可以在两个方面互补。第一，大工厂可以将产品零部件生产和劳务工作转包给小工厂。第二，小企业可以从大企业获得许多原材料，然后加工成制成品。

268 小型工业和家庭手工业一样可以受到保护，免遭大规模制造业具有压倒性优势的竞争，可以利用进口和投资限制提供相当的市场保护。小型工业可以像作坊工业一样采取措施，实现现代化并提高生产率。企业全面发展需要拓宽市场的先决条件，但是——特别是，如果出口产品的领域被封锁时——只有这个国家的生产和收入普遍提高，才能实现这一点。

在评估南亚国家促进小工业和家庭手工业的发展方面所取得的成绩时，我们必须注意力求改革所必须面对的严重障碍。从根本上讲，所有这些障碍都是欠发达和缺乏大踏步前进的结果。这方面，印度提供了很好的例证。

庇护家庭手工业的政策其本身不过是防范措施而已。要想促成乡村手工业者的经济地位得到实质性的提高，必须提高他们生产和销售产品的数量。然而，增加市场消化其产品的能力取决于生产是否普遍提高，农业收入是否增长。如果乡村手工业者想占领更多的城市市场，他们还必须提高他们产品的等级。基于这一原因，已经制定了政策帮助工人提高产品的数量和质量。但是完全可以预料，不管家庭手工业受到怎样的保护，它们仍将面临较激烈的竞争。同时，随着人们有了更多的钱可供花费，他们往往放弃传统手工业而选择大型工业生产的款式新颖、价格也往往较便宜的产品。进一步说，为提高家庭手工业生产率而采取的积极措施短期内可能造成低效率企业倒闭，形成技术失业的威胁。

在印度的第一个三年计划期内，纺织和编织手工业产品得到了大幅度的增长。鉴于我们所讨论的问题，这种进步是十分可观的，但是其他大部分乡村手工业却不怎么样。促进家庭手工业发展的代价十分沉重，且似乎与日俱增。印度官员估计，在制定计划 269
的15年后，家庭手工业未能从根本上增加其就业人数，未能显著地增加乡村社会的财富。然而，不能忘记，这一时期人口有了显著增长，而农业却处于相对停滞状态。考虑到这些因素，政府的政策仍然具有重要的价值。没有这些政策，劳动浪费问题会更加严重，手工业者的生活水平会下降得更多。仅仅维持印度乡村传统制造业，哪怕只有一段时间，也是一项非凡的成就。

南亚各国都力争庇护和保护它们的小型工业。但在它们的计划中，大多数南亚经济学家主要是从生产效益对就业的影响的角度来考虑问题。这样做，它们就把分析局限于劳动参与，而基本上忽视了劳动利用中的另外两个成分——工时长短与工作质量。

我们不知道有关家庭手工业和小型工业的政策是如何影响工作时间和效率的。但是，从我们所知道的劳动参与、时间和效率之间的联系来看，我们认为，任何事情，只要能增加工作机会中的任何东西，也就会提高工作效率和数量。在此基础上，将乡村手工业者编入合作社，让他们受到团体纪律的约束，通过广泛服务和其他方法培训他们，为他们提供机床和机器，这都将增加他们的工作时间，提高他们的工作效率。

但是我们知道，在许多情况下，事情并不是这样发展的。首先，大多数乡村工人和手工业者生活水平低下，加上他们消极被动地适应低下的劳动利用率的古老习惯，特别是在劳动力快速增长的情况下，这是不能很快改变的。另外，许多手工业者像农民一样，受到经纪人或者放贷者某种形式的奴役。这些中间人会明显
270 地妄图维持现状和反对改革。强有力的政策措施能粉碎他们的危害力量，但是作为改革者，低估这种反对力量是不明智的。

保护和促进南亚乡村手工业的事例是很有说服力的，尤其是在较穷的国家更是如此。在乡村，对于大多数手工业者来讲，没有其他就业机会，惟一可能改善他们的命运和防止生活水平进一步恶化的途径是尽可能地给予他们市场保护，同时提高他们的生产率。这将最大限度地降低国家为他们提供市场庇护的成本，但也会增加他们对这些市场的需求程度。在乡村地区建立大规模工业的希望微乎其微。即使这样，鼓励在城市建立小型工业的情况仍很普遍。鉴于小型工业的规模以及我们预料它们可能出现的较为强劲的扩散效应，它有可能防止南亚的工业增长出现像殖民地时期那样的仅限于极少数现代大型企业的状况。

保存并促进家庭手工业以及对农业采取同样的政策，意味着南亚欠发达国家在未来很长时期内存在两个不同的经济部门：一个是规模小但逐渐壮大，由大型和小型制造业组成的完全现代化的部门；另一个是规模巨大的部门，它将使用与传统技术没有多大差别的劳动密集技术，并继续为迅速增加的大部分劳动力提供就业机会。由于现代化工业节省劳动力，而劳动力在20世纪内还会持续高速增长，所以人们必须接受上述模式，不是把它作为一种过

渡性模式，而是作为将在很多年内盛行的模式。

在这样的情况下，引导城市小企业尽快实现现代化是十分必要的。大部分发展中的小规模企业的首要职能，不是最大限度地创造就业量，而是扩大它的经营，从而加速工业化进程。

认同农业和手工业——往往也是小型企业——必须停留在落 271
后技术上的观点，把计划工作仅限于建立现代大型工业，此举必将一败涂地。甘地的社会和经济信条中存在合理的基本因素，而促进家庭手工业的计划发展到战后时期，日益体现为在普遍非常困难的条件下目的明确而又切实可行的计划。

21 人口问题

272 我们经常提到，将发达国家的概念应用到南亚社会现实中存在着定义上的困难。但在人口问题上不应该有这样的问题。我们可以用相对简单的和直接的方式讨论人口因素。人口的规模、年龄和性别分布、出生和死亡的数量，这些都是生物学现象，为之定义，不仅逻辑上站得住脚，而且适合南亚的现实。这些资料与正规的人口统计学，尤其与生育、死亡和年龄结构之间的数量联系相关。然而，当我们超越简单的人口统计分析并探究其因果关系时，当即就会遇到非生物学性质的复杂的社会和经济情况。因此，甚至在研究人口的变化时，我们必须避免由于使用发达国家形成的观念和方法而将问题简单化。

但是，使南亚人口变化机制运行晦涩难懂的原因是重要统计数字贫乏而不可靠。人口统计学家一直努力通过采用改进数据和研究使用不可靠数据尽可能得出可靠结果的技术来克服这一障碍。然而，人口统计资料不足依然是一大障碍。例如，无法获得缅甸和南越人口总规模的可靠数据。每个国家的出生和死亡登记都不完善。一般地讲，随着精细程度从简单的全体人口总数具体到某一年龄组和职业类别的男性与女性数量，数字资料的可靠性也在下降。但是，视国家和最新人口普查日期的不同，甚至连总人口数字的误差也不同。

仅在十多年前，南亚国家是否或在何种意义上面临过度的人
口增长还是一个有争论的问题。但在今天，人们已普遍地认识到，273
这一地区的所有国家已进入了人口飞速增长的关键阶段，而经济成功的发展前景与人口趋势紧密相关。近年来，人口统计数字确实发生了巨大变化，其速度和幅度都是史无前例的。

这一变化是专家所未预见到的。直到最近，他们依然简单地从先前的趋势进行推断。由于这个原因，他们的估算已为事实证明一贯低于实际情况。总之，近来的人口普查数字和其他信息表明：必须对过去估计的增长率作出大幅度的上调，而且增长率一直在上升。这种人口统计趋势的机制很简单。死亡率大大下降，与此同时，出生率维持在很高的水平上。高出生率水平似乎早在有可靠的估计数字可查时就已十分普遍，或者最近达到了更高的水平。由于死亡的大量减少，人口自然增长率——以及生育率——突然迅速地上升。

显然，高出生率和死亡率下降与生活水平的任何变化无关。生活水平变化无一涉及人民大众。如果不采取有力的政策措施降低出生率，南亚人口增长率将继续居高不下甚至上升。果真如此，人口统计学家的权威定论——长期来看，死亡和出生必然再次接近平衡——就不幸而被言中，如果出生率不能降低到新的死亡率水平，那么将来某个时候，死亡率必然上升。具体到南亚，首先，我们只能认为，根据前面几章描述的生活和工作状况，目前的人口趋势如果不能扭转，必然阻碍经济发展，最终必然导致收入和生活水平的逐渐衰退。这种现象将在幅员较大的、人口较多和较为贫穷

的国家更早一些发生，而这些地区在综合分析中分量最重。一旦收入和生活水平开始下降，死亡率将在某个时候失去其自发特性并直接受到影响。

274 至于预料之中因自然资源和土地资源引起的劳动力规模的增长，就贫穷国家而言，正在出现的人口危机实际上更多地是一种亚洲现象。除南亚以外，只有中国、北非（包括埃及）以及拉丁美洲加勒比海部分地区面临着类似的情况。从抽象意义即拥有大量可吸收人口增长的未开发的自然资源的意义上看，南亚的部分地区——如老挝、柬埔寨以及其他国家的一些个别地区——依然“人口稀少”，而非“人口过密”。

但是即使在这种情况下，经济必然还是要发展，而这取决于国内制度改革，尤其是土地所有制和租佃制改革，提高教育和培训水平，最重要的是有利于改革的政治气候。它还需要富裕的国家在金融和贸易政策上帮助发展中国家。如果国内外没有通过政策提供这些条件，人们会继续拥挤地生活着，即使拥有丰富的自然资源，一个地区或一个国家可能仍将维持“人口过密”的状况。

殖民时代就为南亚地区人口大量增长奠定了基础。如同我们已在本书的其他部分讨论过的，在许多年代中，殖民主义列强对提高其领地的生活水平毫无作为。不过临近它们的统治结束时，在提供保健设施方面有了某些进展。而且，殖民主义列强在南亚出现，如同在非洲一样，大大地降低了当地人民因相互交战而造成的死亡率。所有这些影响显然非一日之功。1800～1850 年，南亚人口年增长率是 0.9%，从 20 世纪开始，已上升到 1%，从 20 世纪 60

年代开始，人口增长率直线上升，超过了2%。

人口预测由于与随后发生的实际情况完全背离而名誉扫地。预测与事实之间的差异往往也非常之大。例如，1937年在巴黎召开的国际人口会议上，代表提交了世界人口密度最大的海岛之一——爪哇到20世纪末的人口预测报告。实际上截至1955年，爪哇的实际人口估计已超过2000年的预测数字，超额500万人。275
甚至相对较新的预测也未能预测出南亚第二次世界大战结束以来人口增长的实际比例，因此大部分政府的发展计划直到最近依然低估（经常是粗略地估计）了人口增长率。

以此为戒，我们斗胆对南亚国家未来几十年出生率和死亡率的前景得出下列结论，假设政府并不刻意推行生育控制，现行人口政策及其作用不发生变化：

(1)死亡率将继续下降，虽然在不同的国家会有不同的死亡率。因此，到1975～1980年期间，预期寿命的估计是：

(a)马来亚和锡兰为65岁左右或稍微高一些；

(b)泰国和菲律宾为60岁左右；

(c)印度、印度尼西亚、南越、缅甸和巴基斯坦为50～52岁。

(2)这一地区所有国家的出生率在这一时期内会保持不变或略有上升。

(3)国际间的移民对南亚各地的人口趋势将不会有任何显著的影响。

南亚人口目前增长十分迅速——超过欧洲人口统计记录有史以来任何时候的增长率——以及这一地区的一部分国家人口增长

率显示出加速迹象，这是事实。今后十几年，人口严重膨胀的过程最为重要的特点是：政府的行动无论怎样有力、坚决和一致，都不可能对导致人口膨胀的强大社会力量产生多大遏制作用。今后几十年，即使出生率大幅度下降——对于这一点，我们的分析表明是不会自发性地发生的——也不会在多大程度上改变人口规模的趋势，哪怕是在出生率开始下降的 30 年跨度内。

这些国家年轻人数量相对庞大的年龄分布现状——这本身就是由于近几十年出生率居高不下而且不断上升造成的——意味着将对一代人产生影响的人口增长潜力。只有在出生率本身开始下
276 降 30 年后，处于生育年龄的人数才可能开始下降。

必须指出的重要论点是，即使对人口政策产生的出生率下降作出甚为极端的假设，今后几十年人口增长的惯性也必然导致人口总数继续高速增长，对劳动力增长的影响甚至延续更久。人口政策的意义显而易见而且很重要。人口增长的极大惯性决定了尽快通过有效的人口控制政策制止这种势头刻不容缓。但是，这种紧迫感只有在那些负责制定政策的人准备从长远的民族利益出发时，才是明显的。从较短的时间来看——甚至 15～30 年——即使实行非常成功的人口政策，其变化也一定是极其有限的。

移民进出不会对南亚任何国家未来的人口规模产生重大的影响。第一次世界大战以后，世界大多数发达国家都制定了限制外来移民的政策。没有迹象表明，发达国家的这种限制，特别是限制贫穷、无技能以及往往不识字的非白色人种进入，在可预见的将来会有所放宽。我们必须假定，任何南亚国家都没有移民出境。即使这些壁垒限制部分放宽，南亚领导人对移民也会无动于衷。而

且，即使他们同情移民，南亚许多地方的人民也不急于背井离乡去面对严峻的外国新生活。但是，如果南亚的人口问题不能通过向南亚之外的地区移民而缓解，那么这一问题也不可能通过向南亚内的其他地区移民得到解决。今天，不会再出现直到第二次世界大战还存在的从印度（和从中国）移民到锡兰和马来亚的情况。

从人口统计意义上讲，我们已进入一个时代的末期。和平时期的穷人移民在调整经济状况中起着越来越微小的作用。富国在第一次世界大战期间就开始关闭边界；穷国紧随其后；南亚新独立的欠发达国家也制定了与世界范围的趋势一致的政策。277

显然，当今南亚国家的人口增长率与它们经济发展的速度基本无关。经济发展会影响死亡率下降的速度和程度，因为它决定着生活水平，并可能影响用于改善卫生条件的政府支出。但是，若任其自由发展，出生率将保持历来居高不下的水平，抑或甚至可能略有增加，而无论经济是否发展。一般而言，南亚人口快速和加速增长妨碍着经济的发展，而且视各国情况而定，迟早会威胁到经济的发展，即使不衰退，也会出现停滞。由于移民出境不是切实可行的政策，而且任何一个政府都不能选择降低死亡率的方法，因此这个地区的政府面临的实际问题是，它们是否应设法引导不会自发降低的出生率。

我们对人口趋势造成的经济后果的分析建立在科尔（Ansley J. Coale）和胡佛（Edgar M. Hoover）所证明了的事实的基础上：欠发达国家出生率的下降在长达 20 甚至 30 年内不会对劳动力规模产生实质性影响。今后 15 年的情况是不言而喻的，但是即使是这 15 年之后，计算表明，影响也是逐渐而缓慢的。因此，出生率下降对生产者数量的影响几乎要滞后一代人。但是,它对消费者数量的影响立竿见影,劳动力以外的有关人数随着出生率的下降而马上回落。

南亚婴儿出生率下降的积极影响是不难察觉的。整个人口中儿童比例的下降是累进的:步入生育年龄的人越少,出生的婴儿就越少。更进一步说,如果人口出生率稳定在比目前更低的水平上,年龄分布将趋于"正常",年轻人和儿童不正常的高比例将不存在。

278 如果抚养的孩子减少,每对父母的收入必然上升。如果增加的平均收入全部用于消费,每个儿童和成人保持相同的消费相应份额,那么人均收入的增加必然普遍地提高生活水平,大家的饮食起居将得到改善,全体国民将享有更多的教育和卫生设施,以及政府预算提供的其他福利。

消费水平提高的第二个影响是通过增加劳动投入和提高劳动效率来提高生产率。随着收入水平的提高,还可以增加储蓄甚至投资,政府的税收也会增加。另外,生活水平的提高还会产生一些更微妙的影响。必须承认,南亚一些地区的赤贫是人民大众对改变态度和制度、推行现代技术以及改进卫生条件等措施漠不关心和无动于衷的原因所在,或至少是部分原因。

那么,看来很明显,从经济和较笼统的人道意义上讲,出生率下降产生的影响是立竿见影、非常有利的。这些影响不但十分可观而且是累积增加的,随着时间的推移不断扩大势头。这些影响与人和土地之比无关:同样的因果机制在人口稀少和人口稠密的国家都照样运行。

影响的第二个方式是劳动力的增加。在所有的南亚国家,目前劳动力的增长比这些国家以往任何时代都要快得多，是西欧国家以往劳动力增长的2～3倍。直至高于生育控制的影响开始发挥作用之前，这种增长还会继续。从现在起，再过15～20年将达到就业年龄的人大部分已经出生，不管怎样努力地降低出生率，都不会对这些年龄层的劳动力产生影响。

我们已在前面的章节中谈到，从长远看，只有扩大工业化才可能有效利用增加的劳动力。但从近期看，今后几十年南亚制定计划的主要条件必须是：农业部门吸收迄今预料之中快速增长的大部分劳动力。农业计划的目标必须是提高劳动力使用率，并且在 279
劳动力快速增长时提高劳动力使用率。

但是这充其量不过是权宜之计。如果工业化不能最终发展到对扩大劳动力就业产生积极而巨大的实际影响，那么农业部门的广大群众将承受更大的痛苦，从总体上导致经济发展停滞，甚至后退。如果以为南亚国家有能力无止境地消化吸收与当前和预期出生率和死亡率相对应的劳动力增长，而又不引起灾难，那是不切实际的。

人口政策，就其本身的性质而言，应从长计议，这在南亚由于人口的年轻化而特别需要。由于南亚人口中大约40％的人口不到15岁，而在欧洲国家仅为15％～20％，又由于甚至包括生育年龄组年龄分布都相应年轻化，因此，必须经过相当长的制动滑行，人口增长特别是劳动力增长才能显著放慢。即使对某个南亚国家来讲，预计中的劳动力增长在将来的一段时期似乎没有什么危险，这也不能成为延缓降低出生率行动的理由。必须记住，只有经过一段时间的群众教育，普及生育控制的政策，才能对出生率产生重大影响。

虽然我们只是泛泛而论，并且始终避免超出我们掌握的事实说得过于具体，但我们相信我们能得出这样的结论：对人口趋势的经济影响的考虑应该使南亚国家的政府有充足的理由去雷厉风行地制定政策措施，在人民中实行生育控制。

时至今日，所有这些政府，除了信奉罗马天主教的菲律宾，都在探索控制生育的政策。但是，南亚尚无一个国家能够显著地降低出生率。即使在印度，虽然人口政策很早就出台了，但出生率还是没有下降。到 20 世纪 60 年代中期，得益于生育控制政策而取
280 得的成绩，已经因为发病率和死亡率降低、也可能因为抑制生育习俗有所放松而抵消殆尽，人口出生率依然在上升。

可是，南亚地区的政府已经或正在作出以避孕为基础的限制人口的政策这种审慎的选择。这一事实在现代世界史上是绝无仅有的。日本是南亚以外作出这种选择的惟一国家，不过它是在印度采取这一措施之后才这样做的，而且最初还不甚明确。自 19 世纪最后 25 年以来，西方国家人口出生率剧烈下降，而法国和其他地方早期表现出的这种趋势都不是限制人口政策的结果。相反，所有有组织的社会力量——律师、官员、牧师、教育者、新闻工作者、医务人员——都动员起来防止节育蔓延。尽管有这些反对力量，节育手段还是普及开来，因为人们自己需要节育手段，于是就自行掌握了这些手段。

在印度，当殖民主义时代行将就木时，文化精英和民族主义的

领袖开始相信印度次大陆“人口过剩”。他们的担心在西方产生了 281
共鸣。马尔萨斯（Malthus）认为世界人口的增长速度已经超过了资源的承受力的论点得到许多西方知识分子的拥护。马尔萨斯坚决反对把节育作为控制人口增长的手段。因此，“新马尔萨斯主义者”是对西方国家那些坚持节育斗争并最终取得胜利的激进分子的误称。

印度的情况有很大的差异。“人口过剩”和贫困化的幽灵并没有消失；大规模群众贫困的现实是挥之不去的。只有城市中西方化的小部分人实行节育，群众自发实行节育还不现实。实际上，印度的人口问题不能不按新马尔萨斯主义的理论进行理性讨论，因为控制人口问题必须联系生活水平的提高来探讨。印度知识分子在激进的英国友人的鼓动下所提出的要求，不是为了打垮针对普及节育而制定的毫无意义的公共政策，而是为了倡导积极的公共政策，以促进生育控制的普及，从而抑制出生率。一旦提出了旨在提高生活水平的经济发展的观点，实行节育的迫切要求就会变得尤为强烈。殖民主义时代行将结束时，这方面的文化基础已经奠定。因此，合理的政策在独立时代就能推行了。

在其他南亚国家，新马尔萨斯运动慢了一步才站稳脚跟。很长时间内，只有国家领导人发表的一些言论，大意是说必须着手考虑人口政策问题；还有一些私人开办的诊所或宣传家庭计划的计划报告偶尔也提到人口问题。但是这些国家中没有一个在60年代中期制定了促进生育控制的政策。

然而，显而易见的是，推广节育的人口政策的主张已经在所有的南亚国家中逐渐形成，甚至包括信奉天主教的菲律宾，当然不包括最为落后的国家：老挝和柬埔寨。在印度尼西亚和缅甸，充其量282 只是言不由衷、自相矛盾地表示对这样一种政策不无兴趣。但在泰国，已故首相、陆军元帅沙立·萨纳拉(Sarit Thanarat)在1962年国家预算报告中已对他的国家高水平的人口增长率表示担忧——当时计算每年不低于3.6%。

与此同时，西方开始出现对南亚国家生育控制问题的热情关注，有时是极度热情。要求采取行动的呼声那时主要局限在信奉新教的国家，现在仍然如此。这些国家是最富有和最强大的，它们确定了基调。

然而，西方这种心血来潮对许多南亚领导人产生了不利的影响。当时正值前殖民地国家沉浸在民族主义激情的浪潮中。白人强烈呼吁限制南亚人口增长的行为酷似西方试图削弱亚洲力量。在一些更为激进的民族主义者看来，这甚至含有通过避孕实现民族灭绝的意味。但是，不管这些领导人10年前比较愚昧的思想究竟如何，他们现在正开始接受必须考虑放慢人口增长这个显而易见的前提。

为了正视它们的人口问题并力求制定一项适当的政策，南亚国家要受一个苛严的价值前提的约束，它具有重要的实际影响：任何试图降低人口增长的努力都仅局限于在人口出生率因素上下功夫。对高死亡率洋洋自得，抑或甚至只是听之任之——因为它放慢了人口增长速度，这是完全不能允许的。作为价值前提，这在南亚如同在文明世界的任何地方一样，都无可争议地是公共政策的基础。凡能消灭疾病、防止夭折的合理行为必须得到履行，不必顾及它对人口增长的影响。这种价值观，与久已确立的医疗职业的道德风气并行不悖，近来已成为共产党和非共产党国家人口政策的基本原则。这个价值前提在这里体现的正是其本意：道德的必要性。

由于南亚人口政策的主要论点是经济问题——维持和提高生 283
活水平，为经济发展创造更为广泛的机会——因此这项政策的核心是人口规模。它的主要要求是降低人口出生率以及人口的增长。南亚政策正是在这个意义上才真正是新马尔萨斯主义。归根结蒂，它之所以是新马尔萨斯主义，是因为节育不是自发地普及，这在西方和欧洲的共产党国家中是做到了的；还因为没有理由指望在可预见的未来能做到这一点。关于这一点，既然公共与个人道德正趋于一致、生育控制得到普及，那么如果我们将南亚正在形成的人口政策与最发达的西方国家正在形成的政策进行对比，也许有助于我们看清南亚政策基本原理的复杂要求。

两者的区别是鲜明的。首先，在欧洲的西北部，没有理由担心人口过剩，事实上也不存在希望降低人口出生总数的经济动机。恰恰相反，人们很清楚，出生率很容易降到人口不能繁衍后代的水平。人们普遍认为，人口的减少是不可取的。这个价值判断的背后，经济因素所起的作用较小，但这些因素自然没有为相反的价值观辩护。当然，欧洲西北部任何地方都不像南亚那样有理由试图通过政府的政策措施降低人口出生率。

可是，消除反对节育和促进"家庭计划"的措施不是为了降低人口出生率，而是为了创造条件，鼓励社会和经济各阶层选择能给他们的家庭生活提供最佳条件的家庭规模。在促进节育方面，欧洲西北部人们的兴趣集中在人口的质量而不是数量上；集中在改善儿童的成长条件上。泛泛而论，欧洲共产党国家的政策趋势与上述情况相似。在某些方面，这些国家甚至更快更完整地接受了新形势的影响。这再次说明超越了冷战问题的理想和政策的某些重要因素。

284 与此相反，南亚各国不得不在人口发展上重点强调数量方面。至高无上的经济利益迫使它们通过推广节育降低人口出生率，不是自发地推广，更不是按照所需的速度。其人口政策只能是新马尔萨斯主义的，而西方和欧洲国家则不是。

然而，结果非常相似。由于南亚国家试图根据现实制定它们的新马尔萨斯人口政策，那么它们只能采取自愿节育的原则。这也是西方国家正在形成的人口政策的基础，在发达的共产党国家也是这样。正是在这一原则范围内，并通过不断地充分实现这个原则，南亚国家将必须用各种方式改变人民的动机——在他们的具体情况下，主要是引导他们少生孩子。对个人事务强制实行国家命令是不起作用的，甚至在曾经试图这样做的共产党国家中也是无效的。节育的信息必须广为传播，成功节育最为有效的方法必须介绍给广大群众。

的确，南亚国家必须提防有利于多子女家庭的政策，以免他们多生孩子。多子女家庭往往最穷，最需要帮助。但是，只要给人口多的家庭的援助是以现金的形式支付给家长的，那么这种矛盾就会存在。毫无疑问，为儿童做的每件事都有一定形式的援助：从增加卫生保健、教育和培训设施，到提供学校的膳食。但是，如果这些有利的条件是直接向儿童提供福利，如果这些福利是以某种形式提供给孩子，而不是以现金形式给父母，那么其鼓励生孩子的危险就减少到了最低限度。这种措施往往具有减少父母从孩子身上获得经济利益的相反作用。南亚的儿童福利甚至超过了西方，它通常必须采取社会化消费方式，通过建立社区机构以给予孩子们越来越多他们直接需要的东西。

在南亚，如果人口出生率得到抑制，那么需要实现的自然目标
必然是人口素质的提高。一旦节育普遍地实施，人口政策将自然 285
逐渐转向家庭福利和民族质量。即使在南亚国家力求实现抑制人口出生率这个基本目的的同时，它们也将从多方面改善儿童的福利状况，提高人口素质。人口问题根本上属于道德问题。随着人道主义原则日益为人们所关注，这一认识将进一步加深。至于与人口问题相关的种种社会和经济问题，普遍的道德风貌正开始在全球形成。

直到今天，许多意识形态、政治、经济以及社会方面的因素阻碍了一些南亚国家正式宣布节育政策，而直到最近还妨碍了所有国家实行一项其规模和影响足以大大降低人口增长率的政策。但是，源于宗教制度的限制和障碍在世界其他地方发挥了重要作用，而在南亚的作用却小得多。事实上，南亚主要宗教——印度教、佛教和伊斯兰教——的教义中没有反对节育的明确限制。虽然不能指望这些宗教派别的领袖在这个关键时刻成为支持节育的文化先锋，但部分领袖至少明确宽恕了某些节育形式和动机。当然，信奉天主教的菲律宾人不在此列。在菲律宾，任何支持节育的官方举措直到最近还被禁止或开展得非常困难，尽管天主教的地位不再

是那么巩固。

但是在其他国家，印度教、佛教和伊斯兰教在日常生活和人民的社会模式中仍然占有非常重要的地位，仅仅没有反对意见是不够的。然而，国教往往都具有保守主义本能，害怕和讨厌经过深思熟虑和使用技术手段的变革。在所有国家的早期发展阶段，面对
286 机器和新的运输方式都出现过这种本能的忧虑。但是，重要的是，一旦政治领导层认识到有必要制定人口政策，南亚教会就不会出现顽固而组织严密的反对活动——除了一定程度上，至少在一段时间内菲律宾会有这种情况。西方世界曾有过这种情形。

禁止人口政策的政治根源存在于出现严重的少数民族问题的国家，例如锡兰。多数民族在这方面肯定希望尽可能维持多数派地位，而少数民族往往希望增加他们自己的人数。据报道，瑞典的家庭计划项目在锡兰遇到了困难，这是因为该项目是从僧伽罗人(Singhalese)居住的地区开始的。他们担心这有可能降低民族的出生率，而泰米尔人(Tamils)却不随之执行计划。只要存在实际上的少数民族，这本身几乎必然会对已制定的限制生育的政策形成难以克服的障碍。在马来亚，马来人和华人的态度同样易受影响，担心自己民族的出生率可能下降而对方民族没有下降。然而，由马来人掌权的政府一直支持家庭计划诊所。

另一个例子是误解实际形势。印度尼西亚的苏加诺(Sukarno)政府认为，人口问题可以通过从爪哇和巴厘向边远的小岛和苏门答腊迁徙定居者而加以解决。它们的错误不在于它们对爪哇移民的兴趣——这是一个十分明智和值得实施的政策——而在于它们倾向于夸大政策对爪哇人口增长率的潜在影响。苏加诺总统对

严酷的经济生活现实视而不见是他下台的主要原因，但是他的确成功地在分散的印度尼西亚人中灌输了民族主义情感。他对自己国家的潜力怀有强烈的自豪感，认为印度尼西亚人没有能力养活他们自己的日益增长的人口的想法令苏加诺感到厌恶。

印度尼西亚领导人对节育的基本态度在苏加诺与《新闻周刊》(*Newsweek*)的伯恩哈德·克里舍(Bernhard Krisher)的谈话中体现得十分清楚："我依然认为我们这里不应该实行节育，我的解决方案是开垦更多的荒地——因为如果开垦了印度尼西亚的所有荒地，就可以养活 2.5 亿人，但是现在我国仅仅有 1.03 亿人。巴基 287
斯坦总统穆罕默德·阿尤布·汗(Mohammad Ayub Kahn)在印度尼西亚看到那么多小孩后说：'苏加诺，我一看见孩子就发抖。孩子制造了麻烦。''是的，你的国家太穷了，'我说，'在我国，多多益善。'"苏加诺拒绝相信他的移民计划彻底失败了，从爪哇和巴厘到苏门答腊的人数大大少于爪哇一个地方出生的儿童。自苏加诺下台以来，统治印度尼西亚的军政府起码允许福特基金会在爪哇设立了一些节育诊所。

在南亚各地包括印度，纯粹的偏见致使人们低估了人口问题的紧迫性。为增长的劳动力创造工作机会的未来经济困难已迫在眉睫，转移了人们对减少家庭子女数必然同时减轻经济压力的发展潜力的关注。

于是出现了所谓"数字幻觉"。在一般的语言和思维中，"庞大"和"巨大"之间从来就是含糊不清的，能完全分清两者的知识分子寥寥无几。人们有意无意地把规模与权力联系起来。规模与威望的联系是明显的。任何人都很难认同自己的民族(的人口)可能太大了、不应再增长了的论点——这个问题往往因为西方对亚洲人口爆炸提出警告而难度加大。

在评价这些态度时，我们必须记住，我们不能直接将它们与欧洲鼓励节育的态度相比较。由于提出了这些保留意见，南亚乡村的状况似乎非常不利于唤醒人们限制子女数的愿望——一种足以实现有效而持久的节育的强烈愿望。在一定程度上，生儿育女甚至可视为一项投资；子女是养老送终的保障，他们往往在孩提时代就开始分担父母的劳动重担。相对而言，南亚的生活环境决定了子女对父母履行的义务要多于父母给予子女的。另外，大多数南亚人比西方人住得更近，一是地理意义上的接近，另一是作为一个
288 家庭意义上的。许多妇女，母亲、祖母和姐妹共同地挑起抚养小孩的重担。

在所有的南亚社会中，特别在印度人当中，另一个重要的态度因素是渴望男性后代。年轻的男性只有生了儿子才能在社会上获得男子地位。而印度人相信，一个男人死后，他的头颅必须由儿子揭开。因此产生了要生儿子的强烈欲望，由于死亡率较高，最好有两三个儿子。这个问题，特别是在婚后生活的早期妨碍了节育工作。我们希望，一旦婴儿和儿童死亡率开始明显下降，这种现象也会随之减少。

必须记住，这些观点不是孤立地形成的，而是与日常政治现实有关。从短期的观点看，十分容易发现政府勉强应付人口问题的现象。南亚各国政府承受着各种各样紧迫的政治担忧，它们正在大胆地制定经济发展计划。所以，人口问题宛如一片笼罩在民族命运上的阴云耸现在遥远的天际。对于全神贯注于经济问题的计

划人员，这是顺理成章的观点，他们常常为所有关于制定计划的思考确立思维框架。南亚各国政府总是处于严重危机的局势。由于对人口问题无疑存有争议，因此，既要未雨绸缪，又要肩负重任，还得应付眼下的各种问题，这一定更无吸引力。印度和巴基斯坦的趋势是越来越重视节育政策。另外一些南亚国家，正如我们已经指出的，也朝着同样的方向发展。

但是，仅仅决定一项政策还不够。在实施向广大群众推广节育的计划中，大量不同级别的工人干部必须加以培训、组织，并投入到有效的行动中去；所有努力都必须纳入基本管理框架。如同其他领域一样，政府面临的是我们在研究中归纳在“软弱的国家”标题下的困难，这些国家的政策的作用和实施情况基本处于低水平。如果新的节育计划不能达到其目的，那么实施计划的不足之 289
处很可能是管理层次的阻碍造成的，而不是广大群众的态度障碍造成的。

我们已经强调指出，在基本上是文盲的人当中普及生育控制，几乎没有这种历史。这些人是乡村经济的主体。乡村经济停滞不前，乡村生活水平极其低下。然而，初始状况方面存在两个重大差别，这对南亚各国可能非常有利。其一，南亚各国的人口控制可以依靠公共政策手段审慎地完成。其二，可以依靠技术方法避孕。在这些避孕方法问世之前，西方推广节育——十有八九，在欧洲共产党国家也是这样——直接产生于态度的变化。很长时间以来，人们主要用中断性交的办法避孕。这种方法在西方国家仍然是主要的避孕手段。西方人在其他方面已经很先进，收入非常之高。

南亚国家发起的群众运动从一开始就能利用技术避孕手段，其手段远远高于当年西方国家能够利用的程度。宫内避孕器的问世，彻底改变了迅速普及生育控制的前景。诸如福特基金会这样的非商业性组织，积极支持为南亚提供宫内避孕器，这是另一个有利的因素。目前，女用口服避孕药的效用已广为人们接受，因而有了另一种甚至更方便的节育方法。

总之，我们确信，如果南亚国家不制定有效政策降低人口出生率，那么不仅它们的经济发展速度将放慢，而且迟早将处于生活水平下降的危险之中。不能排除的是，巴基斯坦、印度和爪哇已经进入了这种情况已开始出现的历史时期。人口政策必须视为经济政
290 策的必要组成部分。特别是在较大又较穷的国家，要想避免灾难，就极为迫切地需要同心同德，花大力气制定人口计划及其他一切计划。

人口出生率水平的经济影响不仅十分重要，而且是累积和渐进的。特别是在政策措施只能逐渐地影响人口出生率的情况下，必须尽可能快地加以制定。必须引导不善言辞的民众改变他们的行为，能言善辩的上层人物必须放弃他们的限制，并结束他们对推广节育所采取的有力措施的反对。

群众中潜存着愿意以积极的态度对待节育的意识。教育宣传是激发这种潜在意识的基本力量。这种宣传在具有较高教育水平的人中成功的希望大一些。

印度政府在它的第三个计划中确立了加速计划生育的主要目标，在 1973 年以前将出生率降到 2.5%。依据目前这个过程的状

况，很难相信这个计划是切实可行的预测，哪怕接近这个目标也行。

正如我们在研究中已经强调的，人口爆炸是战后时期南亚所发生的最重要的社会变化。它远比任何改革或发展更为重要，并且极大地阻碍了这些努力。现在存在的可能性是：推广节育将是今后几十年中最伟大的变化，会逐渐降低改革和发展的难度。但是，在下一个 10 年中，出生率是否会下降并迅速地下降，看来必然是未定之数。

第五篇

人口质量

22 人力投资

不研究生活质量，就不可能对国家的贫困现象进行完整的研 293
究。生活质量的两个基本要素是健康和教育。在发展连锁环的前提中，我们认为，要改善一个人的经济和社会生活，还必须改善其健康和教育。我们在持有这一看法的同时也知道，对这些要素的质作出严格的定义和精确的度量是不可能的。

在我们着手研究南亚时，我们作了两个假设：一是没有令人信服的证据表明，南亚人遗传的生理特性比世界上其他民族更容易得病。健康状况的差异要用环境因素解释。另一个假设是，对学习效率具有主要影响的视智能和脑智力的平均水平差异仅仅是由这些环境因素形成的。

即使得到世界上最可靠的统计数据，仍然不可能精确地阐述健康和教育的“水平”是什么，我们甚至不能对这两个要素的质的“水平”应该如何作出哪怕是武断的结论。南亚人健康状况方面的信息不足，而且经常是根本就没有，这个事实加大了给健康定量的难度。即使对某些已知症状的疾病的流行程度确有估计，在这种情况下，也只能对所谓的早期疾病流行，以及由于营养不良与病原体在人群中扩散而造成的一般心理上和生理上的虚弱作最粗糙的猜测。在南亚，这些难以诊断的健康缺陷可能比十分明显的疾病对国家的发展更为重要。现有的各种医疗设施的数量与健康状况及其改善没有明确的联系,拨给卫生工作的支出更是如此。

294 在讨论健康状况时,经常用死亡作为参考。我们比较正规地用健康完全丧失作为死亡的定义。这样,死亡就是一个比健康状况更为简单的概念,也更容易量化或者度量。因此,就我们可获得的资料而言,死亡率的信息远远超过了我们用术语"发病率"或健康不佳现象所代表的非常复杂的一系列情况。但是,使用死亡率——一般死亡率或者按年龄划分的死亡率,或者预期寿命表——来表示基本健康状况是不允许的。死亡率只表明两个要素所产生的结果:致命疾病的流行以及多大程度上未能防止这些疾病造成死亡。事实上,死亡率是发病率的不充分度量。单凭死亡率无法了解疾病发生的频率和持续时间,也无法了解健康不良的程度,例如失明和肠道疾病。

当然,可以想象,即使死亡率在下降,预期寿命在提高,但大部分人一直或大部分时间可能都有病,或者至少缺乏正常精力。甚至可以想象,人们寿命延长了,但忍受衰弱病体带来的痛苦却比以前加重了。这些警惕性思考与南亚目前正在发生变化的健康状况尤为相关。南亚正在用强效医疗新技术预防和治疗可能致死的疾病,但人民的生活水平并未大大提高,有些地方还可能正在下降。如果医疗技术及其运用继续改进,死亡率在今后一段时间内可能下降,即使生活水平会进一步恶化,人们对疾病的抵抗力减弱,身体越来越虚弱,工作效率降低。除非出生率迅速降低,或是实行大刀阔斧的社会和经济改革,并从国外获得更多更有效的援助;否则,一些最穷的南亚国家可能不久就会处于这种情形,甚至已陷入这种情形。

定义相关的教育水平,即使难度没有加大,也是同样困难的。教育可以采取多种形式,同样也没有统一的标准。例如,在现在是以后仍将是文盲的人当中开展农业发展工作,可能要作出重大的努力。在所有的教育形式中,改进态度至少与传授技术同样重要。295

有关南亚教育所有方面的事实信息都十分缺乏——甚至诸如识字率和入学率这样简单指标的估计也非常不足。但是,即使能获得可靠的数据,也不能以此计算出教育的"水平"或者这样一种水平的变化。

任何试图以专用于教育的财政资源,或者教育措施,如雇用的教师数,来衡量教育水平的尝试注定要失败。首先,教育的"产出"包含能力的传授和态度的改进,与资源的"投入"并无明确的联系。南亚各种教育形式都存在着大量的浪费现象,其中大部分是完全错误的教育。以现代化和发展作为目标,教育所传授和保持下去的是与实际需求脱节的能力和错误的态度。这意味着,提高教育水平需要更合理地使用资源,而不仅仅是增加用于这一目的的资源数量。

此外,对健康和教育都不能孤立地看待。首先,保健和教育条件相互紧密依存。一方面,儿童充分利用社会提供的教育机会的能力取决于他们的健康。成年人运用他获得的知识和技能的能力取决于他们的智力和身体健康状况。另一方面,健康状况的改善程度取决于人们对卫生学的知识和态度。因此,健康和教育的标准取决于整个社会的环境,特别是时下的态度和制度。保健和教育领域的改革必须取决于社会的——甚至集体和家庭的——改革。由于技术上的原因，除非大规模地进行并纳入有计划的发展，否则保健和教育改革通常是白费力气。

关于这一点，必须指出，态度可能通过奖赏或惩罚一定行为规范的立法和行政措施得到改进。这些政策的作用可通过引导教育
296 朝同样目标努力得到加强，也可以发动针对某一特别目的而进行的宣传运动——例如推行节育。如果达到了目的，自然意味着教育的改善，即使是采取通常不为人们视为教育工作的方法实现的。

由于健康和教育是如此难以驾驭的问题，我们对它们的探讨将包括非常广泛的现象，并强调它们在整个社会体系中的联系，包括过去的遗产。我们不会得出有关南亚各国健康和教育水平及其变化速度的结论。此外，由于缺乏可靠的统计资料，即使是对具体的因素，我们的分析也基本上依靠估计和占有第一手材料的专家的意见，以及我们自己的印象和推测。

我们探讨健康和教育问题的价值前提是通过它们说明发展值得努力来加以体现的。

对于个人，健康是他本人以及他周围人富裕程度的一个重要因素，可供使用的卫生设施是他生活水平的一项内容。实际上，享有健康已在“人权”中占有一席之地。这种观点与现代化平等理想是一致的。但是除了它本身具有的独立价值外，提高健康水平在发展进程中还具有辅助价值，因为它影响着其他社会和经济状况。这个循环因果关系的另一方面是卫生保健本身受社会经济因素的影响，特别是收入、生活水平，尤其是营养的影响。

乍一看，保健水平提高似乎完全是件好事，因为劳动效率部分

地取决于民族的健康状况。但是，伴随着健康状况的改善，很可能会同时出现死亡率下降，甚至人口出生率上升，因而出现人口增长，对发展产生不利影响。因此，就存在着冲突。但是，健康状况的改善，如同我们在上一章提到的，在道德上是绝对需要的。

教育也有独自的价值。毫无疑问，个人可以从他自己能力的 297
发展中获得益处，任何增加他参与国家和世界文化与生活的机会也将丰富他的个人经验。从较为实际的意义上说，教育对于个人之所以重要，是因为教育为他们增加收入和提高生活水平提供了机会。教育设施和卫生设施一样，是这些水平中的一个因素。与享有健康一样，接受教育的机会也逐渐被看做是“人权”。

理所当然，提高教育水平必然导致社会和经济状况好转。但是，南亚的教育并不始终具有这些有益的结果。有时，教育受到学生（以及他们的家庭）的尊重，但其原因却对发展有害。比如，这个地区普遍厌恶体力劳动，这影响了人们接受教育和利用教育的方式。但是，作为教育努力的结果，若能改变态度使个人的抱负与国家发展的努力一致起来，那么价值冲突将得到解决，教育具有的独立价值甚至说明有理由进一步扩大这一领域的努力，而不仅仅是停留在教育对发展的辅助价值所表明的程度上。

近来取得的一系列成就突出了南亚领导人对健康和教育的兴趣。西方福利国家的实例，共产党国家对这两个问题的重视，联合国机构的援助，所有这一切加强了要求改善现状的热情。迄今为止，南亚受过教育的人和上层阶级尤其感到了这些影响的效果。这些国家的广大群众只受到了轻微的触动。

表明这一点的事实是：当官方试图引导人民在公共卫生和个

人卫生方面的行为更为规范时，他们遇到了困难。即使群众往往抵制教育带来的态度变化，但他们对改善教育状况也许更关心一些。政府已表明越来越愿意在这两个领域采取措施，但规模有限。除了一些措施外，例如预防疟疾的运动，保健政策没有受到重视。
298 提高教育标准的措施在计划中更为突出，但它们没有对发展产生重大影响，这部分地应归因于学龄人口爆炸性上升，部分地应归咎于教育工作方向的错误和不力。

在保健和教育领域实行名副其实和大刀阔斧的改革，政府对此的重视程度相对较低，这也可从时下的发展哲学中找到依据。在研究中我们已经指出，支配经济文献和计划的是基于不加鉴别地将发达国家的观念和分析模型运用到南亚的理论。以资本—产出比原理为核心的模型主宰了欠发达国家经济计划的方向。这一战后方法的含义之一是：假设“非经济”因素——不仅是制度和态度，而且还有生活水平，包括卫生和教育设施——可以不加考虑。赋予经济发展获得的实物资本投资以位居第一、且往往是独一无二的重要性，必须要有这种假设。

然而最近，一些经济学家已经发现，高度发达的西欧各国的经济增长必须在实物工厂投资数额之外的一些因素中求得解释。但是，这些经济学家不愿放弃传统的资本—产出比理论。不过，除了实物投资外，他们把资本投资的原理拓宽到包含“人力投资”，有时称为“人类能力投资”，或者“人力资源投资”。在这个过程中，为了计算耗费的明确数量，他们依然需要将众多的具体因素减少到一类或几类，从而计算出确切的开支额度。从一开始，关注的重点就是教育，虽然卫生保健问题偶尔也受到重视。然而较为精心设计的模型，都把人力投资缩小到教育这个单一因素上。

在发达国家，资本—产出模型曾存在无法完全用实物投资解释的“剩余”，当时只好归因于教育。这个发现所依据的那些统计资料，欠发达国家根本没有。但是，经济学家们毫不犹豫地把这一理论应用到了不发达国家。一些经济学家指出这样一个事实：由 299
于欠发达国家必须使用发达国家发明的现代技术，对欠发达国家来讲，教育甚至比西方国家早期发展阶段更为重要。除了这些基本考虑外，研究确定教育对于国情完全不同的欠发达国家的影响几乎是没有意义的。新理论只是以类推方法简单地加以应用。实际上，情况有点自相矛盾。虽然南亚和其他欠发达地区的大部分计划，以及大部分有关发展的经济文献仍然以实物投资是发展的动力这种观点为基础，可是，批驳这种观点，并认为发展——尤其是在欠发达国家——主要是一种教育进程的经济学家现在越来越多。

把财政意义上的教育简单地看做投资，这样做究竟是否可能、是否合适？撇开这个问题暂且不谈，南亚和其他地方的教育工作者一定同意这个新的经济思想学派。实际上，第二次世界大战以后，经济学家竟然仅以实物投资为基础创立一种发展理论——这种理论由于不能解释经济增长进程，因此一部分经济学家后来“发现”了人力投资理论。这是一个值得注意的事实，它证明了分隔社会科学的危害以及传统经济学的僵化。

考虑到专门从事教育研究的学者和专业教育工作者以往的所有想法和文章，上述情况令人感到十分惊讶。以前的所有经济发展讨论没有不把改善教育状况放在显著地位的。战后，为欠发达国家的经济发展创立经济理论和制定计划是一大例外。一个多世纪以来，为发展而提高教育水平是教育文献的中心议题。经济史学家在力求解释为什么不同国家的不同时代经济发展的速度不同时，经常对教育和教育改革给予极大的关注。但这些学者中无人
300 像许多战后的经济学家那样，试图把教育改革置于大量财政投资的概念化约束之下，并考虑其资本—产出比。这是最新经济方法的惟一创新。

当然，出现强调教育重要性的新方法这个事实值得欢迎。但我们要对它提出批评，因为它没有十分彻底地反对战后方法。这个"最新学派"的经济学家局限于把教育作为投资的追加项目。但他们据此提出的模型建立在许多无根据的假设上。在这种情况下，需要假设教育是一均匀的量，可用财政支出衡量。这个模型还意味着，除了教育设施外，现存的态度、制度和生活水平对教育都不重要，而且所有同时采取的其他政策措施都可以全然不顾。由于这些假设逻辑上前后不一，而且与现实不符，所以使用资本—产出模型只会妨碍现实和切题的研究。

我们的研究清楚地表明，教育对提高生产率的影响甚至对人们接受教育的兴趣的影响取决于制度改革的程度。这种改革只有通过立法和行政手段才能实现，而且还需要附加的政策措施才能见效。教育与投资等同的论述还意味着回避了平等这个问题。可是，社会和经济不平等决定性地主宰着改进教育之举所产生的作用。而教育方面的进步现在往往助长了不平等现象。因而，人力投资的最新理论存在严重偏差，在某种意义上，与我们的价值前提相矛盾。

我们无意贬低教育领域的工作或者否定有形投资的重要性。我们的观点是，在分析中不充分考虑各种经济变量运行其中的制度结构，而把不相干的经济活动罗列在一起，同时又将其与别的补充性活动割裂开来；这种分析不仅是肤浅的而且会产生误导：根据
制度结构，根据形成于这种制度结构之内、反过来又支持这种结构 301
的态度得出结论，这种结论在南亚和西方都是机会主义的。这是一种带有偏见的方法。

将人力投资限定在教育开支范畴倾向提出了如下问题：为什么经济学家忽视了另一个重要的人口质量——健康。答案不会是：给健康和健康的目的下定义是件难事，至少与教育"水平"的定义一样难下。就教育而言，衡量财政方面作出的努力及其效果，与衡量健康方面的努力和效果一样不可行。这两方面几乎同样缺乏事实信息。无论如何，定义之难和缺乏经验数据都没有难倒经济学家，使他们不敢研究问题并提出俨然有学问的解决方法，更不用说他们中的模型建立者了。改善健康的状况往往随着人口统计的变化而变化（死亡率下降，也许出生率会上升），这些变化对收入和生活水平造成下降的压力。这一事实并不能证明有理由忽视健康因素，特别是，因为稍微加大模型的复杂程度就能产生这些从属性变化。

因此，没有理由把卫生保健问题排除在发展方案之外。在南亚欠发达国家，不良健康状况对于提高劳动投入和效率是十分严重的阻碍因素。但是，如果我们确实为教育的投资增加了健康方面的投资，并以人口质量的这两种因素给人力资源下定义，我们还

得包括所有用于改善健康状况的成本，而不仅仅是卫生设施的支出。在所有南亚国家，特别是在最大和最穷的国家，造成不良健康状况的主要原因是人民群众严重缺乏营养和营养不良。南亚的大多数人在食品方面的花费大大超过了他们的一半收入，但是他们依然处于营养不良的状态。他们也没有得到维持一般健康状况所必需的衣服、住房和卫生设施。最低限度的必需品消费的增加特别是食品消费的增加，或者是用于增加必需品的支出增加，必然对
302 提高健康水平大有好处。在高度发达的国家，情况不是这样。

如果想要保持基本推理逻辑一致，其含义是：新的用语“人力投资”不仅应包括教育和卫生设施的消费，实际上还应包括所有的必需消费。然而，各种消费的边际生产率效果不同。有些消费相对是非生产性的，有些甚至对健康有害。编制计划的真正问题是如何压缩和扭转消费，从而加速发展。仅仅陈述这些贫穷国家的大部分消费构成人力投资，对于阐释这一问题无济于事。计划人员需要了解的是各种必需品消费的增加对生产率的影响如何。关于这一点，模型没有提供任何指导。

总之，一些经济学家最近向战后研究方法提出的反对意见无疑是有益的，因为这种反对意见对这一时期赋予实物投资独特地位的理论提出了异议。反对学派的基本政策意见可能是正确的，即如果进行英明的计划和指导，加大改善教育状况的力度可能比某些实物投资更有益于发展——虽然它不是使用常规模型得出的结论。常规模型对资本投资仅下了笼统的定义。加大改善健康的力度，情况可能也一样。虽然这些努力必须把增加基本消费、特别是摄取食物作为主要目标。同样，即使模型包括了健康的标准，这

也不是以资本—产出模型为基础。这种投资方法完全忽视了为了使教育投资“得到回报”必须实行依赖于政治决策、而不是预算考虑的制度与态度改革这一事实；忽视了关于教育计划的成功既取决于教育计划本身的方向，也取决于其他各领域所推行的政策这一较为全面的考虑。

我们在讨论中涉及了其观点的经济学派的一些成员可能大体上同意我们的评论。但是，如果对“人力投资”的概念加以修正，加进这些评论，那它实质上就没有了理论内容，仅仅成为一个值得提 303
倡的更合理谨慎的，既顾及实物投资，又顾及其他一切人为变革的发展计划的模糊不清的宣传用语。

为了避免任何误解，必须再一次强调，我们没有非难模型的使用。我们更不反对努力进行数量的评价，我们不同意某些因素是“定性的”。原则上，社会科学家应当不懈地努力，将他们的所有知识转化为可度量的数量。然而，模型和数量结论都必须在逻辑上是一致的，并且完全以事实为根据。十分有必要更多地了解不同的发展努力是怎样相互影响的，以及它们又是如何受到制度背景影响的。如果得到更多的数据，清晰明了、逻辑一致、符合现实的模型就有用武之地了。

南亚国家应将更多的资源用于改进教育和保健。这一结论，就其本身来说可能是正确的，但它是模糊的，未能阐明真正重要的问题，即卫生保健和教育计划应向何处去，应进展多远，应采用什么方法，还需要什么其他政策措施。

对研究制定计划的传统战后方法（仅仅把发展与实物投资联系起来）的批判是有根据的——但是其理由比最新经济学流派提

出的更为基本。这种批判并没有因为提出了人力投资是经济增长的引擎这个基本“理论”而得到丝毫的加强或变得更为精确。运用新的、扩展的资本—产出模型不断得出的数量推断，就像计算“没有充分就业”的劳动力百分比一样是虚构的。采取介绍子虚乌有的知识的华丽外表，他们轻而易举地回避了研究纷繁复杂的现实状况这项艰苦工作。本章理论上的批判旨在清除无用理论的保护层，而这些理论是建立在阻碍和错误引导科学进步的偏见之上的。

23 保 健

落后的卫生状况几乎与南亚生活的每一个方面紧密相联。良 304
好的健康状况对个人具有独立价值这一事实意味着，适用的卫生设施是一个国家生活水平的重要指标。与此同时，其他各种消费品的供应水平，包括食物、住房、服装、公共卫生设施以及教育设施都与保健状况相关。改善保健状况必然会增加劳动投入和效率。如果疟疾区排干污水并喷洒了药水，还能增加耕地面积。气候对劳动利用的影响与气候对保健状况的影响有着紧密的联系。保健状况显然是人口出生率和死亡率的决定因素，因而也是人口数量趋势的决定性因素。在广大群众中成功推行节育，这项政策应对改善母亲和儿童的保健条件产生影响。由于子女数量的减少而提高了生活水平——直接的原因是降低了生活负担，间接的原因是对劳动力使用的影响——这种人口数量的变化影响着整体卫生状况。

在南亚丧失独立、遭受殖民主义统治之前的漫长岁月里，医疗保健和卫生设施方面的进步，用现代的观点来看，充其量是微乎其微的，某些情况下几乎为零。然而，在欧洲人侵入并建立殖民地后，西方的医疗技术进入南亚，但微不足道的援助绝大部分都用在欧洲殖民主义者和他们愿意支持的当地贵族身上。

殖民时代，死亡率明显下降，部分原因应归结于战争销声匿迹
305 （殖民主义列强几乎没有在殖民地之间进行战争），但其余原因应归结于殖民地卫生服务逐渐增加，以及庄稼歉收时为防止饥饿作出的努力。然而，在很长时间内，殖民政府没有作出像样的努力：既没有在医疗、卫生器械使用、卫生保健方面培训当地人员，也没有为当地人提供与他们相同的卫生服务条件。

当地人民继续依赖于他们所独有的、用当地草药治疗与精神治疗相结合的传统医学。实际上，第一批欧洲医生到达时，土方疗法没有可供填补的真空。这种疗法在殖民时代疗效如何是另一回事。到殖民主义时期结束时，殖民主义时代进行的医疗预防工作几乎未触及农村地区和城市贫民区的广大人民，除非是他们受到颁布法令的约束，强制性地种牛痘预防天花。

在第二次世界大战后的独立时期，南亚人口突然出人意料地以爆炸般的速率增长。不幸的是，这个变化是最近一个时期南亚惟一真正重要的社会变迁。正如我们在第 21 章中解释的，这一现象源于史无前例的死亡率迅速下降。对这个现象的解释不能从生活水平的提高方面寻找。因为对广大人民来说，生活水平并没有明显的变化，教育以及个人卫生态度也没有发生足以对发病率和死亡率产生重大影响的进步。

在这几个国家从不同的层次和不同的时候开始，死亡率迅速下降应归功于采用了新的医疗技术。这种新技术建立在最近的科学发现基础上，能以少量花费预防和治疗一些疾病，而且几乎不涉及服务对象的生活水平、态度和习惯。强效化疗药和抗菌素在治疗一些传染病方面起到了革命性的作用。滴滴涕（DDT）和其他

杀虫剂特别重要。这些产品在发达国家经过几十年时间才研制出来。由于大批量生产,能以较低的价格买到大量药品。简单的使用方法也给它们增添了魅力。接受过初级培训的人,就可以配方 306
开药。

这些产品共同改变了预防和治疗疾病的条件,这与原子能的发现改变了军事战争性质的情况有点相似。疟疾,一度是南亚最常见的一个病因,目前在南亚所有的地方都减少了,特别是印度在预防和治疗这种疾病中取得了可观的进展。所有南亚国家都制定了控制20世纪初以来广泛传播的结核病的计划。但是只有马来亚、新加坡和锡兰以较大的力度推行这个计划。在印度次大陆和缅甸之外,猖獗的天花得到了十分成功的控制。展望未来,疟疾极有可能不久后在南亚各地绝迹。由于数以百万计的人接种疫苗,并且复种,同时再投入更多的稀缺性人力和设备资源,天花也将绝迹。

新的医学发明和群众运动方法,使南亚各国政府能用相对较少的人力、物力开支大大降低发病率和死亡率。可以推测,医学科学家今后还将研制出效力更高的药品、杀虫剂和疫苗。但是,预防和治疗疾病将越来越需要在营养、卫生设施和卫生保健领域进行改革,需要增加训练有素的医务人员、设备、诊所和医院。医学技术将发挥作用,但主要还是与其他领域加大努力相结合。因此,要进一步发展,其代价将更高,速度更慢。

开展群众运动表明,南亚各国政府接受了预防措施在消灭疾病的斗争中至关重要的观点。因此,这又意味着南亚各国政府赞成现代医学规律,因为当地的治疗土方大体上仅有治疗作用。巩固现代医学在南亚国家的地位的一个因素是:它们加入了新成立的世界卫生组织。自从南亚国家开展消灭疾病斗争以来,这个组织及其他公共和民间卫生团体都提供了援助。

307 在这一背景下,南亚国家的发展计划迄今未给保健计划以较高的重视倒是非常令人吃惊的。这类计划很少在基本目标中提及改善保健状况。虽然南亚每个国家都有单独的卫生部,但是有一个区别人们不难发现,这就是卫生部长在内阁中通常没有地位。评价南亚各国政府对保健问题重视程度的另一个方法是,看公共卫生保健的开支占国民收入或国民生产总值的比例。通常,与发达国家相比,南亚各国公共卫生保健开支不仅绝对额非常低,而且在国民生产总值中所占的比例也低。锡兰和马来亚,即使考虑到按照南亚标准它们相对较富裕,也只是比该地区其他国家更重视公共卫生保健政策。但是如果按人均公共开支比较,锡兰和马来亚的支出仅为西方富裕国家的大约10%。

南亚各国独立的初期都面临着卫生设施的严重老化、医生数量减少的问题。印度和锡兰的情形比其他国家相对好一些,但印度尼西亚、巴基斯坦和缅甸实际上几乎没有合格的医务人员。虽然与起点相比南亚各国都取得了可观的进步,但即使是在情况最好的南亚国家,甚至到了1960年医生人数还不到西欧国家的1/5。考虑到它们较高的发病率,医生人数就显得更少。况且,行医者所受的培训也不如西欧国家,学医者面临的学习条件也困难得多,特别是整个地区极为缺乏专家。

尽管南亚医生的水平普遍较低,但是有人认为,鉴于国家的贫穷状况以及大量无法满足的医疗需要，他们所受的教育已经太多。约翰·肯尼思·加尔布雷思曾回忆说："作为一个外行，我有时感到费解，（在美国、欧洲，还有新德里的）医学教育是否真正适合贫 308
穷国家的实际情况……提供全套培训是现代医学教育的必要条件。但在资源短缺的发展中国家，如果我们坚持……为少数人服务的高标准，那么我们能不剥夺多数人的医疗帮助吗？我们在首都有好医生，难道不是以乡村找不到医生接断腿或开点吗啡处方为代价的吗？"

然而在南亚每一个国家，实际政策是尽可能地提高行医资格标准，即使这意味着今后很长一段时间内，医生将严重匮乏。在南亚，护士短缺比医生更为严重。其根源不在于预料之中的培训设施和基础教育的不足。

这一带的绝大部分地区，除了印度、锡兰、马来亚和新加坡的部分地区，还严重地缺乏合格的药剂师。特别是在郊区，管理有方的配药机构实际上并不存在。在每一个地区，农村人口几乎根本找不到什么训练有素的医疗和护理人员，如果他们确实要找医生，必须到遥远的城市去。然而，南亚的一些政府在外国机构的帮助下，已经开始建立可以提供一些治疗的全国保健中心网，向农村人口提供帮助。

虽然治疗土方已经衰落并几乎得不到官方的支持，但它还没有失去对农村人口或者城市下等阶层的吸引力。其原因并不完全是经济方面的，也不是因为缺乏现代医疗设施，用农村人的眼光看，地方行医者的素质超出了西方培训的医生。当地医生不让他的病人远离家庭隔离在医院里，在病人将病因归于罪恶的鬼神时

也不讥笑他们，医生从不说他不知道什么病在折磨着病人，病治好了才收钱。本地医生的这些态度和既得利益原本可能阻碍现代医
309 疗服务在农村地区的发展，如果这种本地医生服务不是远远不能满足确实存在的需要的话。

南亚的气候是这一地区社会环境中诸多要素中一个影响巨大的因素，它为寄生虫和传染性疾病提供了滋长和蔓延的理想环境。新的医疗技术为这一地区的国家提供了与某些疾病作斗争的有力武器。如果改进医疗设施、卫生设施，提高生活水平（特别是营养方面），还可以取得更大成绩。但是提供这些条件依赖于经济水平，而就这一点说，气候通过对劳动效率、土壤、植被以及实物资本的作用而产生了极为不利的影响。由于南亚各国的贫困，不良健康状况的所有这些循环因果关系链非常难以打破，而贫困本身部分地是由于气候对健康的有害影响造成的。

南亚营养不足和营养不良问题的主要原因自然是贫穷，尤其是农业方面人和土地的低效率。补救的办法一般来讲是依赖于发展，但道路是不平坦的，部分原因是，饮食不足本身降低了人们的工作能力。

另一个造成南亚健康状况普遍衰弱的主要原因是环境卫生设施没有改进。当然，其中的原因还有所需材料价格不菲以及管理人员匮乏。我们再次发现：贫困是严重威胁健康的环境得以苟延残喘的主要原因，虽然与此同时恶劣的健康环境因为降低了劳动投入和效率而起到了维持贫困的作用。进展缓慢的另一个原因是缺乏民众的响应。因此，改善公共卫生条件不仅仅是获取必需的

财政、材料和人力资源的问题，也是教育广大人民群众的问题。必须教育人民更加有理性和更关心自己的健康。如果能说服他们相信这些努力是值得的，他们就能利用农闲的长期时间和适当的本
地材料改善他们的住宅。特别是，如果能说服他们喜爱清洁工作，310
他们也会使住宅及其周围的环境更加卫生。

对待公共和个人卫生的态度与社会结构交织为一体，并反映在宗教、迷信、性别的数量以及地区的风俗上。但这不意味着改变卫生习惯的运动是没有希望的。研究南亚的保健状况，你就会感觉到，这种运动非常必要，特别是教师和学校要比过去更积极地投入这一运动。

在评估南亚地区的实际保健状况中，就我们所知道的既能降低死亡率又能降低发病率的群众运动的时间选择和效果，以及卫生设施改善的状况表明，各国保健状况的排列顺序有点类似其死亡率的排列顺序。后者又与经济水平和生活水平，特别是营养标准的排列顺序相吻合。这是因为人们越富裕，就越有能力避免营养缺乏症，得到充分的医疗服务。然而在南亚，甚至较高收入的阶层也经常不得不成为普遍存在的传染性疾病的牺牲品。旨在预防疾病的措施可能大致平等地造福于所有阶层的人民，但用来增加医务人员和医院设施的措施却有利于高收入阶层的那些人。

在健康和劳动效率的联系方面，我们必须承认它们之间存在着复杂的因果关系。但实际上并没有设法去度量这个关系。一些研究工作已经深入到营养不良和劳动效率之间的联系。这些研究笼统地证实了次优食品的摄入对人们工作能力有十分明显的直接影响的结论。

如果不是南亚人普遍认为繁重的体力劳动或搬运沉重的东西会致病的话，健康不良对劳动投入和效率的影响可能要小一些。
311 由于工作环境往往对健康有严重危害，所以这种看法是可以理解的，但这种观点本身会阻止人们从事时间过长和过重的工作。这类错误观念在某种程度上就是态度的理性化，而态度本身并非与健康状况无关。南亚人的一些特点也许部分地应归因于健康状况和营养不良。这些特点在南亚和在西方一样，往往被理想化为“亚洲价值观”——他们喜好沉思冥想、转生来世、悠闲逍遥和精神灵性。

我们已经强调，所有涉及保健问题的因素都是互相关联的。从制定计划的观点看，保健方面任何一项政策措施的影响都取决于其他政策措施，仅仅依靠其本身是不会有结果的。这意味着不可能凭一项单独的措施在改善健康状况方面取得一定效果。制定改善健康状况的计划必须依靠直觉进行：支离破碎的信息情报要靠有根有据的估计加以补充，并设法用它制定战略大纲。制定改善健康状况计划比制定其他任何计划都更需要这样做。必须在最广泛的阵线上着手解决这个问题，同时辅以大量互为支持的政策措施。教育和更理性化态度的普及与健康状况有着普遍联系，而健康状况又为制定政策、改善教育状况的其他种种原因增添了砝码。然而，对人们进行具体的健康危害教育，这项工作尤属卫生当局，如同改善卫生环境一样。

我们觉得，保健教育工作基本上为空白。与生育控制问题一样，卫生保健需要大规模的广泛宣传运动，也需要完善卫生立法以及加大适当的执法力度。最好是将法律和行政管理方面的政策措施与保健宣传结合起来,通过引导和惩罚支持保健宣传。

新医疗技术近几十年来在与南亚盛行的某些疾病作斗争中得到了充分利用。这些斗争是发病率和死亡率下降的主要原因。要想取得更大进步,将越来越取决于公共支出,以及加强民众在卫生保健和卫生环境方面的合作,还取决于增加和改善医疗设施。 312

根据零散而有限的信息,我们认为,南亚国家应该明智地推行更加有力的保健政策,收集较为完整的卫生保健统计资料,并进行较为深入细致的研究,为监督管理找到更为牢固的基础。

24 教育：遗产

313 每当从发展的观点考虑教育问题时，其目的必然是传授知识和技能，并且使态度合理化、现代化。这个挑战在南亚的欠发达国家更为严峻。这些国家存在的阻碍发展的态度和制度已经根深蒂固，这是南亚教育工作者不能照搬西方发达国家的教育实践和政策的重要原因之一。它们同样承受不了今后仍以同样缓慢的速度发展教育要付出的代价。

南亚国家必须力争更加迅速地传播有利于发展的态度、知识和技能，因为它们遇到了妨害其制定发展计划的障碍，包括史无前例的人口的高增长率。由于它们的“起步条件”有诸多不利，不能指望代代相续的小学生接受新思想和新态度这种缓慢的进程，而是必须毅然决然地教育成年人。由于成年人的愚昧无知和缺乏技能以及非理性的态度，往往妨碍对年轻人的教育，因此成人教育具有额外的辅助价值，可以作为提高儿童教育效力的一种手段。在态度理性化的问题上，必须认识到，不论政府打算采取立法和奖惩性管理政策措施实现何种态度变化，它都应当是较宽泛意义上的教育政策的结果。

儿童和成人一样，具有读写能力和一般知识有助于他们掌握具体技能，也许还有助于实现态度理性化。反过来说，较理性的态

度能激发积极性，有助于人们主动掌握读写能力、知识技能。一般 314
地，为了最大限度地促进国家发展，教育政策必须具有指导和合理分派教育工作的中心目标。

南亚教育改革问题远非仅仅增加教育数量的问题。这同样或更是一个消灭错误教育和大量教育资源浪费的问题。虽然保健政策方面存在着适用于全人类，也大致适用于动物的医疗技术，但却没有这种“客观存在的”教育技术。

南亚教育问题必须重新给予仔细思考，要将有关国家的社会状况及其发展要求考虑在内。为此，计划人员不能简单地像在保健问题上一样，抛弃所有旧传统去寻求一种理想的简单的教育技术。我们不能在没有关注这些传统的本身内容及其对当代仍有何种影响的情况下，就勾画出这一领域改革问题的轮廓。笼统地说，这种影响是有害的，但并非完全有害。

南亚国家目前想在以往教育传统的基础上建立现代教育体系，而这个基础的结构是复杂的。它的轮廓起始于依稀可见的南亚历史萌芽期。当时，这一地区的教育主要是宗教神职人员的事情。南亚是世界三大宗教的降生处或者发祥地：印度教、佛教和伊斯兰教。每种宗教都引发了不同类型的强大教育努力。但是，激发力不是群众信奉的宗教。

如同现在一样，那时，多数人信奉的宗教几乎没有活力，它的作用主要是把神圣的戒律赋予因袭的态度和制度。人们没有受到感悟，来为自己争取教育机会。教育的动力来自于宗教“组织”较高层次的全体教士。三大宗教的教士通常也是教师，今天这在某

315 种程度上也是如此。大部分人能用书写作为教育工具，因为他们的神圣经文早期是用手书体编成的。

根据印度教的传统，教育完全是或主要是社会集团婆罗门的特权，但很早就出现了严重偏离印度教传统主线的情况。随着非婆罗门贵族和商人掌握了财力和权力，他们开始要求为自己、子女和下属获得较为实用的教育机会，结果他们得到了。

佛教和耆那教，以非凡的改革运动向印度教发起挑战，已具有很大的影响力量，并创立了它们的宗教教育体系。后来，佛教徒实行寺院招收男孩学习经文的做法，此外也进行初级培训，不仅是读写方面，而且包括较多的非宗教课目。这些男孩并非人人都会成为僧侣。有时寺院学校的功能非常像普通学校，男孩子们来上学，同时还继续同家人生活在一起。

伊斯兰教是随其征服活动之后从外部传入南亚的，整个社会或种姓往往在没有多少精神准备的状况下皈依了伊斯兰教。可是，古兰经规定，教育年轻人是宗教义务。与古兰经其他许多杰出的戒律一样，这个规定从未得到大规模执行。很多穆斯林儿童参加清真寺学校正规的学习是不可能的，而大部分可能根本上不了学。而且，由于这些学校当时主要是教学生用阿拉伯文吟诵古兰经，与它们现在的做法基本一样，因此不可能成为十分有效的非宗教学习机构。甚至在今天，马来人和一些印度尼西亚人的小学还是由穆斯林教师任教，学校教育以吟诵古兰经为主。

从欧洲最早侵入南亚的殖民主义者是两个天主教帝国主义强
316 国：西班牙和葡萄牙。与稍后抵达的新教强国荷兰和英国不同，西班牙和葡萄牙一开始就有计划就绪的教育政策。除了经济掠夺，它们的使命之一就是要使异教徒皈依基督教的信仰。重要的是，它们把这一义务解释为要求教会人们读和写——如果政治权力或商业和财政掠夺是首要而惟一的目的的话，这项政策看来几乎得不到保证。

这在菲律宾造成了最深远的影响，它被西班牙连续统治了三个半世纪。到 17 世纪初，同一水准的中高等教育体系的基础已经奠定，其教育目的不仅仅是宗教教义了。与政府当局密切合作的神职人员和僧侣开始创办小学教育网，既教授宗教课目，也讲授世俗课目。到 1863 年，西班牙殖民政府实施了义务小学教育计划，7～13岁的儿童均可享受免费教育。当西班牙人 30 年后离开的时候，这个雄心勃勃的计划远未完成。但是，菲律宾在普及教育方面已领先于绝大多数南亚国家。从一开始，美国在菲律宾的殖民当局就非常重视教育，并使教育带有美国的烙印。它们还给那里的教育注入了新的动力，因为它们的目的是使态度美国化。总之，就教育而言，不得不承认美国对菲律宾的短期统治取得了显著的成功。它使菲律宾在南亚各国中识字率最高，中等和高等教育的体系也开始形成。

紧随葡萄牙进入印度尼西亚的荷兰人没有改变宗教信仰的热情。他们对殖民地教育的政策随经济环境的改变而变化。他们不时地宣布较为雄心勃勃的计划，但实际上几乎没有取得进展。当荷兰政权随着第二次世界大战日本侵入结束时，印度尼西亚的识字率是这一地区最低的。荷兰殖民者在中等和高等教育方面的成绩甚至更差，仅有极少数印度尼西亚的年轻人读完了大学，印度尼西亚独立时受到专业教育的人数不到 1 000。具有讽刺意味的是，317

他们成了独立斗争的骨干。

现在与菲律宾共享南亚地区最高识字率的锡兰得益于葡萄牙、荷兰以及最后是英国统治的影响，还要加上佛教徒在教育上的重要努力。虽然殖民时期锡兰从未有过大学，可是，与南亚其他殖民地相比，锡兰学生到国外继续深造的现象更为普遍，通常是去印度和英国。从1924年开始，锡兰最早得到了按年递增的自治分期付款，锡兰政治家们用这些款项推动卫生与教育的发展。

首先将西方教育影响带入印度的也是天主教和基督教传教士。他们往往是在得不到殖民官员帮助的情况下完成任务的，反而经常受到殖民官员反对。对印度教育史作另一番设想是很有意思的：如果印度当时是由天主教国家实行殖民统治——或者近代，如果英国人像美国人那样将本国平民政府和平民教育的意识传到印度，那么印度教育史可能会多么地不同。

英国殖民当局最终终于关心中等和高等教育了。18世纪60年代和70年代，它们向印度教和穆斯林高等学府提供了少量财政资助，这一行动在1813年《东印度公司特许法》中得到了进一步鼓励。在1835年的一次剧烈政策变革中，殖民者决定，所有教育拨款都应该用于英语教育，即所设课程用英语教学。

当时的英国当局推行这一新政策的原因是双重的，既是因为它们需要在政府管理机构中雇用印度当地人，也是因为它们想在印度上层社会中推行西方文明，或更具体地说推行英国文明。然而，如果不是因为有能力表达自己思想的印度上层阶层强烈地感到实现印度文化西方化符合他们自己的利益，那么这一决定几乎不会被采纳。当英国开始实行较之荷兰和法国在其殖民地更为开

明的政策、接纳资历合格的印度人担任政府要职时，这种态度得到 318
了回报，而且是回报越来越明显。

但并不存在使英语成为百姓语言的想法。此外，这个新的政策方针几乎坚持到殖民时代结束，它意味着不会为使用当地语言教学的平民教育提供资助。这比较容易接受的部分原因是，那时印度人中有能力表达自己思想的人不要求采取任何措施去教育民众。等到这种需要后来得到修正时，其理论上是空想的，实践中是无效的，直到甘地坚决将平等的理想引入印度的讨论并组织起支持印度“没有发言权的广大群众”的利益的民族主义运动为止。

在中等教育领域，1835年的决策开创了为印度社会上层服务的学校设施迅速发展的时期。这一发展延续到殖民时期结束以后，并在总体上保持了加速发展。但是决定整个体系结构的是这个事实：颁发学位是基本目的，而这些学位是进入政府部门的通行证。在所有的印度学校中，开设的是以进入更高层次教育为目标，侧重点是“学术”的课程。自然科学和技术课程几乎得不到重视，即使重视，也是微不足道的，一切都以训练个人胜任殖民政府低级职位为目标。

缅甸直到19世纪50年代才完全为英国所统治，印度的模式在这里得到了重演，但程度要轻一些。在马来亚，民族多样性赋予教育发展以不同的特点。虽然华人创办了自己的学校，但往往把子女送到中国进一步深造。而马来人，除了苏丹周围极少数弄臣和地主组成的高层以外，进取心不如华人。有鉴于此，英国在向当地人敞开政府职位方面进展得相当缓慢，惟恐过分有利于华人。

在法属印度支那，教育从早期传教活动中得到的好处不及旧

殖民地。在向当地人敞开政府职位方面法国统治者不及英国人开
319 明。他们所资助的数量相对有限的学校带有法国教育制度的印记。这项工作的受益者多为地位较高的越南人。老挝和柬埔寨的教育主要还是按照旧的佛教传统进行,僧侣在寺庙中教男孩子学习。河内的印度支那大学直到1917年才建立。

摆脱殖民统治后新建立的国家面临的最严重的障碍就是人民愚昧无知。这个问题的核心是识字率低以及甚至更低的实用识字率。笼统地讲,这是事实,尽管这方面各国差异很大,菲律宾和锡兰好一些,印度、巴基斯坦和印度尼西亚差一些。

就现有平民学校而言,殖民遗产留给独立政府必须加以克服的棘手问题之一就是忽视了教师培训,这在初等教育中又尤为严重。特别是在印度和巴基斯坦,历来较低的教师社会地位和工资水平阻碍了教师队伍的充实,并且抑制了通过培训提高教师水平的兴趣。

正如我们已经提到的,殖民时代以前的教学方法都是注重让小学生背诵课文,而不管他们是否理解。当然,这种方法在穆斯林清真寺学校是必要的,因为学校课程的重要部分是阅读阿拉伯文古兰经。但死记硬背在整个地区所有其他本地学校中是常见的方法。教学也仍趋向于教条和专制,几乎根本不鼓励怀疑和批判地学习,也不鼓励在课余、校外自学的兴趣。

这种遗风也明显地卷进了大学教育。今天,南亚地区大学的普通学生不加批判的学习态度令每一位西方访问者吃惊。学生希望教授和教科书向他们传授他们需要的知识,并接受教授和教科

书告诉他们的一切，但除了听说读写和死记硬背，不加独立思考。
如果感到考试内容太难，他们会立即提出抗议，这与他们在学习上 320
的屈从形成鲜明对比。他们还自鸣得意地认为，作为一名大学生，
他属于或将要属于精英集团。

西方和共产党国家普通大学生与南亚普通大学生的学习动机差异当然仅仅是相对的。但从国家发展的观点看，它又是至关重要的。南亚各层次的学校教学趋向于不鼓励独立思考，并且不利于那种爱好钻研和亲自实验的思维倾向的发展，而这种思维倾向对发展是非常重要的。南亚学校的教学方针就是帮助学生通过考试并得到学位。所追求的目标是学位，而不是学位应予证明的知识和技能。

这是殖民时代的遗产，更具体地说，就是统治当局为了培养能胜任管理工作并提供职业服务的当地文化精英集团所作努力的遗产。但不能忽视的事实是，这种教育为南亚国家所全盘接受，因为身份、地位观念在这些停滞不前的古老社会中已经根深蒂固。

南亚受过教育的人往往认为他们所受的教育是免除他们弄脏双手从事体力劳动的标志。不容置疑，轻视体力劳动是发展的严重障碍，正如莫汉达斯·甘地一再强调的。整个地区存在着偏见的普遍性和严重性与群众教育文化水平之间鲜明的反比关系：大众教育最为落后的国家，偏见也最为严重。这些观察的一个重要结论是：开展扫盲运动和普及儿童教育的原因之一就是为了根除对体力劳动的偏见。

殖民主义列强推行其教育政策也罢，不推行也罢，都对加剧这种偏见起了推波助澜的作用。它们的目的不是要改变人民的基本

态度并帮助他们为发展作准备，而是为了培养听话的职员和小官。321 当我们指出，事实也已经证明，以牺牲文学与理论课程为代价，发展职业和技术教学课程的做法难以改革中高等教育的时候，必须考虑这一切。然而，南亚的知识精英必须和殖民政府共同承担造成极端保守的教育制度的责任。这种制度毫无疑问地与他们对体力劳动的偏见、他们的社会与经济权利以及他们视为自身利益的一切相一致。

在几乎所有的南亚国家，教育体系甚至在小学层次，都严重歧视女生，而整个地区妇女识字率都低于男子。部分原因应归咎于政府在教育领域的努力太少，平民教育设施严重不足，中等学校“面向就业”于政府部门。但是主要原因在于可追溯到殖民时代以前的民众态度。

这些从殖民时代以及殖民时代以前沿袭下来的特征是对发展的严重限制和阻碍。因此，如果南亚各独立国家的教育改革不但进展缓慢，而且在提高发展潜力方面未能达到预期效果，那么我们也不应该感到惊讶。赢得独立并没有在人民及其社会中产生任何奇迹般的变化。现有教育机构是更大的机构体系的一部分，它包括社会阶层划分。这一机构体系得到人民态度的支持，而他们的态度本身又是由这些机构塑造的。南亚人民不仅得不到充分的教育，而且还大规模地受到错误的教育。重要的既得利益已经深植于整个态度和制度体系之中，而这一体系抵制和曲解旨在克服这两种缺陷的政策。

在所有南亚国家，人口爆炸大大加剧了实行教育改革的难度。

儿童数量增长得如此之快，以致责任在身的当局必须倾尽全力，才 322
能维持学校教育和识字的现状。这一教育改革的障碍不在殖民主义时代的遗产之列。它的影响给第二次世界大战以后上述一系列限制和障碍又增添了新的内容。

25 识字率与成人教育

323 在战后时代，南亚独立的新政府从一开始就高度重视教育改革，把它放在政府政策的优先地位。但是所有的计划者都存在着主要是按照数量“多少”来思考问题的倾向——有多少学生入学，开设了多少课程，有多少学校——而不考虑他们学得怎样，向他们传授了什么，或者为了加速发展，如何改进它们从殖民主义者那里继承下来的教育制度。

南亚地区的所有国家都把提高人口的识字率放在十分重要的位置。为了实现这个目标，它们几乎竭尽全力来增加小学的入学人数。而成人教育——这肯定是发展的最为重要的内容之一，却被放在相对次要的位置。

包括我们在内的多数人都感到，南亚欠发达国家尽快提高实用的识字率水平对发展是至关重要的。这种观点常常得到斯堪的纳维亚国家、德国和美国的经验的支持。所有这些国家早在19世纪初期就已经有了相当高的识字率，这为它们的快速发展奠定了基础。不过，正如我们已经强调过的，南亚国家的初始状况是如此的不同，以至于没有一个国家能与西方国家相类比。

根据对不同国家目前的识字率与发展的研究，我们仍然难以得到识字率在发展中的作用的可靠信息。两者的相关程度似乎较高，但是事实还没有告诉我们其中谁是原因，谁是结果。显然，识字率提高与经济发展的加快之间是相互联系的。通常可以这样假设，某些共同的因素在起作用，从而导致这两方面一起发展；它们之间的影响想必是相互的并且是累积的。根据识字率与经济发展 324
之间的相关性所作的国际比较还没有说清楚这种因果关系问题。总之，在没有就识字率对发展的意义进行深入研究的情况下，这种论点暂且只能根据一般的常识来理解。

在战后，常常出现贬低识字率的重要性的情况。这种建立在浪漫和传统思想基础上的论点大肆渲染文盲工人和农民的智慧。它认为这些人不读书识字也能获得有用的技能。尽管这种信念没有明显降低推广儿童基础教育的需要，但是在大多数南亚国家，它却挫伤了作为成人教育一部分的扫盲运动的热情。

我们认为，那些强调实践训练重要的人过高地估计了不以识字率为基础的教育的有效性，而且更为重要的是，他们低估了识字率对于南亚基础职业教育的意义：能看懂图纸和说明书的人比看不懂的人能成为更好的产业工人；会简单地进行计算和阅读小册子的农民比不会的农民能掌握更先进的耕作技术。南亚所追求的组织地方政府、创建合作社、全面地获得现代技术和工业发展的各种努力都需要人民具有高度的文化水平。

一般说来，识字打开了交流的大门，否则会维持封闭的状态。识字是获得其他技能和更理性的观念发展的前提条件。的确，识字不是教育的全部目标，甚至不是初等教育的全部目的。但是，由教育带来的一系列变化都与识字有关，虽然这种关系不是简单的和一目了然的。

另一种思想流派坚持认为，南亚最需要的是发展中等教育。我们认为，这一思路是错误的。为了刺激经济的发展，最为紧要的是尽可能普及早期教育，以便增加接受中等和高等教育的人数，并
325 扩大这些人被选择的范围。为了带动整个民族社会的发展，而不仅仅是带动停滞经济中飞地的发展，这样的目标也是重要的。我们认为，在南亚较大和较穷的国家特别不稳定的状况下，需要作出大量的努力来尽快提高全民的识字率，片面发展是不可取的。

再强调一次，在试图研究南亚的教育问题时，我们受到统计资料极端贫乏的困扰。南亚地区有关识字率的统计数据完全不能满足需要。首先，关于识字率的定义及其应用存在大量的不确定性。通常，识字被理解为用来表示人们读写的一种基本能力。根据联合国教科文组织的定义："能够对日常生活方面的简短说明书进行读写的人即为识字者。"虽然这个定义大体上被人们所接受，这个定义不太具体，而且不同国家的情况又不一样。

即使对识字的标准作出了详细说明，也不能保证人口普查人员能正确地理解它，并在全国范围内统一地使用这个标准，或者当普查人员询问有关个人识字方面的一般和不明确的问题时，他们会得到真实的情况。一般说来，我们认为南亚所有的识字率数据，如同欠发达国家普遍存在的情况一样，是被浮夸的，其中一些数据有很大的水分。

就目前的状况而论，南亚九个国家可以分成三种不同的情况。属于第一种情况的有锡兰、菲律宾和泰国，这三个国家的识字率似乎较高——男性识字率在70%以上，女性识字率在50%以上。属

于第二种情况的有缅甸、马来亚和印度尼西亚，识字率的性别差异很大，男性识字率超过50%，而女性识字率仅为25%～40%。属于第三种情况的有巴基斯坦、印度和南越，男性识字率大约只有40%或者更低，女性识字率在8%～13%之间。这些国家的识字率排序大致上与经济水平的排序相对应。但是，这些数据应当有保留地采用。不过，即便这些数据有水分，它们仍然可以用来概括地了解南亚地区在这方面的相对差异。

在印度尼西亚，识字率曲线的急剧上升表明，与其他南亚国家 326
不同，这个国家在成人教育方面取得了一些成功。这是由于印度尼西亚自20世纪50年代开始发展它的教育体系时，年龄较大的人的入学率已经超过了学龄人数。但是我们再次强调，需要谨慎地将事实与理想和民族自豪感区分开来。

除了印度尼西亚，识字率的提高几乎都是在学校体系的框架中发生的。在识字率方面的绝大部分进展都是在30岁以下的人中取得的。而且，在城镇人口与农村人口之间存在类似的差别。识字率最低的国家拥有最多的农村人口。城镇男性是一个杰出的群体，即使在印度，他们的识字率也超过了60%。乡村的女性则是处在另一个极端，即使在锡兰，女性的识字率也未超过50%。

在南亚许多国家，达到一种语言的识字水平的认定是至少要在另一种语言或地方土语上也达到识字水平。另一个问题是，究竟有多少人掌握一门或多门西方语言。这种形式的识字率对于那些希望受到高等教育或准备参加政府工作的人是十分重要的。前殖民主义政权所使用的西方语言常常成为混合方言，它是一个国家各界人士都能理解的惟一语言，虽然它仅在极少数上层和中间阶层中流行。

一个人有初步的读写能力，这并不足以使他把他的技能应用于实践。因此，我们在文献中常常可以看到“实用识字率”(functional literacy)一词。给出这个词的确切含义是十分困难的。可以把它定义为为了自己的实际需要(与常识相吻合)进行读写和计算的能力，但是这个定义还是不够具体。“算术识字率”是实用识字率的一个极为重要的方面。从经济发展的观点看，它至少和“字词识字率”同样重要。显然，这种不但能够读写数字，而且能够进行简单的加减乘除运算的能力，对于农业和所有产业工作都是十
327 分重要的。在讨论识字率的文献中，忽视了正确地使用数字的能力，这是一个严重的缺陷。我们完全没有掌握有关算术技能方面的信息。

直接衡量实用识字率是非常困难的，因而分析人员假定特定的最低限度的正规教育提供这种识字率。联合国教科文组织认为，四年制的学校教育为最低限度的标准。不过我们要问，这种四年制教育在南亚是否够长？因为那里的教育质量往往很差，到课率很低，而且家庭和村庄又是文盲环境。

鉴于南亚地区的大部分人口是文盲，人们本以为在这些国家独立以后，他们会急于开展富有成效的扫盲运动。据联合国教科文组织估计，只要每年至少有10%的文盲成人得到机会学习文化课程，那么就会存在这样一种乐观的前景：在不太长的时间内就会扫除文盲。成人教育不但对促进发展是如此重要，而且也会使儿童教育更富有成效。我们所掌握的信息表明，父母亲是文盲的儿

童一般在学习上跟不上，因而更容易变成文盲。在学龄前儿童中，我们非常强烈地感受到文盲家庭的有害影响，因为观念一旦形成就很难改变。

尽管有这些考虑，但是成人教育在南亚国家的教育改革计划中还是没有放在突出的地位。印度尼西亚在某种程度上也许是例外。虽然南亚其他国家也有成人教育的组织，但是这些组织为预算拨款在与现有的教育官僚机构的竞争中屡屡失败。第二次世界大战以来，南亚的成人教育似乎一直获得那些试图帮助南亚发展教育的国际机构和政府间机构的漫不经心的援助。这些组织很快转向“基础教育”或“社会教育”的思想，这种思想与印度和绝大多数文献中的所谓“村社发展”融为一体。

为识字而识字是不够的，教育应当转向传授具有实际意义的 328
知识、技能和观念。这自然与各个层次和各种形式的教学工作同样有关。然而，令人不安的事实是，学校改革和使学校教育更适合实际需要的工作做得相对太少，而成人教育或者被完全忽视了，或者变得过于“实际”，以至于不再提及要人们识字的问题。不过，识字率不能与所列举的其他的理想目标等量齐观，因为它主要是其他目标赖以实现的工具。实际上，识字是所有实际的奋斗目标取得更大成功的先决条件。

在这种发展的背后是单纯但是精明的农民的浪漫而传统的眼光，这些农民无须通过识字使自己在处理事务方面变得聪明起来。这种想法通常表现为通过发展初等教育让下一代成为文化人的强烈兴趣。这种想法多少有些相互矛盾。农业收益很难提高的事实，使得改革者目前更多地要求把村社发展规划的重点放在旨在提高生产的农业规模扩大上，这样做，就要削减“社会教育”。实际上，社会教育的目标主要是保护或者重新推广传统文化，提供娱乐消遣，并促进普遍的道德进步。

幸运的是，有种种迹象表明，我们曾提到过的战后意识形态的发展可能到了转折点。大约在10年前，南亚国家政府高层的教育计划者重新认识到识字对一般教育以及对经济发展的实际重要性。在政府的声明和在国际教育会议达成的协议中所表达的发展更多的成人教育的决定承认了这样一个事实：南亚不能等待今天的儿童长大成人才去发展。然而，实际上，这种意识形态的转变并没有带来多少结果。

为了使成人教育成为南亚教育体系中的一个有效组成部分，必须处理好大量的密切相关的问题。无论在城市还是在农村，重
329 点都应当放在现代化上，即变革和流动性上。扫盲运动的目的在于灌输有用的文化，必须作出努力，使人们运用新发明的技术。识字不应该被排除在成人的各项定向职业培训计划之外。无论如何，这些培训计划——世界粮农组织和国际劳工组织在这方面做了开创性的工作——需要和普通成人教育计划融为一体。

最为重要的是，成人教育不应与初等学校中的儿童教育分开。初等学校的老师应当定期拿出一部分时间用于成人教育。实际上，应当鼓励他们成为成人教育运动的地方领导者。不过，他们参与的价值取决于在他们所在的村社他们被尊奉为“知识分子”的程度，后者又取决于他们的培训、工资和社会地位。

我们已经强调指出，南亚国家比发达国家需要更多的成人教育，而且成人教育必须有不同的方向和内容。因此，简单地照搬西

方国家的方法是不明智的。在这方面需要进行实验。在学校里将儿童分开，然后把成人组成“班级”的整个模式值得怀疑。以家庭或村社为单位进行教学的方案可能更有效。

无论如何，各种中小学应当成为国民的中心并积极参与引导社会变革，学院和大学也应如此。高等院校的学生干部应当承担成人教育的部分责任，这对他们家乡的机构和社会十分有利。充满生机的大学推广教育也有助于减少如此多的学生没有工作的不安，可引导更多的学生从事教育工作。

在成人教育课程的安排和实施方面需要专业人员，而且还需要工作热情。扫盲运动必须兼备“运动”和“征战”的特点。著名的
农村“渴求知识”的说法，在很大程度上是一种上层阶层的神话，特 330
别是把这种说法应用到在农业上具有传统的自给自足的乡村地区的时候。教育，即便是针对发展的实际问题的教育，也不会在人民中一呼百应，至少在乡村中是如此。任何教育活动的起步必须通过宣传和利用当地的实例来创造这种反应。人民必然是有条件地欢迎受教育的机会。

对教育形成更现代的态度的严重障碍是通讯媒体的极端缺乏，以及这类媒体（如果它存在的话）主要影响的是那些有文化的并且思想较为现代的人这一事实。正如人们所预期的，南亚国家按照通讯媒体的排序与根据经济水平的排序相当一致。

视听媒体（如果有的话）本应可以用于文盲学习，但是它们现在多被用于娱乐消遣而不是获取信息，即便如此，它们也往往有助于将人们的态度转到现代化的方向上。价廉物美的晶体管收音机

可以用做教育活动的器具。即使是本国的艺术形式，诸如老挝和泰国的民间艺术表演，也可以在发展教育中发挥作用。

不过，妨碍教育发展的最严重的缺陷是用来书写和印刷的纸张，以及其他用于教育的材料的稀缺。为什么最低水平的识字率往往不能转变为实用识字率？为什么初识文字者又再度变成文盲？其主要原因之一是人们无书可读，无纸可写。尽管从20世纪50年代起，所有南亚国家用于文化的人均纸张消费量有了很大提高，但是和发达国家（如美国和瑞典）相比，这种提高实在是微不足道的。

对于所有南亚国家来说，正是由于在教育计划中存在严重的和明显的缺陷，它们还不能保证大量增加供读写所用的纸张来支持教育发展。1960年在东京召开的亚洲及远东纸浆和纸张开发
331 会议在其报告中得出结论说：除非采取积极的行动来鼓励这个地区造纸业的发展，否则，“将会有当前的教育规划受到损害、创造知识公民的活动被延误、陈旧的分配制度得以维持，以及产业发展受到阻碍的严重危险。”

26　教育制度

南亚国家——几乎全是西方强国的前殖民地，从独立伊始就 332
建立了教育制度。这种制度是简单地从宗主国那儿复制过来的。这种制度的特征，以及它是怎样既符合殖民主义政权的利益，又符合本国社会上层的利益，我们在第 24 章讨论殖民主义时代的遗产时已经简要地提到了。

在赢得独立以后，一些南亚国家的领导人，特别是贾瓦哈拉尔·尼赫鲁，主张必须对整个教育制度进行“革命”。在印度，莫汉达斯·甘地在独立前数十年就提出要根本改革教育制度。

但是，这种愿望在印度或者其他南亚国家实际上没有实现，除了锡兰在一定程度上进行了这方面的改革以外。对这种制度（它主要是沿袭下来的）所作的主要改革迄今尚未完成。印度最著名的教育家之一耐克（J. P. Naik）在 1965 年描述了这种状况：“在过去 16 年中发生的仅仅是在内容和技术方面作了一些改变的前制度的扩张。”

在改革上没有作出真正的努力，沿袭下来的教育制度基本上沿着保守的自由放任的道路发展，不加干预地让越来越多的中小学生走现有的教育渠道，也不试图扩大那些压力最大的教育渠道。同时，如同我们在第 25 章中指出的，对儿童教育是非常重要的补充的成人教育，在很大程度上被忽视了。

那些能够施加压力的是“受过教育的”和有发言权的社会上层的学生和家长。老师和学校的官僚机构也是重要的力量（整体来说这是一种保守的力量）。阻碍改革的惰性根源于不平等的经济
333 和社会的分层，以及不平等的权力分配。甘地和尼赫鲁所向往的教育制度革命被认为是“社会和经济革命”的前提条件。他们谈到过这种革命。但是这种革命被延误了并推迟到不确定的将来，因为实际的发展趋势是扩大了不平等。另一方面，社会和经济革命会引发教育制度革命。

实际上，甚至连教育制度的外部结构也保存了下来。我们在第 24 章已经提到，在各个层次上推行考试制度——它对进入政府部门的学生进行筛选。这种制度继续在教育中占统治地位。“考试风”反映的不仅是高等院校对中小学所施加的不适当的影响，而且更为重要的是，引起人们对在不平等和依然是停滞不前的社会中的身份的不正常关注。

作为殖民主义遗产的一部分，印度和巴基斯坦有大量的私立学校，甚至在小学层次上也有。关于这些学校的标准无统计资料可查，但是我们知道，它们比公立学校更参差不齐。一些学校，包括那些专为欧洲儿童和当地达官贵族建立的学校——按照英国一种奇怪的习惯称为“公立学校”——是最好的学校。其他的私立学校由于放松监管，其质量是很差的。

私立学校盛行所带来的主要问题是削弱了教育当局对教育制度的指导、监管和控制。例如，如果私立学校继续开设的只是那些

传统的课程,那么把中学教育改变成技术和职业教育——这是南亚各国宣布的政策,一定是更加困难。在这种情况下,教育制度的国有化在南亚没有引起多大兴趣,这似乎是令人吃惊的——当我们想到许多南亚国家宣称走社会主义道路时,就更加令人吃惊。从现代西方的观点来看,加强公立学校制度,国家停止对私立学校——特别是教会学校——的补贴(除非它们与公立学校合并),似乎是一种合乎逻辑的决策。锡兰是在这方面采取行动的惟一的 334
南亚国家。

在南亚的绝大多数国家,学校体系中的各级都要收取学费,私立学校和公立学校都是这样。这些学费多数是较低的,一部分原因是因为多数私立学校都由政府给补贴。但是,令人奇怪的是,很少看到对学费制度的建设性讨论。就这些讨论目前的状况而言,这些讨论经常要么集中在全面降低学费的必要性上,特别是在小学阶段;要么集中在出于财务上的考虑保持学费不变的必要性上。把学费管理作为指导学生的一种手段列入计划——例如,由普通中学转到职业学校——还没有作为一个问题提出来。由于南亚国家都强调计划工作,这就再一次说明,在教育领域,事实上如何一直存在着自由放任的态度。

锡兰的情况再度表现出不同。锡兰采取一切学校实行免费教育(包括高等教育)的政策,政府不资助的极少数私立学校除外。更为普遍的是,所有其他南亚国家也逐渐在那些公立的小学中实行免费教育。

从独立伊始,南亚各国都提出了一项迫切的改革要求——必须扫除群众文盲。然而,从总体上看,成人教育被忽视了——当然,这也符合学校官僚机构的既得利益——扫盲目标被改变成快速扩大接收儿童上小学的计划。

印度的1950年宪法大胆地规定,在10年内把义务免费教育普及到14岁的儿童。1951年,印度尼西亚政府提出到1961年普及初等教育的目标。南亚其他国家则谨慎一些,尽管这些国家的识字率较高(巴基斯坦除外),小学较多。在1959年的卡拉奇计划(Karachi Plan)中,联合国教科文组织的所有亚洲成员国的教育
335 部长都同意,把实行不少于7年的、义务的、普及的和免费的小学教育作为到1980年实现的一个目标。

对南亚大多数国家远未达到它们的不现实目标所提出的批评是不得要领的。扩大小学入学人数的困难是大得惊人的,尤其是在更穷的南亚国家。一般来说,为南亚所有的儿童提供初等教育比在发达国家这样做的负担大得多。首先,学龄儿童在总人口中占很大的比例,而且这个比例还在按照很快的速度增长。其次,南亚国家特别是它们当中最穷的国家,没有多少资金去实现这个目标。因此,它们打算让一小部分儿童就学。起初,办学所需的一切样样都缺:校舍、教师、教科书和纸张,等等。

不过,另一种批评是很有道理的。虽然是为了提高人口的识字率,公开宣布的目标是把扩大初等教育放在优先地位,但是实际上出现的情况却是中等教育发展得非常快,高等教育也增长得很迅速。通常的发展趋势是:扩大初等教育的计划目标没有实现,而中等教育尤其是高等教育却超过了计划目标,有时是大大地超过了。尽管实际情况是中等教育似乎比初等教育的支出高出3～5

倍，而高等教育的支出又比中等教育高出5～7倍，但还是出现了上述情况。

我们由此看到的实际情况是，在任何方面都拥有政治权力的社会上层的家长和学生压力的影响下，计划目标所规定的发展被扭曲了。最为明显的事实是，从计划目标的角度来看，这种扭曲趋势在巴基斯坦、印度、缅甸和印度尼西亚这些最穷的国家最为突出。这些国家在独立伊始，小学在校生很少，因而它们有最充分的理由推行把初等教育放在最优先地位的计划。但是，通常却是最 336
穷的国家在初等教育上开支最少，甚至相对较少；并且为了重视中等和高等教育，默认计划目标的大量扭曲。

上述的比较是根据公开发表的学校注册方面的统计资料作出的。通过这项研究，我们经常抱怨教育方面的统计资料质量很差，并对他们搜集和使用资料的方式表示怀疑。在第25章，我们已经指出有关识字率方面的统计资料不可靠，并表达了这样的观点：他们严重低估了现有的文盲率，特别是实用文盲率（functional illiteracy）。

讨论欠发达国家教育问题所使用的第二个主要概念是在校儿童的注册人数。如果认为在大多数文献中，尤其是由那些在后来对教育问题产生了兴趣并认为它是决定发展的因素之一的经济学家所提供的文献中，所公布的学生注册人数相当准确并记录了儿童入学率，那么这是一个相当简单的、天真的和缺乏批判眼光的想法。人们往往根据注册统计资料对教育形势及其最近的发展作出过分乐观的判断。

注册数字的不可靠性可以用下面的例子来说明：根据1961年巴基斯坦的人口普查，年龄从5岁到9岁的儿童的入学率不到15％，而根据注册统计资料，6岁到10岁的儿童的入学率是30％。我们还必须记住的是，在巴基斯坦，私立中学附小班的学生——大概超过所有小学生数的20％——不包括在小学注册的统计资料中。

这种统计资料的矛盾可能在巴基斯坦特别突出。在南亚地区，巴基斯坦的经济水平和教育成就都排在最后。不过，我们稍加观察便不难发现，注册统计资料经常夸大了教育成果，或者夸大儿童的实际入学率，这当然是一个重要的问题。

小学注册统计资料的偏差十分严重，而中学和大学要好一些。
337 而且，浮夸注册统计数据的倾向在教育状况最差的那些最穷的国家更突出，如巴基斯坦、印度和印度尼西亚——它们在南亚是最大的也是人口最多的国家。因此，公布的统计资料一般是低估了这一地区最穷的国家和稍好一些的国家之间的现有差别。在最穷的国家，这种偏离目标的不利于初等教育实际发展的差异，实际上比它们的注册人数所显示的差异更大。

在南亚各国，事实上存在大致类似的口径不一致。换言之，如果按照注册统计资料来衡量，女生入学率、农村儿童入学率和贫困地区的儿童入学率都被夸大了。假如我们拥有关于班级统计数字不一致的信息，我们无疑会发现，不但贫困家庭的儿童的注册数很低，而且这些数字被浮夸得更多。

注册统计资料的主要缺点是，被算做注册入学的孩子不一定全年上学，或者不一定按时上学，甚至根本就没上学。这种浮夸风相当强烈，因为老师和管理人员都想达标和出成绩。因此，关键的数量指标是实际的到校率和在毕业时的毕业率。除了已经提到的注册统计数据外，我们根据在这些国家的官方和非官方文献中能够找到的零散信息来对统计数据作出评估。当然，这些估计是极不可靠的。不过这可能要比建立在不正确的注册统计数据上所作出的估计要好一些。这些估计也引起人们关注那些与现实相关的问题，因此而形成改进官方统计资料的挑战。

在印度，大约不到 1/3 的儿童接受并完成小学教育，巴基斯坦的这个比例仅有 1/6。只有在锡兰和马来亚，大多数儿童念完了小学课程。缅甸的情况位于这两者之间。在菲律宾和泰国，念一
年级的孩子相对来说较多，但是辍学的比例也很高。印度尼西亚 338
在这方面的情况要好一些，但是好不了多少。

经常旷课、留级和退学表示资源的巨大浪费。如果小学教育的总支出用每个孩子顺利完成小学学业并达到一定的实用识字率的成本表示，那么每个小学生的成本会大大高于通常计算出来的成本。但是不幸的是，按照这种方法计算出来的每个小学生的成本在贫穷国家和农村地区特别高，最无力办学的地方浪费最大。

义务教育法（南亚多数国家颁布了这种法律）改变不了这种局面。首先，这些法律在没有足够教学设施的地方无法实施。除此之外，如果经常到课没有成为一种习惯，这些法律也不能得到贯彻执行。家长特别是穷国和农村地区的家长，可以从由来已久的传统和生活环境中找出许多不让孩子上学的理由。一个主要的理由是经济问题。这些地方的传统是：孩子在未成年时就参加劳动；他

们被视为廉价劳动力的后备军。

人们很少注意去抵制这些风俗。放假的时间选择在全国各地、农村和城市以及各类学校通常都是相同的。人们似乎不怎么费劲就使假期与每年最需要孩子作为田间劳动的助手,或代替成人放牧,或照料更年幼孩子的时间相吻合。特别是在贫穷的国家和地区,普遍缺乏效率和纪律的情况浸透着整个教育制度。当小学生离开学校一段时间后,他们就成为留级者,这往往就是让他们退学这种自然而然局面的前兆。留级生的到课情况是糟糕的,没有多少人鼓励他们学下去。

对经常旷课、留级和退学的问题所作的研究不多。获得有关
339 这些问题的全面和详细资料似乎是南亚国家教育当局的一项十分紧迫的任务。这是任何一项旨在从根本上消除教育制度的无效率和资源浪费等现象的政策计划的起码要求。

与西方世界的多数国家不同,南亚国家的校舍不是一个严重问题。由于南亚地区许多地方的气候温暖,因此把校舍分开和提供能够防止日晒雨淋的简单棚屋就可以办学了。如果能更好地安排假期,困难会进一步减少。凡是需要校舍的地方,它们可以就地取材进行修建,而且花费不大。初等教育尤其如此,因为小学不需要大量的设备。不过,如果说这里的校舍不成问题的话,那么教学设备、教材、纸张和各种教学援助的短缺则成为问题,特别是在穷国,尤其是在这些国家的农村。

有受过适当培训和目标明确的教师可用,对于初等教育取得成效来说甚至是一个更为关键的先决条件。在南亚各国,大量的

教师属于“没有培训过的”那一类。考虑到现有的和计划要达到的师资力量，只有菲律宾——其教师培训安排在高校——可能还有锡兰和马来亚，在下一个 10 年或更长的时间内，能够用受过培训的师资来替代没有受过培训的师资。由于年轻人不愿从事教育工作（锡兰和菲律宾除外），教师短缺的问题就更复杂了。在南亚其他国家，由于存在对妇女在家庭以外工作的传统偏见，以及单身妇女在村子里生活和工作特别困难，这个问题被加重了。

而且，那些划分为“受过培训的”教师是十分令人怀疑的。无论从什么角度来看，他们中的大多数都没有受过良好培训，特别是在穷国。受过培训的教师一般也是集中在城市中，更一般地是集中在文化程度高的地区。在印度和巴基斯坦的大部分地区，程度不同地在锡兰、菲律宾、泰国甚至印度尼西亚，小学教师的工资非常低，并且他们的社会地位低下。这反过来对教师的职业招聘和 340
教师的接收都产生了副作用，尤其是在农村。

特别是在穷国，迫切需要的是发展师资培训学校，同时提高小学教师的经济和社会地位，这样做会鼓励有才能的年轻人加入这一职业，并提高教师影响儿童和社会的可能性。发展师资培训要求的一些事情要在穷国很快完成是困难的：入培训学校前要有良好的教育条件，培训的时间往往较长，最重要的是要从根本上对全部课程，以及教师的精神面貌进行改革。提高工资在穷国特别困难，因为教师的工资尽管很低，但是在整个学校的费用中却占了很大的比例——这主要是因为在设备和其他教育设施上的开支少得可怜。

而且在小学层次上，南亚国家复杂的语言环境给教学工作带来严重的困难。凑巧的是,两个最穷的国家——印度和巴基斯坦,面临的困难最大,因为在小学需要教授几种语言(包括书写),而执教的老师往往不是非常精通其中的任何一种语言。在这些幅员广大的国家,国家巩固和大众参与政府的期望需要这类多种语言或两种语言的学校,但无论其文化和政治理由是多么充分,它的存在一直被正确地称之为"教育发展的绊脚石"。正如埃德蒙德·金(Edmund J. King)指出的:"在学习任何东西之前,孩子的课程学习都可以归结为语言问题。"

由于这个原因,学校变得"学究气"十足,虽然小学生只有少得可怜的书籍和纸张。这就强化了我们在第 24 章提到的来自殖民主义和前殖民主义时代的有害传统。在印度,甘地让所有的课程更多地面向社会生活并和体力劳动相结合的设想并未变成现实。代表甘地建议的一种变种形式,即所谓的"基础学校"仍然作为小
341 学体系中的一部分,但是它通常受到社会上层家庭的冷遇。

总之,在贫穷国家和地区,生活在这里的占南亚地区比例最多的儿童正在成长,而初等教育的状况差不多是令人绝望的。即使孩子上到小学毕业,这些学校也不是为经济发展创造条件,而是继续为停滞和贫穷施教。

正如我们已经提到的,中学生人数比小学生人数增长得快。除了马来亚和印度尼西亚,南亚其他国家至少有一半小学毕业生进入中学。这些学校几乎完全保持着殖民主义时代"通用型的"学校的特点。

中学面临的严重障碍是通常不能给学生提供令人满意的教学

条件。这种障碍在那些小学是 5 年制或少于 5 年的国家，即在巴基斯坦、印度的大部分地区和缅甸尤为严重。

由语言的复杂性造成的教学效果的障碍在中学更严重。除了一种本国语言外，至少还需要掌握一种西方语言。直到今天，除了泰国、缅甸以及大概还有印度尼西亚，南亚国家的管理人员不会一门外语是几乎不可能的。官方的国语没有得到充分发展，复杂的概念不能用这些语言来表达，特别是在科学技术领域。正如在小学一样，语言学习排挤了其他课程，掌握几门语言成为教学成果的标志。这就是把从殖民主义时代继承下来的“通用型的”、“学究气的”学校改造成更为实用的学校为什么如此困难的一个原因。

中学的物质设备——校舍、图书馆、科学实验室以及教学辅助设备，特别是教科书和纸张，没有统计资料可查。根据常识和文献中零散的信息来判断，这些设备虽谈不上充足，但是至少在质量上
和数量上要优于小学。中学大多建在城区，学生大多来自（某种广 342
义上的）社会上层。另一个印象是，物质设备水平，还有师资质量，虽然一般较低，但是在那些经济水平较高的国家——特别是在锡兰和马来亚——甚至在穷国，在那些主要是为社会上层的孩子提供教育的私立学校里，是相当高的。

再考虑到从殖民主义时期遗留下来的有害传统，教学质量不高的小学生进了中学，大批不合格和失意的教学人员，以及教授几种语言及其书写形式格外繁重的负担，在南亚，特别是在那些大而穷的国家，大多数中学的教学达不到高标准就不足为奇了。阻碍中学提高教学质量的一个动态因素是中学学生数无计划地、空前地快速增长。特别是在穷国和贫困地区，学生规模的膨胀意味着

进一步降低了本来就不高的教学质量。

需要注意的一个特殊问题是教科书的特点和倾向性，这个问题在中学特别重要。在看了南亚各国几百本教科书并对日内瓦国际教育署的学校手册大全进行粗略研究之后，我们断定，这些教材根据当前的需要来进行修改的速度非常之慢。书本中的“舶来品”一部分来源于殖民主义时期遗留下来的教学方案，这些内容达到惊人的程度。这也在一定程度上说明，在不过多地依靠外国传统的情况下，缺少编写教科书的人。这些教科书不但充满着“舶来品”的洋味，而且它们与现代世界脱节。

当然，根据对一个随机而粗略的抽样的印象就得出结论是危险的。不过，我们掌握的证据似乎表明，中学缺乏建立一种现代
343 的、民族的，而且是理性的、文明的、具有进一步发展潜力的学校的明确方向，改用本国语言作为教学媒介是无济于事的。

考虑到上述这些情况，南亚大多数中学的教学质量没有达到高标准就不足为怪了。印度中等教育委员会在 1958 年那份坦率的报告中，对批评印度中学教育的意见作了很好的总结。由于事后没有采取什么措施来回应这些批评意见，中学规模的迅速膨胀进一步降低了教学质量。这个委员会发现的问题如下：

(1)现行的课程内容设计得过于狭窄；

(2)课程内容是书生气的和理论上的；

(3)课程负担过重，没有提供丰富的和有意义的内容；

(4)课程内容中缺乏实践活动和其他各种活动，如果课程内容要对不同性格的人进行施教的话，这些活动应当在课程内容中占

有一席之地；

(5)课程内容不适合青少年的各种需要和能力；

(6)课程内容过多地被考试牵着鼻子走；

(7)课程内容没有包括技术和职业课程，这些课程对于训练学生参加本国的工业和经济发展是十分必要的。

这种情况的一个重要方面是这样的事实：尽管战后作了种种努力使教学面向实际，传授有用的技能，特别是更多地强调实际的、职业的和技术的培训，但是大多数中学还是保留着在殖民主义时代就确立的社会上层教育的（正如我们已经提到的）“通用型的”、“学究型的”和“书斋型的”特性。这仅仅是根据中学的统计资料得出来的结论，我们基本上没有考虑到其他类型的学校。

没有迹象表明南亚地区的国家正在进行根本的变革。按绝对
数计算，职业和技术学校学生人数的增加一直较少——虽然按百 344
分比计算要多一些。虽然规模膨胀还在发生，但是普通中学的课程内容没有以任何恰当的方式被现代化。这是令人惊讶的。因为在这方面，政治领导人和专家对于需要从根本上进行改革的意见是完全一致的；甚至在印度独立之前，这种要求在官方报告中提出来就差不多有一个世纪了。对这种保守主义有若干种解释。

其中一些解释我们已经说过：高校和考试制度在这方面的影响；为学生进中学接受进一步的普通教育的实际需要，尤其是在小学学制较短和教学效果较差的穷国；语言学习排挤其他课程的倾向，这在穷国也特别严重。另一个重要的困难是缺少讲授技术课程的教师，尤其是政府和产业部门也需要这样的人，而且在政府和产业部门工作可以比在学校当教师有更高的工资和社会地位。况

且，开设科学技术和职业课程需要昂贵的实验室和其他专项教学辅助设施。

除了这一切以外，再就是沉重的传统负担。受雇于教育制度的全体员工的既得利益强化了这种传统。由于他们所受的训练和方法似乎不太合乎需要，他们中的大多数人有充分的理由抵制变革。更为重要的是，处于统治地位的社会上层——他们是“受过教育的”——觉得他们的既得利益存在于维持他们与广大群众之间的差距。中学更实际、更职业性的定位往往需要学生参加受人轻视的体力劳动，以及学校会培养学生将来从事这样的工作：体力劳动是这种工作的日常一部分，这些事实使得这类中学不及传统的普通中学那么受欢迎。

其结果是，受过训练的并不想只坐办公室的中层产业管理人员长期缺乏。那些从普通中学毕业而又没有进入高等学校继续深
345 造，但是按照殖民主义的传统寻求“职员”工作的人，通常没有受到适应现代就业需要的训练。例如，他们不会速记、打字等。

这种状况几乎没有任何改进，正如最近一份印度的报告所指出的：“在教育制度和我们发展经济的社会经济需要之间的失调进一步加剧了。这种失调的结果，一方面使受过教育的人的失业增加了，另一方面又造成了受过训练的人员的短缺。”

高等教育的发展一般受到更多的重视，这种现象不只是出现在穷国。高等教育由于中学教育不合格而受到损害，尤其是在穷国，小学学制过短和小学及中学的低效率降低了中学的教育质量。语言方面的困难在高等教育层次上变得更复杂了。在这个层次

上，需要阅读外文的实际能力，虽然这种需要很少得到满足。

尽管在校舍、图书馆、实验室、设备和教学辅助设施方面进行了大量的投资，但是这些国家学生规模的超常快速增长使教学质量长期处于低水平，并且实际上进一步降低了教学质量。专业教师的质量不高并常常有下降的趋势。不仅仅是中学，大学也有很高比例的学生不能毕业。

大学自然比中学更多地培养学生成为专门人才。然而实际上，南亚和外国专家都异口同声地抱怨，高校继续培养出过多的“通才”，他们被培养成人文科学、法律、社会科学以及“学究型”的自然科学方面的人才——这得到学生家庭的支持，同时却使不合格的管理人员、职员和“受过教育的失业者”的队伍扩大了，虽然迫切需要扩大社会就业。与此同时，社会却需要更多的工程师、农技师、医生、药剂师以及各种层次所需要的教师。在南亚各国，这种 346
情况普遍存在。

改变高等教育结构，使其能够更好地满足发展需要的困难类似于我们已经说过的阻碍着中学使其教育成为职业性的，或者至少是实用性的，以及减少“学究气”的困难：从设备的角度来看，所有的技术教育都需要较高的成本，以及在招聘教师时同政府和产业部门竞争的困难。高校通常收取较高的学费，因而扩招艺术和法律类的学生有财务上的利益，这些专业每个学生的边际成本较低。我们所强调的所有这些因素以及殖民主义时代的遗产就是社会上层教育的传统观念。

通过前面对南亚教育状况的分析，我们想说明的一个主题是：

一个国家的经济水平与其在教育方面的成就之间有相当密切的相关性。

两个小而不太穷的国家——锡兰和马来亚，现在正在普及六年制的小学教育。尤其是锡兰，正在增加接受中学教育的学生人数。因为从较高的识字率起步，所以它们现在在青少年中差不多扫除了文盲。这应当更有利于消除平等和发展方面的严重障碍。而构成这一障碍的基础就是“受过教育的人”对体力劳动的轻视。如果接受教育不再为少数社会上层所垄断，拆除那座以劳力、劳心划分为基础的阶级壁垒就应当容易些。

第二次世界大战以后，锡兰和马来亚起初从数量上看高等教育体系是不发达的，高中毕业生升大学的百分比较小，但是这两个国家大学的教育质量一般较高。它们把学生派到国外去接受高等教育也相对较多。现在，这两个国家正在迅速创建自己的高等学校，并使高校的教学质量保持在较高的水平上。因为有相对多的
347 孩子接受了中学教育，所以它们正在打破社会上层垄断高等教育的壁垒。特别是锡兰，已经采取了非常重要的步骤，使各个层次的教育免费，从而使教育民主化。

不过，总的说来，与更穷的国家相比，在把高等教育从“通用型的”改造成实用型和职业导向型方面，这两个国家还没有取得多少成功，更不用说中学教育了。甚至它们小学教育的课程内容也“学究味”十足。毫无疑问，如果大胆地进行变革，抛弃三个层次学校教学的传统的通用型的定位，就会加速消除对体力劳动的偏见。

除了这两个小而不很穷的国家，南亚国家大量的儿童或者根本就没有上过学，或者在达到最基本的实用识字水平之前就中途

辍学了。然而，如果菲律宾和泰国能够成功地减少快速连续的由于辍学造成的浪费，那么它们将能够与锡兰和马来亚相媲美。印度尼西亚虽然相对穷一些，但是比较重视小学教育；尽管它制定计划和政策的水平一般很差，但是对教育改革还抱有相对广泛的热情。

菲律宾在为绝大部分青年人提供中等和高等教育方面做得尤为出色。虽然教育质量不高，但是向劳动市场提供了大量合格的“受过教育的”劳动者，这反过来抵消了对从事体力劳动的厌恶。从美国统治下的殖民主义时期开始，菲律宾就竭力给予教师和学校较高的经济和社会地位，并把他们作为当地社会生活的重要中心；菲律宾有志于提高教学质量并使之现代化，特别是小学；与南亚的其他国家相比（印度尼西亚除外），菲律宾在成人教育上取得了更多的进展。

虽然上面提到的这些国家在教育政策上的问题还没有解决，但是在南亚地区最贫穷的国家——巴基斯坦、印度和缅甸，这些问题更复杂，更大量存在。它们占有南亚地区人口的最大比例。在 348
考虑今后我们将得出的政策结论时，我们脑子里首先想到的是这个地区较大和较穷的这些国家；但是在考虑各种特殊的问题时，我们的许多结论将把以上提到的其他国家考虑在内。

对穷国不幸的教育状况的基本解释是简单而直接地归因于它们的贫穷，可用于发展教育的资源很少。但是，这个问题比这种解释要复杂得多。除了缅甸以外，这些国家也有更多的不平等，在受过教育的社会上层与群众之间存在着很大的鸿沟。

在贫穷和不平等之间存在着因果关系。教育的垄断——以及土地所有权的垄断——是不平等最根本的基础,并且这种基础在穷国还顽强地存在。当人们努力扩大教育的普及面时,它就顽强地表现出来。等级偏见是一种以浪费的方式来运行的机制,这种浪费在穷国更大:辍学、留级、孩子不能读到小学毕业,以及在更高的教育层次上不能通过考试。

在穷国,从小学一年级开始学习的为数不多的儿童中,来自农村的女孩和男孩,一般是来自家境不好的孩子,表现不太好。经常旷课、留级、辍学常常在这类孩子中发生,只有很小比例的孩子完成小学学业。正如我们看到的,这是由于在那些穷国,通常的情况是学制较短和教学质量较低,在贫苦地区情况尤为如此。

因此,甚至在教育的这个早期阶段就存在严格的挑选程序。总的来说,这种挑选尤其倾向于剔除那些没有什么特权的家庭的孩子。这就有助于解释,为什么在这些国家小学毕业生能够上中学的比例是如此之高。在中学阶段辍学和稍后不能通过毕业考试,意味着按照同一路线进行进一步挑选。在一个年龄组只有更
349 小比例的毕业生中,大部分再进入大学深造。于是,这种模式再一次重演:来自社会和经济地位较低的家庭的那些为数不多的学生更为经常地辍学和不能通过高等学校的毕业考试。

在这种挑选机制中,有几类经济和社会因素在发挥作用。一类主要的因素是经济因素。虽然小学教育可能是免费的,但是常常有各种附加的费用。当然,贫困家庭更强烈地感到需要利用孩子去干活儿。在中学,更多地是在大学阶段,学费制度仍然是十分重要的因素。

在一种有许多其他方法长期保持社会上层垄断教育的社会背景里，阻碍贫穷儿童上学的是经济因素。由于社会下层的家长通常只受过很少的教育或根本没有受过教育(即文盲)，他们为孩子寻求教育的兴趣就不大。说农村“渴求教育”，这在很大程度上是一种浪漫的幻想，在南亚地区最穷的国家尤其是这样——虽然无疑有例外的情况。

对于在校的绝大多数社会下层的儿童来说，家庭环境不利于教育水平提高。全家人拥挤在一个茅棚里，通常没有桌子和椅子；在家很少有读书写字的地方，学习材料也没有；日落后没有电灯，特别是在贫困的农村地区。作为学业成功的一个因素，为数甚少的“受过教育的”殷实之家和大量的社会下层在家庭环境方面的差距是十分惊人的。这种差距远比发达国家大得多。即使学校是第一流的，仍然存在把孩子引入学校、留在学校以及成功地完成学业这样一些重要的问题。

这种结果造成了一种非常有利于社会上层并强化了其对教育垄断的内在偏向。马哈拉诺比斯教授指出：“……位于社会上层的一小撮人的权力和特权不但被保留下来了，而且被强化了……这就创造出了一群自然愿意维持他们的特权地位和权力的有影响的人。”

耐克得出结论说：“教育发展……使‘富有者’比‘一无所有者’ 350
得益更多。这是对社会公平的否定。”

印度优秀的《教育委员会的报告(1964～1966 年)》强调指出：“富人与穷人，受过教育的人与未受过教育的人之间的社会差距是很大的，而且有不断扩大的趋势……教育本身正趋向于加剧社会分离和扩大阶级差别……更糟糕的是，这种分离正……趋向于扩大这些阶级和广大群众之间的鸿沟。”

巴基斯坦的情况与上述没有多少差别，只是更糟糕些，虽然对巴基斯坦的情况进行深入研究的不多。这些国家都有少数的受教育程度较高的社会上层；同时，这些国家广大群众受过很少的教育或者完全没有受过教育，而且现在也没有受到多少教育。广大群众的无知已成为经济发展的复杂而又严重的阻力和障碍，从而使这些国家陷入贫困的境地；同时，这些国家极端的不平等趋向于扼杀使教育民主化的改革，而社会上层继续垄断着教育扩大并强化了这种不平等。

在本章和上一章，我们已经看到社会上层控制教育政策和发展的机制是如何起作用的：与所宣布的目标相矛盾，成人教育已经被削弱；让花费很大的中学教育、特别是高等教育以牺牲小学教育为代价来扩展；使各级学校少一些“通用型的”教育，在中学和大学这两个层次上多一些实用型的、技术型的和就业导向型的改革努力都被挫败了。在列举主要的政策结论——我们已经预见到这些表述是有缺陷的——之前，我们需要强调，在一个群众非常贫困的、非常不平等的社会里社会上层控制教育的机制。

在这样的社会里，非常需要进行教育改革，但是这些改革也面临着最大的阻力和障碍。贫困不堪的群众享有的权利少得可怜，而且他们仍然保持沉默和逆来顺受。不论是个人还是全体，他们对教育改革的需要都麻木不仁。像“期望越来越高的革命”的思想一样，他们“渴求教育”很大程度上是一种理性化的要求——反映
351 了富有的西方人或南亚人倘若不得不生活在如此悲惨的境况下如

何作出反应。

一个主要结论是，需要对整个教育制度进行彻底变革。如同全面而透彻的印度的《教育委员会报告(1964～1966年)》所强调的："印度的教育需要彻底重建，这几乎是一场革命……这要求采取果断的和大规模的行动。对现存的局面小修小补，以小脚女人的步子前进，缺乏信心，都会使事情变得比以前更糟糕。"这段话适用于巴基斯坦、缅甸以及印度，而且也适用于状况居中的那一组南亚国家——泰国、印度尼西亚和菲律宾，虽然我们对它们强调得不多。

当前，通过突出各行各业对毕业生的需要，把教育政策与计划融为一体的许多努力都是不得要领的。这种做法甚至转移了人们对迅速提高全体人民实用文化水平这一主要发展利益的注意力。现在最为迫切的需要是，把教育本身作为一个有机的整体来制定计划。

有成效的教育制度改革必须以政府牢固地控制教育体制为前提条件。除非政府行使自己的权威以保证计划的实施，否则就没有必要设计一个面面俱到的教育制度发展计划。在南亚地区，现在只有锡兰正在着手解决这个问题。

要解决这个问题，首要的必要条件是保持并提高教育质量。在任何情况下，要防止不切实际的或有损于教育质量的数量膨胀。这样的膨胀在整个独立时代占据主导地位。正如《第四个五年计划：征求意见稿(1966)》所指出的："数量膨胀……伴随着质量一定程度的下降……显而易见，在不远的将来必须对诸如民族团结、质量、多样化、学期划分以及就业方向这样一些问题给以更多、更实际的注意。”

第二个必要条件——很大程度上与第一个必要条件密切联系
352 在一起，是需要三个教育阶段保持平衡，特别是，把计划文件中宣布给予初等教育的优先权变成现实。这个必要条件意味着要暂时停止中学和大学学生人数的过快增长，甚至减少这些学生人数。

既然中学和大学生产了过量的“通才”，也就没有什么理由不在现有的或小一点的中学和大学体系内大量增加技术、职业和专业训练——借此提供更多的教师、农业辅助部门工人以及医务人员。这些训练只集中在几个迫切需要更多的受过培训的年轻人的领域。让为数不多的人进入中学和大学，这样做也使得保持较高的入学条件，从而减少留级、辍学和不能毕业所带来的浪费成为可能。这通常会使这些学校达到较高的质量标准。

今后，应有更多的资源用于初等教育。不过，即便这样，尤其考虑到当前受过良好训练的教师的缺乏，还必须认真考虑在一段时间内减少入小学一年级的孩子数不断增加的压力。两个有内在联系的目标应当比较容易达到：提高小学十分糟糕的教育硬件的质量并增加其数量，以及尽最大努力减少辍学和留级所带来的巨大浪费。这两方面的不足在农村地区最严重。正如印度《教育委员会报告(1964～1966 年)》所强调指出的：“……在下一个 10 年，小学阶段有待实施的最重要的计划是提高教育质量，并把停滞和浪费降低到最低限度。”

然而，小学入学人数增加量的减少仅仅是暂时的。一旦中学和高校的紧缩和方向调整使得用于小学的资源增加，特别是受过良好训练的教师的数量增加，以及一旦真正减少了由留级、辍学所造成的小学体系中的严重浪费，小学教育应当转入新的生气勃勃 353
的发展时期。如果这个过程被耽搁了，许多贫困地区将不得不等待机会把孩子送入小学，这个时间将会被延长。

对贫穷学生降低学费和增加资助想必是教育改革的一部分。这会加剧进入中学和大学的压力。这样做的结果是——尤其是，如果同时试图降低这些学校飞速增长的注册学生总数——必须根据更严格的标准来挑选学生。因此，教育改革所面临的问题是，如何建立更为严格的考试制度，而把学校从沿袭下来的考试制度的死板影响中解放出来。在有发言权的社会阶层把通过考试获得的身份标志——毕业文凭、学位、荣誉以及考试成绩——看得特别重要的国家里，通过执行合理的命令来完成这种改革是一项棘手的任务。这项任务的完成以全部教育制度在精神上的彻底变革和整个社会对于生活与工作的观念的变革为前提。不过，考试制度的变革是最为重要的，它不但有利于形成一个更民主的挑选过程，而且会改革各个层次教育的方向和内容。

在整个南亚——不仅仅在这一地区很穷的且小学教育很不发达的大国——为了加速提高实用识字率和努力让孩子读小学、防止他们再度沦为文盲，还需要在成人教育上作出艰苦的努力。这些努力应当与学校教学活动的扩展紧密地联系在一起。实际上，成人教育属于学校活动的延伸。

教育制度改革的一项关键任务想必是提高受过训练的教师的数量和质量。印度《教育委员会报告(1964～1966 年)》反复强调：教育的最高目标是改变孩子的观念，而最终是改变全体人民的观

念——“全体人民的价值观”。如果没有这样的教师，这项任务是没
有希望完成的：这些教师不但满意其经济和社会条件，并被社会公
认为是有智慧的和他们所在社会的道德领袖，而且具有奉献精神，
354 富有热情，更有义无反顾的决心，并热衷于传播有用的实际知识。

从这个观点来看，教师培训机构在教育改革中具有战略上的重要意义。这些机构应当在学生中产生精神的和智慧的能量，应当是为发展准备人才的“能源工厂”。如果完成这些改革的力量集聚起来，人民的热情必将化为“运动”。领袖应当产生于能说会道的、受过教育的社会高层，他们是现代化思想的播种者。

这样的领袖必须主动打破上层阶级那种眼前的自私的利益。教育改革最终必然是广大群众的迫切要求。在这些不平等的穷国，打破这种利益可能吗？即使上面概述的改革计划中的每一点都能够达到广泛的一致意见，那么在这些国家的权力结构中还会存在改革的阻力。

已经引述过的印度教育委员会1966年的报告要求，基本上按照上述思路“采取果断的、大规模的行动”。该委员会强调它的报告“不等于是行动”，并作出结论说：“……国家的未来很大程度上取决于在今后10年左右时间里在教育上做了什么。”自从这个委员会的报告发表以来，印度的计划和政策走向并没有遵循报告所指出的方向。这个报告，同其他许多按照英国统治时代的传统起草和发表的这方面和其他方面的报告一样，虽然被鼓掌通过，但是随后却被束之高阁。印度的计划和政策的走向没有遵循适合教育制度彻底改革的需要这个方向。在其他极端贫困的南亚国家所发生的情形与印度没有多大的区别。

27　成功发展的前提条件

通过本书的前述各章，我们描述了影响南亚尝试利用计划从 355
欠发达走向发展的社会经济方面的因素和条件。“发展”是指告别“欠发达”，从贫困中解脱出来的过程。发展靠“发展计划”来追求并大体上实现目的。把某个国家说成“欠发达”，实际上是说，这个国家在生活和工作方面存在着一系列数不胜数的不如意之处：产出、收入和生活水平很低；许多生产方式、态度和行为模式处于劣势；而且有着不适宜的各种制度，大到国家社稷小到控制家庭和四邻的社会经济关系。从“发达”的合意性观点来看，这些不如意之处被评价为不合意和不适宜的——这一描述实属模糊，但也足够确切。所有这些条件之间存在着一般的因果关系，因此形成了一种社会系统。“发展”意味着其整个系统的上升运动。

研究欠发达和发展的任务在于确定社会系统中各种条件之间的关系。社会系统由大量互为因果的条件组成，其中一个条件的变化会引起其他条件的变化。我们已经粗略地把这些条件归类为：产出和收入、生产条件、生活水平、对待生活与工作的态度、各种制度以及政策。前面两个当然是“经济因素”，而对待生活和工作的态度以及制度属于“非经济因素”；除了计划的一般目标之外，生活水平通常不包括在“经济”计划中。政策旨在引发经济条件的

356 变化时属于经济因素，但政策是一个混合物。然而，社会系统中没有上下主次之分。经济条件并不优先于其他条件。对普遍存在于系统当中相互依赖性的论证和分析，不妨从另一个角度去进行：或许这些条件可以分成不同的类别和次序，或许这样的分门别类包括了同样的社会现实和分析内容。

南亚的这些种种条件，依其特征分成不合意的或者不适宜的，因为它们单一方向的变化可以被认为对形成发展和持续发展有利，整个社会系统的运动就是上升的。从发展的观点看，“上升”意味着更大的合意性，“下降”意味着令人不快。我们还进一步假设，某一条件的方向变化，将导致其他条件同方向的变化，无论上升或下降。

在前面各章我们已经说明，南亚国家欠发达的最重要的一般特征是平均劳动生产率低下，因此，劳动力中每个成员的国民产值低。这个情况的另外一面就是每个工人或总体的人均国民收入也低。如果作几点限定性的说明，这个指标可作为一个国家欠发达程度的一个不尽完善的象征。但是，低下的平均劳动生产率并非“欠发达”的定义；同样，它的上升变化也不能作为“发展”的定义。

生产条件是影响经济结构以及变化方向和强度的另一个因素。正如我们已经说明的，工业部门特别是有组织的大型工业规模较小。在所有的其他部门，尤其是农业、手工业以及传统工业，生产技术是原始的，资本密集程度低，相对于收入的储蓄比例也低，人均储蓄更低。冒险精神难得一见，特别是长期性的生产投资。公路、铁路、港口和电厂等形式的人均资本不足。就工人出
357 勤、工作时间以及劳动效率而言，劳动力的利用状况比较低下。

这些条件以上述单向方式相互直接联系着。很低的储蓄率限制着资本的形成。生产技术落后的部分原因是人均资本低。劳动分工存在的缺陷，相对来说使许多人从事非生产性活动。同样，技术的原始和资本的缺乏又造成低劳动投入和低效率。

我们已经逐一列举了南亚国家绝大多数人的低生活水准。这些低水准显示为特定的短缺：食品不足，房屋简陋，公共和个人卫生状况不良以及医疗条件贫乏，职业和专业教学以及总体教育设施不足。生活水平的低下多半是由低下的生产率和收入水平所致，而低生活水平又导致了低下的劳动效率。在因果循环的另一部分，从发展的观点看，南亚人对待生活和工作的态度是有缺陷的：工作纪律松弛，不守时，不太遵守秩序；有着许多非理性的观点和迷信观念，缺乏警戒性、适应性和雄心壮志，不太愿意进行试验和变革；某些阶层存在着对体力劳动的轻视，而在另一些阶层则存在着对权威和剥削的顺从。此外，对深思熟虑和持之以恒的节育缺乏准备。在大多数南亚国家，人口快速增加是导致贫穷的基本原因，惟有节育手段能够阻止这种趋势。

反过来说，生活和工作中这些不可取的态度和行为方式，在某种程度上成为低生活水平的函数，从而间接构成低产出和低收入的函数；同时，它们也是自变量。这里还存在着从另一角度解释欠发达状态至关重要的因果关系。

我们的前提始终是：通过发展计划从欠发达走向发展必定有一种制度方法。但是，南亚国家存在着若干不利于经济发展的制度条件：土地占有制不利于农业进步；推动创办企业、就业、贸易和 358
信用的机构聊胜于无；有些国家还没有将各种不同的人群整合为

一个统一的国度;有些国家的政府机构缺乏必要的权威;有些国家公共管理的效率和廉政标准十分低下。所有这一切共同组成了"软弱的国家"。这些制度性衰弱的根源是人民参与程度低以及刚性的、不平等的社会分层。

凡此诸多制度的缺陷与公众态度的缺陷紧密相联。这些态度通常支撑着制度,同时得到制度的支撑。两者对低下的生产率和菲薄的收入均难辞其咎。低生产率和低收入反过来使低水平的识字率和教育水平长相伴随,而又使公共制度的缺陷挥之不去。

在缺乏政策的情况下,作为我们上面讨论的所有条件与最初变化相互作用的结果可能是:一个社会系统或者停滞不前,或者发展到更高水平,或者倒退到更低水平。但是,如果有计划,就会有旨在获得发展或加速发展的政策协调。

考虑到我们在本书前面列举的各种村社之间和各村社之中的差异,所有的南亚国家都视自己为"欠发达国家"。这一点很重要,因为人民对发展的渴望,或者至少他们领导人的愿望,预示着有兴趣改变影响他们发展的诸多条件。与气候和自然资源不同,这些条件不是一成不变的,它们可以通过政策、政府和制度的作用加以改变。

在这个意义上,这些条件都是"社会的"。当今的社会科学并没有研究出南亚人民与富裕的西方国家或者共产党国家的人民之间在能力和天资方面的天生区别。导致发育不良的身体和心智方面的遗传性的天生差别是不能排除的。但是迄今为止,这些因素没有得到证实。我们的分析假设:这些国家的人民与那些具有十分幸运的经济命运的人民本质上没有什么差别。他们的情况仅仅是现在和过去的生活和工作条件差异造成的结果。

在把这些条件归结为一个欠发达国家的不合意之处时，我们 359
只是简单地从这个国家的具体发展目标——或者更确切地是从这个国家决定政策的那些人的目标的观点出发的。尤其是，对待一国生活和工作观念的道德态度和社会制度并没有置于我们的分析之中。

虽然我们的兴趣集中在南亚地区的欠发达国家上，但是各种各样的生活和工作条件的相互依赖，当然是一个有组织的社会的一般特性，因而存在于每一个国家的社会中，不论其发展水平有多高。但是，正如我们所强调的，发展水平的低下，不但对相互依赖的特征而且对相互依赖的力度有重要的影响。鉴于此，我们有关整个社会系统相互依赖条件的假设对南亚有着更强的针对性。

社会系统的初始变化可以由外部引起——影响作物的时令或反季节的季风，或者外国采取的经济措施，可以改善一个或若干个不利条件。初始变化也可以通过国家自身采取的政策措施从内部诱发出来。我们已经将发展定义为整个社会系统的上升运动。但是，为了制定计划的目的，我们需要比这种理想标志更易确定和度量的有关发展的直接指标。这种指标的自然选择就是度量国民产值或者人均收入的增长。社会系统中所有的条件存在着基本的相互依赖关系，个人收入在确定生活水平方面举足轻重。我们已经假定这些生活水平是重要的，它们影响着态度、行为方式和制度。反过来，我们也知道，如果后面的这些条件不变化，或者滞后很大，那么将会阻碍生产率和收入上升。但是，作为粗略而现成的指标，人均国民收入的变化在任何情况下只能用来记录我们真正想记录

的整个社会系统中更为复杂的变化。量值的使用，比如将人均收入作为指标，同样也不应造成过分重视那些易于度量的经济条件，
360 这可能使系统中有待诱导的变化的选择出现偏差。归根结蒂，我们坚持认为，发展永远都是一个关于人的问题。

南亚制定发展计划的工作在相当大程度上受到了这一假定的阻碍，即初始分析可以集中在经济条件——产出与收入、生产条件以及生活水平，还有那些仅仅影响这些条件的政策，甚至连生活水平也经常被忽视了。还有一个假设，认为联接这些经济条件的一系列原因不受态度和制度的影响。实际上，人们经常假定后者对经济条件的变化自动作出灵敏反应。

实际上，态度和制度是顽固的，不易改变，更不用说间接地改变。另一方面，政策体现因果循环中的诱导变化适用于一个或几个经济与社会范畴，计划则是为获得加速发展的政策协调。

初看起来，因果相互依赖似乎预示着一个风雨飘摇的社会系统，在这个系统中，一个方向上变化的力量会使其他条件沿着相同方向运动。但和这种预期形成鲜明对比的，不仅是欠发达国家共同经历了低水平均衡和面临着发展的严重障碍，而且更为一般的是历史上许多社会系统有着令人惊讶的稳定。平衡，不是显而易见的不稳定力量组合的偶然结果，这似乎是规律而非罕见的例外。我们所有的证据表明，社会的稳定和均衡是常态，并且所有的社会，特别是欠发达社会，拥有强大的具有稳定特性的系统。考虑到这些发现，真正的秘诀是它们如何摆脱均衡，得到发展。

就许多欠发达国家而论，对于其他任何条件变化的反应极少是瞬时的，通常它们是滞后的，经常要有一个相当长的时间，有时

在一些条件下完全没有反应。如果变化发生在早期阶段，循环因果关系就会停顿，这种情形就变得更加重要。因此，一个农民如果没有提高其生活水平的志向，即使有机会开垦更多的土地或者通过技术提高产量，他也可能不去抓住这些机会。某些其他的制度 361
条件，如不利的土地所有权法律，可能对这位农民没有吸引力，从而使他不会尽力。

在南亚存在真正"满足于粗茶淡饭"的人一直受到怀疑。但是可以认为，在南亚社会的传统背景中（一定程度上除华人少数民族以外），许多人仅仅是得过且过，除了维持习以为常的低水平生活，别无他求。态度和制度总是相辅相成的。即使除了这一点，在条件变化的影响中还会有其他的延误。例如，营养的改善应当提高劳动效率。但是直到从孩提时代享受到营养改善的新一代人成为劳动力之前，人们在许多年内不可能感受到它的效果。即使教育水平提高了，如果不平等依然盛行，国家仍旧是"软弱的国家"，那么，态度和村社制度可能会依然如故。这些惯性因素阻止或者延误了发展，因为因果循环只有在社会系统内所有的因素相互作用时才会向上运动——一个条件的变化最终引发第二个推力的反馈，最后促成原有条件足够大的继续变化，使得原有条件更加进一步变化。

制定计划不仅要启动和维持推力，而且如果稳定或者停滞转变为累积的上升运动，还会加速反应。但是，如果其他变化同时发挥方向相反的作用，这种概率就会减少。

所有南亚国家都在推行发展政策，只是成效各异。其中大多数国家正在从西方国家或共产党国家或者两者兼有得到捐赠或贷款。当这种捐赠足够大，而且其他政策引起的变化也足够大时，因果循环呈上升运动。但是只有当南亚各国政府足够英明，并且有足够的勇气对刚性的、不平等的社会结构和态度采取行动时，上述情况才有可能发生。因为如果社会结构和态度没有改变，就会抵消包括捐赠在内的所有其他努力。

362 除了惯性力量之外，其他力量也正在独自出现或者与发展政策同时出现。这些力量中的一部分趋向于把社会拖向后退。这里最重要的是人口爆炸。如果人口问题在南亚持续下去，总有一天，它会成为社会系统中的头痛问题。它会使所有可以试图一搏的发展政策和外国援助的强有力计划统统付诸东流。正如我们已经注意到的，另一个抵消力量是绝大多数南亚国家日益恶化的贸易地位，因为对它们的出口贸易需求日趋减弱，而它们的进口需求却在上升。

在一个互为关联的社会系统中运动的机会，为南亚欠发达国家提供了希望能够自救的基础。但是，当第二次变化实际上使系统向初始变化预想的相反方向运动时，一般规则就有例外。不难想象，发展带来数不胜数的互为抵消的变化。例如，如果没有对排水系统给予充分的注意，兴建水利工程可能导致土地的破坏；如果教育政策未能防止新的受教育者自以为是天之骄子而不愿意从事体力劳动，则学校教育可能在实际上产生消极的经济后果；如果没有警觉，政府的控制可能助长腐败的盛行，新的立法得不到实施，就可能酿成愤世嫉俗。

在大多数情况下，上升的变化反而在其他条件下产生向下的变化，然而目的性更强的计划也许防止了这种倒退。如果计划人员是谨慎的，而且政府准备坚决执行，则这样的从属效果极为少见。

在对计划的任何一般性讨论的背后，都存在着理想计划或最优计划的观念。从理论上说，我们应该能够通过选择可以在社会系统中产生最大限度的上升变化的政策来构建理想计划。为了确定这个计划，我们必须拥有这个系统包括态度和政府政策在内的所有条件的全部知识，还需要掌握它们之间的相互关系，以及合理评价条件好坏的全部知识。我们还必须对计划执行结果造成的条件变化实施明确的直接或间接的独立评估。虽然这种理想的情形实际上无法得到，但不应排除理想计划的概念。近似和简化在所 363
有科学活动中都是合情合理的，制定发展计划也是如此。困难之一是，我们持有的广泛的价值前提——战后的奋斗目标——只能以相当模糊的方式表现出来。然而，依据发展的观点，现实允许我们把条件和条件的变化大致归类为"合意的"和"不合意的"。

另一个困难是：计划基本上是一个政治纲领，必须依据政府的评价而作出，在某些情况下，可能与这项研究所作的评价不同。政府本身是社会系统中的一部分，计划不可能与其分开。此外，一个社会系统，包括政府和人民的态度，可以作为遵循计划本身的结果在计划执行中发生变化。人民的态度及其习俗可能构成计划的障碍，没有一个政府可以完全自由地遵循自己的主观评价。

但是由人口造成的障碍不会形成必然的困难。原则上，它们与制定计划时必须注意到的气候或其他的障碍没有区别。然而，制定计划还必须考虑政府及其领导人的感情阻力（禁忌、顾虑）。负责指导制定计划和执行计划的人，从来不可能是完全无私的，不可能在社会上是超然的。他们自己也是有待改革的社会系统中的一分子。这会影响有时甚至会限制他们的视野。但是,南亚地区能说会道的人在推进制定计划和发展愿望时的一个不同凡响之处,不是他们不能彻底地从这些态度和感情阻力中摆脱出来,而是他们非要使自己脱离社会上流行的态度,表现出改变这些态度的愿望不可。

还有,计划过程的本身有助于在与理想更为一致的方向上使价值观理性化,其中首要的是理性本身。将发展作为渴求的目标而吸引的注意力,往往会影响人民对提高生活水平持有积极的、独立的价值观。对于身处落后、停滞的国家的许多人来说,提高生活水平具有新颖的价值——而且对于社会系统中的所有其他条件,
364 包括态度和制度的上升改变也是如此。在制定计划的过程中,条件的上升变化获得推动作用,因为人民认识到这些变化也将推动其他条件的向上变化。从某种观点看,从传统经济到现代经济的发展,主要是创造和扩展具有工具作用的价值观,而在此前,却只有独立的价值观。因此,发展导致选择范围的扩大。虽然机会可能诱发价值观的变化,但这不是机会增多的直接结果,而是价值观变化的结果。更恰当地说,它起源于对因果循环的进一步理解和更愿意把变化看做是促进目标的一种手段。这种现象总会发生的。

的确,除非能够提出一个独立而且有帮助的价值观范围,否则,最优计划的整个讨论就是毫无意义的。经过考虑的、精心计划的、理性选择的计划假设:要么某些事情本身没有价值,要么它们无论具有什么样的独立价值,都不是绝对的,都可以通过殊途同归

的办法得到补偿。在一切东西都没有价格的地方，不可能有最优计划，甚至压根就无需计划。制定计划必须假定掌权者——政府——已经开始克服感情障碍和允许自由选择，并且假定人民可以通过诱导来遵守计划。制定计划还进一步假定，一旦实施，计划和发展自身常常会通过进一步打破传统态度和习俗造成的阻力和障碍而改变价值观。

这样，最优计划应当被看做一种稳扎稳打的政策模式，即必须根据新近出现的事件、变化中的因果联系、统治者与被统治者变化着的价值观而不断地予以修订的政策模式。但是，说一千道一万，制定计划绝不能替代制定政策。相反，计划的价值前提必须来自
并且依靠政治进程。这些价值前提不能大而化之，而必须如同既 365
决定政治进程又为政治进程所决定的价值观一样那么具体，又那么复杂。例如，制定印度的畜牧业计划而不考虑对宰牛的普遍厌恶是不可能的。一项处理土地所有权和土地租佃的农业政策，必须经过调整，以便政府依据国家实际的权力状况，使政策既行得通又适合需要。

因此，所有的计划制定都必然包含政治选择。这些选择不只涉及广泛和抽象的目标，还贯穿于制定计划过程的所有阶段，以及计划制定必需的每一个具体步骤。手段与可能达到的目的一样必须进行评估。所以发展计划本质上是一个政治纲领，制定计划本身就是政治进程的组成部分。制定计划的机构要想胜任工作，就必须大体上成为政府的谈判机构并几乎成为政府的外交机构。它们在科学研究上做得不多。

在计划工作与政府只有松散联系的那些南亚国家，计划的制

定即使仅仅作为技术训练，也进行得不深不透。在政府不愿意或不能将计划纳入其职能时，过分强调计划本身的技术或“目标”特性就有很强的诱惑力。许多计划泛泛地陈述了与战后理想相一致的目标和主要目的，但是几乎没有阐明战后理想同计划中的实际政策规定之间的关系。计划以常规的合理化改革面貌登场了，与政府准备采取行动所依据的价值观无关。这些计划经常仅作为送给知识分子和激进分子的镇静剂，属于理想的梦幻世界，与直接而现实的计划拟订工作几乎不相干。

在任何计划的早期阶段，必须就某些主要特色作出抉择。这一抉择必须由国家的当前属性、自然资源、人民以及在世界上的贸易地位等广泛概念来指导，必须与政府的主要目标和价值观，包括
366 统治者的感情阻力相一致；还必须在各种社会和政治力量之间——压力集团、既得利益集团、理想主义者以及现行态度和习惯造成的严重障碍——达成行之有效的妥协。制定计划的程序，也许与一个建筑师为市议会设计公共建筑物蓝图如出一辙。建筑师要考虑建筑物的用途、可用的资金数量、供他使用的土地状况以及服务对象的爱好，而服务对象的爱好和建筑师自己的爱好一样，受当前流行的时尚影响。在某些情况下，他知道自己的主意比服务对象超前，必须使他们接受自己的想法。他要将蓝图和以后的草案一并提交，对各种已知要求作出合理反映。同样，一旦就计划的主要特点作出关键选择，并将选择提交给政府，计划人员就可以添加进一步的细节。这些详尽的细节总是遵循主要特点所体现的方向。计划一旦形成，与最初的草案肯定有所区别，但主要的特点将定型并为此后的工作规定方向。一个计划与建筑师的工作一样，

必然存在着眼界、理想、愿望以及富于想象力的思考。与此同时，必须正视国家现实的物质条件，而且计划必须寻求政治靠山。

计划一旦确立，大力推行就决定一切；除非推行具有足够的力度，否则发展不会出现。哈维·利本斯坦(Harvey Leiben-stein)在其《经济落后与经济增长》一书中提出的"关键性最小努力"这一概念，现在已为经济学家们广泛接受。但是，大推进的讨论往往限于经济因素。实际上，这一思想必须扩展到社会系统的方方面面。大推进必须能够把整个系统从各种停滞力量的桎梏中挣脱出来。除非条件被特定的、强有力的和协调一致的努力所改变，否则它们会依然故我，或许还会走向歧途，从而使发展停滞甚至逆转。要极力促成积极的效果反馈，即使是开始没有被这些努力所排除的条件，也要争取积极的反馈。随着上升运动形成势头，获得更大的连续性变化就会不那么费劲。但是，首先必须开展群众运动。正是这一原因，欠发达国家才不能依靠渐进主义方法。落后与贫穷自然使一个国家难以为庞大的计划调集足够的资源，但是落后和贫 367
穷恰恰是为了使计划有成效而必须庞大的原因。

大推进原则为许多计划制定者所接受。然而，他们坚持认为，所作努力应集中在有限的几个领域或者有限的几个条件上。他们认为，集中的结果将通过扩散效应传递到整个系统。但是，扩散效应本身是发展计划，而且南亚的扩散效应一般是微弱的。实际上，大张旗鼓的推进存在节约，过小的努力只意味着浪费。不仅这些努力必须大于关键性的最低水平，而且从我们对南亚的一般了解中，我们知道，这些努力必须同时针对大量的条件，并且这种针对性必须集中在一个不长的时期内，以一种合理的协调方式加以利用。在广泛的战线上,对一整套经过协调的国家干预政策的需要,在欠发达国家远远大于发达国家。

在有关欠发达国家发展问题的著作中,认识到经济领域中发展政策的有效性与现行态度和制度之间存在着密切的联系是老生常谈。但是公允地说,无论是南亚还是外国的经济学家,在有关这些问题的所有经济研究中,几乎完全忽视了这种联系及其特点,甚至在计划确实表明计划问题的广泛性并为不断改变的经济因素留有充分空间时,他们依然把投资计划作为核心,产出作为资本投入(通常以实物投资表示)的函数。他们始终固守这样一种信念:旨在通过投资增加产出的发展努力,将引起所有其他条件的有利变化。他们还认为,通过直接行动改变非经济条件的努力是困难的,或者是不可能的。正如我们在本书前述章节已经指出的那样,“经济的”政策与那些向既得利益集团挑战、违逆根深蒂固的感情阻力、冒犯珍爱的传统和信念、抵抗社会惯性沉重压力的社会政策相
368 比,执行起来毫无疑问容易一些。然而,如果发展政策的主要目标是狭义的经济发展,其效果将会大打折扣。

西方经济学家的多数人是经济计划的制定者,但是他们在绝少觉察到的程度上受到马克思的影响。他们通常认为经济进步对态度和习俗会产生强烈而迅速的影响。但是,共产主义本身显然没有依靠马克思从经济领域到“上层建筑”迅速有效的推力扩散的乐观假设。实际上,他们在直接介入社会条件的变化的同时,总是用重新解释的形式保留马克思的信条。他们运用政府的力量改造社会,而不是让由生产方式所改变的社会去决定政府。

但是,正如我们早就强调指出的,南亚国家不想遵循共产主义

的发展路线。它们以“民主计划”为目标。不幸的是，如同我们所论证的，“民主计划”一词已被用来证明严重缺乏实施现有法律和制定并实施新法律的决心的理性。德高望重的美国法学家勒尼德·汉德(Learned Hand)的名言“法律即暴力”不会得到绝大部分南亚知识分子精英的重视和理解。他们的政府比富裕的西方民主福利国家更不情愿颁布和实施各种义务，而西方国家并不认为为了社会利益使用强制力量就是民主的倒退。这种优柔寡断不仅有助于解释南亚相对缺少的成功发展，而且欠发达状态也能够解释优柔寡断本身。在当代，软弱的国家几乎没有消除并且在事实上助长了计划难以逾越的障碍和阻力。

打破南亚国家这些障碍的前景将十分不同；例如，像印度这样的国家，政府如果真的决定改变现行的态度和习俗，并且有勇气采取必要的步骤和接受其后果，那么前景也难预料。在许多方面，我们一直宣称，态度与习俗巨大而迅速的变化不比一系列微小而渐进的变化更难实现，正如跳进冷水不及慢慢地浸入那么痛苦一样。

我们在前面已经说明，西方国家制定发展计划时，可能有正当 369
的理由对态度和习俗的变化忽略不计。但是我们也坚持认为，这个前提不能应用于南亚，同样的道理也适用于生活水平的变化。例如，富裕国家大多数人的营养标准一般来说是如此之高，以致增加所吃食品的质量和数量对劳动生产率没有影响。但是南亚多数国家的情况不是这样。与其他小一些的南亚国家相比，印度和巴基斯坦大多数人摄取的卡路里总量非常低，低到不能维持正常水准的健康、能量和劳动效率。同样，西方国家的初等教育水平已经很高，进一步发展教育不会对工作能力产生直接影响。在南亚，劳动效率低水平的部分原因是初等教育太差，缺乏学以致用的受过教育的人也是其中的原因。南亚不仅需要更多的教育，而且还需要提供不同的教育。太多的南亚学校培养出来的毕业生既不适合也不愿意成为半熟练和熟练的手艺人或者工匠，甚至簿记人员。实际上，他们已被教育成逃避体力劳动的人。

西方与南亚之间条件的差异对制定计划有重要意义。富裕国家用储蓄、投资和产出衡量经济发展，除非消费减少所带来的那部分收入可用做储蓄，否则可以对生活水平不予理会。这在富国合乎道理，但在欠发达国家情况就完全不同。对于南亚广大的群众来说，增加消费就是提高生产率，提高的程度则视增长的方向和成分而定。这就使得事情更加复杂化了。西方发达国家已经发展到更高生活水平的政策措施，例如改进保健服务，已基本上成为仅仅是技术问题了。而在南亚国家，所有影响生活水平的政策是互相依存的。原因就是这些水平太低。这一点我们早就强调过。所
370 以，将西方的想法运用在南亚问题上，必然得出错误结论。在南亚，不可能把生活水平的某些具体部分与其他部分隔开作为技术问题单独处理。因为它们之间环环相扣。例如，卫生问题在很大程度上是教育问题。两者作为增加生产和生产率的措施绝不能与提高消费种类的措施相分离。要想使发展政策发挥效力就必须在更加广泛的活动范围内进行协调，包括可以提高生产的一些生活水平的内容。我们还必须强调，在非消费性收入意义上的储蓄（它事后与投资相等）在发达国家有十分明确的含义，总产出可视为积累的资本存量增加量的函数。

但是在欠发达国家，大规模的“消费不足”是正常现象，不存在

投资和消费之间的基本区别，所以建立在这种区别基础上的推理是不相关的、无效的。较高的消费形成“投资”——即提高了生产量——同时它仍然是消费。

苏联的计划人员从来没有把自己局限于马克思仅仅将工厂资本积累作为更高生产率惟一来源的投资定义，苏联的计划总是包含用于创造非物质生产资料的巨大支出部分。现在很清楚，苏联的高增长率基本上是“人力投资”的结果。

不错，苏联的食品供应比绝大多数南亚国家要好，有可能维持相当足够的营养水平。因此，苏联的计划人员通过削减住房和衣着消费节省资金，同时增加教育和卫生开支。政府能够通过削减消费为投资获得资源，而与此同时，用抑制一些方面和迅速、大量增加其他方面相结合的方法，扭曲和改变消费，满足增长的需要。由于认识到消费的各种构成对生产率有不同的影响，苏联的计划
人员不是简单地、公式化地规定一个强制性的储蓄比例来保证实 371
物投资计划的扩大，而是由消费扭曲支撑着储蓄挤压。

南亚欠发达国家应当使消费政策在其经济计划中发挥不可或缺的和重要的作用。它们的工作，不应当像国内外专家通常认为的那样，仅仅是为取得一定储蓄比例而压缩消费。由于这些国家的生活水平如此之低，以致在几乎所有方面降低消费都会降低生产率，甚至阻止消费的增长都是有害的，必须慎重地权衡改变消费结构对生产率的影响，而且随后必须力图向生产率最高的方向引导消费。

换言之，南亚国家必须与西方允许消费者自由决定选择的政策决裂，否则就不能为提高生产包括为所需投资准备足够储蓄提

供必备条件——并将给人民带来无谓痛苦。与共产党国家不同，南亚国家对生产、价格和消费未实行严格控制，不仅在抑制消费方面，而且更为重要的是把消费纳入生产渠道方面处于劣势。不过，它们还是要面对这个问题。例如，它们的税收政策可以从有助于实现这一目标的更广泛的意义上来进行设计。南亚各国必须完成苏联已经完成的工作，尽管方法可能有所不同。做不到这些，南亚各国的发展希望就会受挫。

南亚所有发展计划的基本弱点是：计划集中在金融方面，或者更为狭窄，仅集中在计划的财政方面。尽管财政计划对保证行政效率是必要的，而且范围更广的金融计划也可能有有限的功效，但是两者都不配作为发展计划。一项声称可以表达的计划，必须建立在某种实物计划之上，即以投入要求和产出期望而言的经济各部门的物质因素、商品和服务。有人认为，为特定投资确定特定种类的最终产出目标，以及它们之间为使瓶颈和过剩能力风险降至
372 最低限度进行协调，虽然原则上可取，但因为缺乏足够的统计信息而往往行不通。假如情况果然如此，那么，相关问题就是怎样才可能拟出一项切实可行的金融投资计划。金融计划和实物计划之间的区别之一，简言之就是后者会不由自主地揭示作为计划基础的不充分的真实信息，而前者常常具备掩盖它的功能。我们并不否认，每个政府必须尽善尽美地计划投资并为此协调，即使政府不能利用足够的信息而必须基本上凭借猜测。问题是，这些猜测和估计最终必须与具体的实物项目及其变化联系起来。财政金融计划充其量只能是建立在实物计划基础上的上层建筑。一切有效的计划必定是实物计划。在有关资料极度缺乏的国家中，这项工作是

非常困难的，经常需要粗略的估计和猜测。如果仅有财政金融计划，不言而喻的假设是，资金是惟一的瓶颈，实物资源以不变的单位成本朝着货币支出所引导的方向平稳流动。而且，即使让财政或金融计划发挥仅仅是无足轻重的作用，即反映协调实物数量的内在计划，也不可能避免下述的含蓄假定：发展的一切障碍可以通过实物资源的充分消耗加以克服，甚至在非实物障碍存在的地方，排除这些障碍的政策的有效性也与在这一过程中所耗尽的资源相关联。上述的两个假设在南亚都没有得到证明。

另一个通过西方古典经济学概念解决南亚问题的巨大困难是根据西方观点考虑通货膨胀和通货紧缩。南亚欠发达国家的典型情况是：资本和劳动远远没有得到充分利用，而与此同时，又存在短缺和瓶颈。"通货膨胀"和"通货紧缩"这两个术语是否适用于这样的情况还很成问题。如果通货膨胀是指价格出现上涨趋势，短缺和配给都将发生，那么很明显，南亚存在通货膨胀。但是，如果通货紧缩是指生产能力和人力未能得到充分利用，则同样很明显，
南亚存在通货紧缩。欠发达国家通货膨胀的倾向涉及瓶颈问题， 373
在市场内部和公用事业、运输、分配以及信用部门都存在。对这个问题的反应不能是全面减少需求。相反，必须努力提高瓶颈方面的供给。要做到这一点，可以通过允许瓶颈项目的价格上涨，使它们的生产获得更大的利润。很可能南亚需要其他方法，因为频繁价格上涨可能减少供给，无疑可能减少需求。提高食品价格不一定会刺激一个不拥有自己土地的南亚农民增加生产，却明显地影响一个南亚工人减少购买。计划人员必须努力将瓶颈需求转移到过剩的替代品上。当然，必须努力把价格上涨限制在实际促进增

长的部门，还必须在制定计划时努力预见未来的瓶颈。

最后，在南亚各国的发展计划制定中，计划本身开始时可以设置一个固定的期限，3 年、4 年、5 年或者更长。这样做简单易行，可以鼓励政府和人民沿着既定的轨道前进。但是，计划一旦开始执行，应当具有高度的弹性，特别要提供适应变化和反应的机会。制定计划的目的是为了易于根据变化的环境作出有的放矢的合理调整。这些变动应包括对来自计划制定过程的新经验和新思想的反应。

为了从这一原理中得到最大利益，热切建议南亚国家采取“滚动式的”计划，即每年实际制定出三个新计划，并付诸实施。第一个计划是当年的计划，并包括年度预算和外汇预算。第二个计划是若干年度的计划——包括 3 年、4 年或 5 年，而且应随着情况的变化而每年修改。最后，每年应有一个 10 年、15 年或 20 年的远景规划，作为预测未来发展的粗略纲要。每年的年度计划应当是逐年修订的 3 年、4 年或者 5 年计划的一部分，往后以此类推。在某种程度上，任何计划，无论是固定的，还是有弹性的，都是滚动的
374 计划，因为对于一切计划，修改是必不可少的。但是，如果正式采用滚动计划，计划的合理性和有效性将会得到提高。反过来，这将减少固定计划目标落空时所引发的失望和公众的冷言冷语。

名词中英文索引

（索引中的页码为原书页码，请参照本书边码使用）

C

D

K

L

M

O

P

T

W

X

Y

Z

缪尔达尔主要作品年表

1927 1. "Prisbildningsproblemet och foranderligheten".(Pricing and the change factor.Doctorial dissertation.)Uppsala.1927.

1928 2. "Socialpolitiska frogor.6 uppsatser i socialpolitik".(Problems in social policy.6 papers in social policy)Stockholm.1928～1933.

1930 3. "Vetenskapoch politik i nationalekonomien".Stockholm,1930. German translation.Das Politische Element in der nationalokonomischen Doktrinbildung. 1932. English translation.The Political Element in the Development of Economic Theory,Routledge & Kegan Paul, London,and Harvard University Press,Cambridge,1953.

1931 4. "Krisdiskussion.8 uppsatser i krisfragor".(Discussion on crisis.8 papers on the economic crises).Stockholm,1931～1933.

5. "Sveriges vag genom penningkrisen".(Sweden's way through the monetary crisis.)Stockholm.1931.

6. "Om Penningteoretisk jamvikt.Ekonomisk tidskrift".1931,pp.181～302.English translation.Monetary equilibrium,W.Hodge & Co., London,1939.German version.Der Gleichgewichtsbegriff als Instrument de geldtheoretischen Analyse. Beitrage Zur Geldtheorie, herausgegeben von F.A. Hagek,Wien,1933.

7. "Riktlinjer for svensk penningpolitik",(Guidelines for Swedish Mo-

netary Policy.) Address to the Swedish Economic Association. Nov. 26, 1931. National-ekonomiska foreningens forhandlingar 1931, Stockholm, 1932.

1932 8. "Det svenska jordbrukets lage i varldskrisen", (The situation of Swedish agriculture in the world crisis.) Address to Lantbruksveckan 1932, In lantbruksveckans handlingar, Norrtelje, 1932.

9. "Social politikens dilemma", (The dilemma of social policy.) Social Tidskrift 1932, pp. 99～120.

1933 10. "Industrialization and Population", In Economics Essays in honour of Gustav Cassel. London, 1933.

11. (Assisted by Sven Bouvin.) "The Cost of Living in Sweden 1830～1930". Stockholm. 1933. (Wages, Cost of Living and National Income in Sweden 1860～1930. Vol. I.)

12. "PM angaende verkningarna pa den ekonomiska konjunkturutvecklingen i Sverige av olika atgarder inom den offentliga hushallningens omrade". (Promemoria concerning the effects of various measures within the public sector on the cyclical situation in Sweden.) Appendix Ⅲ to the Budget Bill, Stockholm, 1933. Also printed separately under the title Konjunkturer och offentlig hushallning (Cycles and public finance). Stockholm, 1933.

13. Das Zweck-Mittel-Denken in der Nationalokonomie. Zeitschrift fur Nationalokonomie. Bd. 4 ; 3. Wien, 1933.

1934 14. "Finanspolitikens ekonomiska verkningar". (The economic effects of fiscal policy.) SOU 1934 : 1. A report to the Unemployment Committee. Stockholm, 1934.

15. (With Alva Myrdal) "Kris i befolkningsfragan". (Crisis in the pop-

ulation problem.) Stockholm, 1934. Cf. Alva Myrdal. Nation and Family, London, 1941.

1935 16. "Bejolkningsproblemet i Sverige". (The population problem in Sweden.) Stockholm, 1935.

17. Den forsta varldsbilden inom nationalekonomin. In Myrdal. G. and Tingsten. H., Samhallskrisen och socialvetenskaperna. Tva installa-tions-forelasningar. (Crisis in society and the social sciences. Two inauguration lectures.) Stockholm, 1935.

1936 18. "Nagra metodiska undersokningar rorande befolkningsfragans innebord och vetenskapliga behandling". (Some methodological notes on the population problem and its scientific treatment.) Appendix 1 to betankande i sexualfragan. SOU 1936:39, Stockholm, 1936.

1937 19. "Aktuella beskattningsproblem". (Tax problems of current interest.) Address to the Swedish Economic Association, Nov. 12, 1936. Nationalekonomiska foreningens forhandlingar 1936. Stockholm, 1937.

1938 20. "Jordbrukspolitikens under omlaggning". (The evolution of agricultural policy.) Stockholm, 1938.

1939 21. "Jordbrukspolitikens svarigheter". (Problems of agricultural policy.) Address to the Swedish Economic Association, March 3, 1938. Nationalekonomiska foreningens forhandlingar 1938, Stockholm, 1939.

1940 22. Population, A Problem for Democracy. Cambridge, Mass., 1940.

1943 23. "Amerika mitt i varlden", (America in the center of the world.) Stockholm, 1943.

1944 24. "Varning for fredsoptimism". (Warning for postwar optimism.)

Stockholm, 1944. German translation, Warnung vor Friedensoptimismus, Zurich, 1945.

25. "Det internationella ateruppbyggnadsproblemet". (The international problem of reconstruction.) Address to the Swedish Economic Association, March 5, 1943. Nationalekonomiska foreningens forhandlingar 1943, Stockholm, 1944.

26. "De internationella forhandlingarna i Washington om ekonomiska efterkrigs problem". (The international discussions in Washington on economic postwar problems.) Address to the Swedish Bankers' Association. Stockholm, 1944.

27. (With Alva Myrdal) Kontakt med Amerika. (Contact with America.) Stockholm, 1944.

28. "Hoga skatter och laga rantor". (High taxes and low interest rates.) In "Studier i ekonomi och historia tillagnade Eli F. Heckscher" (Studies in Economics and History in Honor of Eli F. Heckscher). Stockholm, 1944.

29. "An American Dilemma. The Negro Problem and Modern Democracy" (with the assistance of Richard Sterner and Arnold Rose). Harper, New York and London, 1944.

30. "Den ekonomiska utvecklingen i Amerika och konjunkturutsikterna". (Economic growth in America and the business cycle prospects.) Address to the Swedish Economic Association, March 9, 1944. Nationalekonomiska foreningens forhandlingar, Stockholm, 1944.

1945 31. "Universitetsreform". (University reform.) Stockholm, 1945.

32. "Gustav Cassel in Memoriam". Ekonomisk Revy No. 1, Stock-

holm, 1945.

33. "The Reconstruction of World Trade and Swedish Trading Policy". Supplement B to Svenska Handelsbanken's Index, Stockholm, Dec.1946.

1951 34. "The Trend towards Economic Planning". Manchester School of Economic and Social Studies, Jan.1951.

1952 35. "Psychological Impediments to Effective International Cooperation". Kurt Lewin Memorial Lecture. Supplement No. 6 to the Journal of Social Issues. New York, 1952.

36. Realities and Illusions in Regard to Inter-governmental Organizations. L. T. Hobhouse Memorial Trust Lecture. Oxford University Press, London, 1955.

37. "Realities and Illusions in Regard to Inter-governmental Organizations". London, 1955.

1956 38. "The research work of the Secretariat of the Economic Commission for Europe". In 25 Economic Essays in Honor of Erik Lindahl. Stockholm, 1956.

39. "An International Economy, Problems and Prospects". Routledge & Kegan Paul, London, 1956.

40. "Varldsekonomin". (World economy.) Tulens forlag, Stockholm, 1956.

41. "Development and Under-Development. A Note on the Mechanism of National and International Economic Inequality". National Bank of Egypt. 50th anniversary commemoration lecture. Cairo, 1956.

42. "Den europeiska ost-vast-handeln inom varldsekonomins ram". (European East-West Trade in the World Economy.) National-

ekonomiska Foreningens forhandlingar 1956,4: e haftet. Stockholm,1956.

43. "Rich Lands and Poor: The Road to World Prosperity". New York,1957.

44. "Economic Theory and Under-Developed Regions". Duckworth, London,1957.

1957 45. "Economic Nationalism and Internationalism". Dyason Lectures 1957. Australian Outlook,December 1957,pp. 3～50.

1958 46. "The Role of the Price Mechanism in Planning for Economic Development of Underdeveloped Countries".In Festskrift till F. Zeuthen,Copenhagen,1958.

47. "Value in Social Theory. A Selection of Essays on Methodology". Edited by Paul Streeten. Harper & Brothers,New York,1958.

48. "Indian Economic Planning. United Asia". Vol. X, No, 4, Bombay, 1958.

1959 49. "The Theoretical Assumptions of Social Planning in World Congress of Sociology". Transaction, Vol. 2, London, 1959, pp. 155～167.

50. "Beyond the Welfare State. Economic Planning in the Welfare States and its International Implications". The Starr Lectures, Yale University,1958,London,1960.

51. "Planhushallning i valfardsstaten".(A planned economy in the welfare state.) Stockholm,1960.

52. "La Scienza delle Finanze.Storia e Storiografia del Pensiero Finanziaro",Storia della Finanza Pubblica 12,Padova,1960.

1961 53. "Value-loaded" Concepts. In Money, Growth, and Methodology and other Essays in Economics in Honor of Johan Akerman. Ed. by H. Hegeland. Lund, 1961.

54. "Problemet Sverige Hjalper". (The Problem of Swedish Assistance.) Varldspolitikens dagsfragor, No.7～8. Stockholm, 1961.

55. "Velfaerdsstat-velfaerdsverden". (Welfare State—Welfare World.) Andelsbladet, Vol.62, No.7～9, Copenhagen, 1961.

1962 56. "Internationella aspekter pa de underutvecklade landernas problem". (International aspects on the problems of the underdeveloped countries.) Det nordiske nasjonalokonomiske mote i Oslo 15～17 juni 1961. Oslo, 1962, pp.15～35.

57. (With Tord Ekstrom and Roland Palsson) Vi och Vasteuropa. (We and Western Europe.) Raben & Sjogren, Stockholm, 1962.

1963 58. "Challenge to Affluence". Pantheon Books, New York, 1962. Revised and expanded edition, Vintage Books, New York, 1965. Swedish translation: Amerikas vag-en uppfor-dran till overflodssamhallet. Raben & Sjogren, Stockholm, 1963.

1964 59. "The Worldwide Emancipation of Underdeveloped Nations". Phi Delta Koppan, Vol. XLV, No. 8, Bloomington, Indiana, 1964.

60. "Priority in Development Efforts of Underdeveloped Countries". Afro-Asian and World Affairs, New Delhi, 1964.

61. "Var onda varld". (Our Evil World.) Raben & Sjogren, Stockholm, 1964.

62. "Das Problem der Prioritaten in der Entwicklungspolitik". Europa Archiv. Folge 19, 1964, pp. 727～738.

63. "Poverty in Plenty". P.J. Kenedy & Sons, New York, 1964.

1965 64. "The Politial Element in the Development of Economic Theory".

Translation from Swedish. Harvard University Press, 1965.

65. "The Wealth of America". Financial Times, London, April 12, 1965.

66. "The United Nations, Agriculture and the World Economic Revolution". Journal of Farm Economics, Vol. 47, Nov, 1965, pp. 889～899.

67. "Economic Growth and Economic Policy in the United States". Supplement to Index, Svenska Handelsbanken's Economic Review, No.3, 1965.

68. "A look at the Western Economics". Anglo American Trade News, Jan. 1965.

69. "The Underclass in the Great Society". Bicentennial Special Section of St. Louis Post-Dispatch, Nov. 7, 1965.

70. "A Critical Appraisal of the Concept and Theory of Underdevelopment". In Essays on Econometrics and Planning in Honor of P.C. Mahalanobis. Ed. by C.R. Rao. Calcutta, 1965.

71. "Liberty and Equality in the Economics of Poverty: An American Paradox". Ed. by B.A. Weisbrod. Englewood Cliffs, N.J., 1965.

72. "1965 McDougall Memorial Lecture". FAO Conference, Thirteenth Session, C 65/LIM/3 Rev.1. Rome, 1965.

73. "Will We Prevent Mass Starvation". The New Republic, April 24, 1965.

1966 74. "A Note on Interest Rates in South Asian Countries". The Swedish Journal of Economics, Vol. 68, No. 4, 1966.

75. "Die Welternahrungsprobleme des nachsten Dekaden". (Nutrition problems in the world during the next decade.) Aussenpolitik. Vol.

17,No.3, Stuttgart,1966,pp.142～152.

76. "Paths of Development".New Left Review,London,March-April 1966,pp.65～74.

77. "National Planning for Healthy Cities:Two Challenges to Affluence".In Planning for a Nation of Cities. Ed. by S.B. Warner Jr. Cambridge,Mass. and London,1966.

78. "The Economic Effects of Population Development in Economic Development:Issues and Policies".P.S.Lohanathan 72nd birthday commemoration volume.Bombay,1966.

1967 79. "The Theories of Stages of Growth".Scandinavian Economic History Review,Vol.15,Nos.1 & 2,1967.

80. "An Economist's Vision of a Sane World".Cahiers Economiques et Sociaux,Vol.5,No.4,1967.

81. Arme Lander werden immer armer.(Poor countries get even poorer.)Sozialistische Hefte,No.9,6,Jahrgang,Hamburg,1967.

82. "Blir inflation oundviklig i en demokrati av den svenska typen?"(Is inflation unavoidable in a democracy of the Swedish type?)In Samhalle i omvandling(Society in changing).Bonniers,Stockholm, 1967,pp.127～152.

83. "Varfor har socialvetenskaperna sa litet inflytande pa samhallsutvecklingen?" (Why do the Social Sciences have so little influence on the development of Society?) In Manniskans villkor.En bok av vetenskapsman for politiker.(Conditions for humanity.A book by scientists for politicians.) Stockholm,1967,pp.157～166.

84. Relacion entre la teoria social y la politica social.(Relationship be-

tween social theory and social policy.) Ciencias politicas y sociales. Mexico, Vol. 13, 1967, pp.234～276.

85. "Economic Development in the Backward Countries". Dissent, Vol. 14(2), New York, 1967, pp.180～181.

86. "International Inequalities. In expansion of World Trade and the Growth of National Economies." Ed. by S. Wechstrom. New York, 1968, pp.61～77.

1968 87. "International Trade and Investment: Theory and Practice. Development and Underdevelopment". In Reshaping the World Economy: Rich and Poor countries, ed. by J. A. Pincus. Englewood Cliffs, 1968, pp.85～91.

88. "A Note on Accounting Prices and the Role of the Price Mechanism in Planning for Development". The Swedish Journal of Economics, Vol.68, No.3, September 1968.

89. "The Necessity and Difficulty of Planning the Future Society". In Environment and Change: The Next Fifty Years. Ed. by W.R.Ewald Jr. Bloomington and London, 1968.

90. "Asian Drama: An Inquiry into the Poverty of Nations". Vols. Ⅰ～Ⅲ. Pantheon Books and Twentieth Century Fund, New York, 1968.

91. "Perspektiven der amerikanischen Rassenkrise". (Perspective on the American race problem.) Sozialistische Hefte, No. 7, 7. Jahrgang, Hamburg, 1968.

92. "The Soft State in Underdeveloped Countries". UCLA Law Review, Vol.15, No.4, June 1968.

93. "Twenty Years of the United Nations Economic Commission for Europe". International Organisation, Vol. ⅩⅫ, No.3, 1968.

94. "Political Factors Affecting East-West Trade in Europe". Coexistence, Vol.5, July 1968, pp.141～148.

95. "Bostadssociala preludier". (Preludes of a housing policy.) In Bostadspolitik och samhallsplanering (Housing policy and social planning). Tiden, Stockholm, 1968, pp.9～14.

96. "Asian Drama. An Address to the Swedish Economic Association". April 29, 1968, Nationalekonomiska foreningens forhandlingar, Stockholm, 1968.

97. "Objectivity in Social Research". Pantheon Books, New York, 1969. Swedish translation: objektivitetsproblemet i samhallsforskningen. Raben & Sjogren, Stockholm, 1968.

98. "The Intergovernmental Organizations and the Role of Their Secretariats". Canadian Public Administration, Vol. XII, No.3, Toronto, 1969.

99. "The Role of the Public Services in Underdeveloped Countries". Public Services International Bulletin, London, Feb.1969, pp.1～9.

1970 100. "The Challenge of World Poverty: A World Anti-Poverty Program in Outline". Pantheon Books, New York, 1970. Svensk oversattning, Politiskt manifest om varldsfattigdomen. En Sammanfattning och fortsattning av Asiatiskt drama. Stockholm, 1970.

101. "Biases in Social Research". Nobel Symposium 14: The Place of Value in a World of Facts, Stockholm, 1970.

102. "An Approach to the Asian Drama: Methodological and Theoretical". Selections from Asian Drama: An Inquiry into the Poverty of Nations. New York, 1970.

103. "Some Comments on the Treatment of the Problems of the Inad-

equate Statistics of South Asian Countries in Asian Drama; A Reply to the Comment by Elv.J.J."Econ.Lit.March 1970,8(1),pp. 52～53.

1971 104. "Agricultural Development and Planning in the Underdeveloped Countries Outside the Socialist Sphere. National Purpose, Methods, Difficulties and Results: A Simplified Model". Paper prepared for the International Association of Agricultural Economists Conference (Minsk, 1970). Stockholm, 1971, 8pp. Stockholm University, Institute for International Economic Studies, Reprint Series 1.

1972 105. "Varldsfattigdomen". Stockholm, 1972, 64 pp. Varldspolitikens dagsfragor, 1972:6～7.

106. "The Place of Values in Social Policy". Stockholm, 1972. [From The Journal of Social Policy, Vol.1(1972):1].

1973 107. "Role des valeurs et politique sociale". The Place of Values in Social Policy. English summary. Consommation. Jan-March 1973, 20 (1), pp.5～16.

108. "Growth and Social Justice". World devel., March-April 1973, 1(3～4), pp.119～120.

109. "I stallet for memoarer. Kritiska essaer om nationalekonomin". Stockholm.1973. English translation: Against the Stream. Critical Essays on Economics. New York, 1973.

1992 110. The Equality Issue in World Development. Nobel Memorial Lecture, March 17, 1975. Published in Lindbeck, Assar., Edited Economic Sciences 1969～1980: Nobel Lectures, World Scientific, published for the Noble Foundation, 1992, pp.193～211.

图书在版编目(CIP)数据

亚洲的戏剧:南亚国家贫困问题研究/(瑞典)缪尔达尔著;(美)金缩写;方福前译.—北京:商务印书馆,2015(2020.9重印)
(经济学名著译丛)
ISBN 978-7-100-09795-6

Ⅰ.①亚… Ⅱ.①缪… ②金… ③方… Ⅲ.①贫困问题—研究—南亚 Ⅳ.①F135.47

中国版本图书馆CIP数据核字(2013)第027215号

经济学名著译丛
亚洲的戏剧
南亚国家贫困问题研究
〔瑞典〕冈纳·缪尔达尔 著
〔美〕塞思·金 缩写
方福前 译

商 务 印 书 馆 出 版
(北京王府井大街36号 邮政编码100710)
商 务 印 书 馆 发 行
北京艺辉伊航图文有限公司印刷
ISBN 978-7-100-09795-6

2015年7月第1版　　开本850×1168 1/32
2020年9月北京第2次印刷　　印张14
定价:52.00元